青春向党 挺膺担当

北京理工大学共青团服务人才培养工作研究

主 编 刘 渊 董学敏 杨青萌

北京理工大学出版社
BEIJING INSTITUTE OF TECHNOLOGY PRESS

版权专有　侵权必究

图书在版编目（CIP）数据

青春向党　挺膺担当：北京理工大学共青团服务人才培养工作研究／刘渊，董学敏，杨青萌主编． -- 北京：北京理工大学出版社，2024.3

ISBN 978-7-5763-3700-6

Ⅰ．①青… Ⅱ．①刘… ②董… ③杨… Ⅲ．①中国共产主义青年团-高等学校-共青团工作-人才培养-研究-北京　Ⅳ．①D297.6

中国国家版本馆 CIP 数据核字（2024）第 057303 号

责任编辑：徐　宁	**文案编辑**：徐　宁　国　珊
责任校对：周瑞红	**责任印制**：李志强

出版发行／北京理工大学出版社有限责任公司
社　　址／北京市丰台区四合庄路6号
邮　　编／100070
电　　话／（010）68944439（学术售后服务热线）
网　　址／http：//www.bitpress.com.cn

版 印 次／2024年3月第1版第1次印刷
印　　刷／保定市中画美凯印刷有限公司
开　　本／710 mm×1000 mm　1/16
印　　张／23.25
字　　数／307千字
定　　价／116.00元

图书出现印装质量问题，请拨打售后服务热线，负责调换

青春向党　挺膺担当
北京理工大学共青团服务人才培养工作研究

编委会

主　　编：刘　渊　董学敏　杨青萌

副 主 编：甘振坤　徐枫翔　徐熙焱　王朝阳

编 委 会：（按姓氏笔画排序）

马小莉　王　娟　王　硕　王文静　王慧敏

历凌霄　刘晓雪　孙秋红　李　玥　李　森

李　智　李文博　李田田　张　程　张　雷

张龙泽　郑　舟　赵陈炜　胡燕子　秦　月

秦奎伟　倪　俊　郭佳琛　崔遵康　章　涛

葛　幸　董　磊　戴晓亚

序
PREFACE

勇毅前行　接续奋进

青年是祖国的未来、民族的希望，也是我们党的未来和希望。

北京理工大学是中国共产党创办的第一所理工科大学、新中国第一所国防工业院校。建校八十余年来，代代北理工青年传承"延安根、军工魂"红色基因，始终与党和国家事业发展同呼吸、共命运、齐奋斗。八十余载春华秋实，承载着无数荣光与期望，展现出诸多接续与奋进，北理工青年爱党、爱国的赤诚追求始终未改，坚定不移听党话、跟党走的忠贞初心始终未变。在新民主主义革命时期，北理工青年不畏困苦、敢于斗争，服务边区军工事业，为争取民族独立、人民解放抛洒热血。在社会主义革命和建设时期，北理工青年勇于拼搏、甘于奉献，创造了新中国科技史上多个"第一"。在改革开放和社会主义现代化建设新时期，北理工青年开拓创新、勇立潮头，为科技创新、国家发展和社会文明进步锐意改革、拼搏奋进。

党的十八大以来，中国特色社会主义进入新时代。以习近平同志为核心的党中央高度重视青年、热情关怀青年、充分信任青年，鲜明提出党管青年原则，大力倡导青年优先发展理念，着力发挥共青团作为党的助手和后备军作用，推动青年发展事业实现全方位进步、取得历史性成就。回首过往，北京理工大学共青团高举党的思想旗帜和精神旗帜，守正创新、踔厉奋发，迎来了蓬勃发展，为新时代共青团工作开新局、谱新篇贡献了自身力量，展现出不忘初心、牢记使命的昂扬风貌：坚持与党同心、紧跟党走，引领北理工青年厚植爱党爱国爱社会主义的赤诚情怀，弘扬"党有号召、团有行动"的光荣传统；坚持听党指挥、跟党奋斗，组织北理工青年在科技创新、乡村振兴、绿色发展、社会服务、卫国戍边等各领域争当排头兵和生力军，奏响"清澈的爱、只为中国"的时代强音；坚持扎根青年、服务成长，激励北理工青年在与时代相辉映、与祖国共奋进中成长成才，践行"请党放心、强国有我"的青春誓言。

党的二十大对中国式现代化全面推进中华民族伟大复兴进行了战略谋划，进一步明确了群团组织的作用和广大青年职责使命，为北理工共青团事业发展提供了根本遵循。习近平总书记在庆祝中国共产主义青年团成立100周年大会上，对建设什么样的共青团、怎样建设共青团这个事关根本的重大问题进行了系统阐述，为北理工共青团事业发展指明了前进方向。中共北京理工大学第十五次代表大会提出解放思想、奋勇前进，全面开启建设中国特色世界一流大学新征程，为北理工共青团确立了行动指南。

展望未来，征途漫漫，惟有勇毅前行、接续奋进。

——**要始终把准政治方向**。旗帜鲜明讲政治是共青团的立身之本。北理工共青团要坚持党的全面领导，着力用党的科学理论武装青年，用党的初心使命感召青年，引导广大青年深刻把握"两个确立"的决定性意义，不断增强"四个意识"、坚定"四个自信"、做到"两个维护"，坚定对马克思主义的信仰、对中国特色社会主义的信念、对实现中华民族伟大复兴中国梦的信心。

——**要始终站稳人民立场**。共青团工作从根本上说是做人的工作。北理工共青团要继续坚持以人民为中心的工作导向，践行党的群众观点、群众路线，紧扣服务青年的工作生命线，紧紧围绕学生、关照学生、服务学生，主动想青年之所想、急青年之所急，充分依托党赋予的资源和渠道，为青年提供实实在在的帮助，助力青年成长发展，真心实意为青年服务。

——**要始终勇于担当使命**。新时代新任务，新征程新作为。北理工共青团要以习近平新时代中国特色社会主义思想为指导，坚持围绕中心、服务大局，胸怀"国之大者"，时刻对标对表党中央决策部署谋划和推动工作，深度融入"双一流"建设事业，团结带领广大青年奋进新征程、建功新时代，为建设教育强国、科技强国、人才强国作出新的更大贡献。

——**要始终坚持开拓创新**。创新是事业发展的源泉动力。北理工共青团要大力加强对青年的思想政治引领，打造有高度、深度、有温度的教育内容；持续深入推进共青团改革，保持政治性、先进性、群众性的改革方向；坚定不移从严治团，锻造对党忠诚、心系青年、勇于担当、作风过硬的马克思主义青年组织。

中国梦是历史的、现实的，也是未来的；是广大人民的，更是青年一代的。希望北京理工大学共青团挺膺担当、奋楫笃行，动员引领广大青年衷心拥护党的领导，奋力走在时代前列，勇担建设社会主义现代化强国、实现中华民族伟大复兴中国梦的时代重任！

北京理工大学党委副书记、副校长
庞思平
2023年11月

前言
FOREWORD

青春孕育无限希望,青年创造美好明天。党的百年奋斗历程告诉我们,中国青年和中国青年运动,从来都是在担当时代使命中彰显青春的使命,在推动时代进步中实现自身的进步。中国特色社会主义进入新时代十年来,党和国家事业取得历史性成就、发生历史性变革。广大青年在实现新时代伟大变革的历史进程中贡献了青春的智慧和力量,书写了恢弘壮阔的时代篇章。共青团是党领导的先进青年的群团组织,肩负着更好把青年团结起来、组织起来、动员起来,为实现党的中心任务而奋斗的历史使命。要坚持不懈地用习近平新时代中国特色社会主义思想凝心铸魂,用党的科学理论武装青年,用党的初心使命感召青年,用党的光辉旗帜指引青年,用党的优良作风塑造青年,为党培养更多堪当民族复兴重任的时代新人。

党的十八大以来,习近平总书记高度重视青年和共青团工作,着眼党的事业薪火相传、中华民族永续发展,殷切寄望青春、寄语青年,亲自主持召开党的历史上第一次中央党的群团工作会议,出席纪念五四运动一百周年大会、庆祝中国共产主义青年团成立一百周年大会等重要会议、重大活动,先后作出一系列重要指示批示,多次同青年朋友亲切交流、提出期望,为新时代共青团的建设和工作指明了方向,推动党的青年工作取得历史性成就、发生历史性变革,推动共青团事业迈入崭新历史阶段。

作为中国共产党创办的第一所理工科大学,北京理工大学始终传承"延安根、军工魂"红色基因,走出了一条坚持德育为首、着力红专并举的"红色育人路"，一条立足国防特色、服务国家战略的"强军报国路"，一条勇于开拓创新、开放包容合作的"创新发展路"。近年来，学校党委坚决贯彻落实习近平新时代中国特色社会主义思想和党中央重大决策部署，坚持和加强党对青年工作的领导，谋篇布局、创新举措，不断深化党建带团建工作机制，重视发挥共青团引领凝聚青年、组织动员青年、联系服务青年的桥梁纽带作用，打造立德树人的"北理工模式"，引领师生把论文写在祖国大地上，为中华民族伟大复兴培养了一大批矢志科技报国的领军领导人才。

为进一步贯彻落实习近平总书记关于共青团和青年工作的重要思想，总结新时代加强和改进共青团工作的经验和做法，推进实践基础上的理论创新，北京理工大学团委组织编写了《青春向党　挺膺担当——北京理工大学共青团服务人才培养工作研究》一书。本书包括加强青年政治引领，为党输送新鲜血液锻造政治骨干；全面从严管团治团，坚持夯实基层导向激发组织活力；围绕中心服务大局，组织青年投身中国式现代化建设；坚定自信开放包容，培育和践行社会主义核心价值观；服务青年成长发展，筑牢新时代党联系青年的桥梁纽带五个部分，收集论文31篇，约30万字，展现了北理工共青团坚定不移听党话、跟党走，在大力加强对青年的思想政治引领、组织动员青年矢志建功立业、竭诚服务青年成长发展、纵深推进共青团改革、坚定不移全面从严治团等方面进行的有益探索与实践。

青年怀壮志，立功正当时，踏上实现第二个百年奋斗目标新的赶考之路，我们要坚持以习近平新时代中国特色社会主义思想为指导，追随信仰之光、扛起历史之责、不负时代之望、踔厉奋发、勇毅前行，在全面建设社会主义现代化国家的新征程上唱响更为嘹亮激越的青春之歌，在全面推进中华民族伟大复兴的历史进程中书写更为绚丽夺目的青春篇章！

编　者

目 录 CONTENTS

● **加强青年政治引领　为党输送新鲜血液锻造政治骨干** …………**001**

高校共青团习近平新时代中国特色社会主义思想的学习机制研究
………………………………………………………………马小莉，杨灿灿　004

党的二十大精神"青年化"宣传载体的内涵、建设意义和路径
　　——以高校共青团为视角
…………………………………………………………………………王慧敏　013

"问题导向"视域下大学生信仰状况及其教育对策研究
　　——基于"双一流"高校的调研分析
………………………………………………周焕然，邓子童，崔遵康，邢飞　030

高校共青团"青年大学习"运行及评价机制研究
　　——北京理工大学"青年大学习"
……………………………………夏琴，刘璇，欧阳潇，钟露，董磊　044

新时代少数民族大学生廉洁观培育路径探析
……………………………………………………………王文静，张宏亮　058

重大任务中的青年思想行为特点及教育对策研究
　　——基于ERG理论视角
…………………………………………赵安琪，崔遵康，张龙泽，杨昕钰　070

"三全育人"视域下高校二级学院团委在重大任务中的思政教育体系构建

……………………………周雪，宋春宝，刘洋，吕庄怿，周子淇，关斌　081

● **全面从严管团治团　坚持夯实基层导向激发组织活力** ………**093**

高校基层党建带团建的有效路径研究

——基于全国党建工作标杆院系的工作探索

………………………………………………………胡燕子，彭明雪　096

新形势下提升高校党建带团建工作路径研究

——以北京理工大学为例

………………………………………………………………郭佳琛　111

高校党建带团建工作的品牌建设路径研究

……………………………………韩晓敏，崔遵康，葛幸，王浩　120

探索党建带团建的有效路径，构建研究生共青团工作新生态

………………………………………………………………郑舟　130

新时代高校"学社衔接"工作探究

——基于北京理工大学的调研分析

……………………………张程，刘渊，董学敏，杨青萌　141

基于"一站式"社区的基层团组织引领青年学生综合素质提升研究

……………………………………………………王硕，史腾腾　149

高校基层团课创新路径研究

……………………………张静瑶，崔遵康，刘晓雪，李文俊　162

● **围绕中心服务大局　组织青年投身中国式现代化建设** ………**171**

智慧赋能高校团学组织实践育人机制研究

——以北理工人才培养模式为例

…………徐熙焱，赵静，张晓，徐磊，徐枫翔，甘振坤，董学敏，刘渊　174

新时代高校共青团组织实践育人研究
……………………杨昕钰，金枭雨，郑龙鸿，孙秋红，张龙泽，刘晓雪　192

创新性实践活动在高校大学生党员培养教育中的意义探索
　　——以北京理工大学睿信书院为例
………………………………………………………………李田田，秦奎伟　201

高校航空宇航类学院共青团实践育人机制研究
………………………………………辛嘉洋，李文博，李晨迪，柴源涛　209

"品牌化"高校社会实践开展模式的研究
　　——以生态科考为例
………………………………秦奎伟，张宏亮，申大为，李田田　219

● **坚定自信开放包容　培育和践行社会主义核心价值观** ………**229**

理工科高校"美育+思政"协同育人体系价值与实践路径探究
……………………戴晓亚，汤文达，张梦雯，崔译心，李泽媛，巫泽华　232

校史育人的实践探索与机制研究
　　——以北京理工大学为例
…………………………………张艺铭，隆哲源，张龙泽，崔遵康　240

"一站式"学生社区育人机制的探索与思考
……………………………………………………………………………秦月　255

协同论视角下高校"一站式"学生社区文化建设路径研究
　　——以甘棠社区为例
……………………………………………………………………王娟，彭明雪　262

"结构—过程"理论视域下的高校共青团发展历史解读
　　——基于对《中国共青团史》等重要史料的文本分析
………………………………………杨静，崔遵康，历凌霄，郭淳　270

●服务青年成长发展　筑牢新时代党联系青年的桥梁纽带·········279

新时代共青团改革发展生成逻辑的三维审视
···张雷　282

新时代高校共青团干部探究与培养路径探索思考
···李玥　297

基于DACUM工作分析法的高校学生骨干岗位能力标准研究
···································梁晨，毋绍博，崔遵康，李森　308

高校主要学生骨干岗位能力标准研究
··················田一涵，刘紫玉，姜羲，李岱伟，徐浩轩　319

"双一流"高校主要学生骨干岗位能力标准与培养机制
············赵陈炜，李成刚，聂宁宁，杨凤芹，康鑫钰，王铭伟　330

医工复合研究生服务健康中国战略的路径研究
··章涛，姜佳君　345

高校共青团协同育人机制研究
　　——以集成电路领域为例
···李智　352

后记··358

加强青年政治引领
为党输送新鲜血液锻造政治骨干

习近平总书记指出，要加强对广大青年的理想信念教育，引导广大青年树立共产主义远大理想，坚定中国特色社会主义共同理想，坚定听党话、跟党走的政治信念，在强国建设、民族复兴的历史潮流中确立正确的人生目标，为一生的奋斗奠定基石。以习近平同志为核心的党中央高度重视青年思想政治工作，提出一系列重要要求，作出一系列重大部署。开展青年思想政治引领，是共青团组织的首要工作职责，也是党的思想政治工作的重要组成部分。2022年，共青团中央制定发布了《新时代加强和改进共青团思想政治引领工作实施纲要》，提出要牢牢把握为党培养中国特色社会主义事业合格建设者和可靠接班人的根本任务，遵循思想政治工作规律和青少年成长规律，突出理想信念教育，彰显实践育人特色，建强网上引领阵地，落实意识形态工作责任制，全团动手、守正创新，面向基层、面向实际，引导广大青少年坚定听党话、跟党走，努力成长为能够担当民族复兴大任的时代新人，为实现党的第二个百年奋斗目标汇聚强大青春力量。

北京理工大学连续六年开展校党委主导、共青团主实施的"担复兴大任，做时代新人"主题教育活动，与历年重大政治主题和新时代人才培养目标有机结合，推进党的创新理论青年化阐释，形成延安精神的青年实践表达，深化爱国主义、集体主义、社会主义教育长效机制，为高校思想政治工作质量提升贡献北理工方案。青年大学习、党史团史竞答、红色文化学习体验……用习近平新时代中国特色社会主义思想铸魂育人，是共青团加强青年思想引领的重中之重。各基层团支部每月开展一次组织生活，及时学习习近平总书记关于教育、科技、人才和青年工作的重要讲话、指示批示精神。在五四青年节、七一建党节、十一国庆节等重要时点，举办"青春在党旗下闪光"舞蹈展演、"永远跟党走，奋进新征程"主题团日、"党的旗帜就是奋斗方向"师生宣言发布等学生喜闻乐见的活动，在沉浸式、体验式、互动式教育中引导青年了解党的历史、增进爱党之情。在推动校内学院书院学习联动的基础上，组织"延河高校人才培养联盟"九所高校青年学生共学讲话精神、同担复兴重任，与全国十余所中学开展团支部网络共建，共同开展思想政治教育。将国家重大任务作为最生动的爱国主义教育，组织青年学生完成国庆七十周年、建党百年、北京冬奥会等重大服务保障任务，投身脱贫攻坚决胜阶段和疫情防控人民战争，在一次次深刻的精神洗礼中，对中国共产党的卓越领导力和中国特色社会主义的巨大优越性更有了直观认识和深入理解。将先进技术优势与思政工作经验相结合，承办第十三届"挑战杯"中国大学生创业计划竞赛，协助共青团中央组织300万大学生共上"创新大课""发展大课"，开发"青春心向党 奋进新征程——新时代党的青年工作"云展览，全面展示新时代党的青年工作取得的历史性成就、共青团全面深化改革的崭新面貌和新时代中国青年的良好风貌，实现元宇宙技术在思想政治教育领域的全国性应用。

高校共青团习近平新时代中国特色社会主义思想的学习机制研究

马小莉*，杨灿灿

北京理工大学化学与化工学院

摘　要：习近平新时代中国特色社会主义思想（以下简称"新思想"）是中国共产党领导下的中国特色社会主义理论体系的重要组成部分，是新时代中国特色社会主义的指导思想。高校共青团是中国共产党领导下的青年组织，是培养社会主义建设者和接班人的重要阵地。高校共青团建立"新思想"的学习机制，通过贯彻落实"新思想"学习机制的各个环节，加强组织领导、学习管理和学习宣传，提供长期学习"新思想"的理论支撑，确保"新思想"学习的准确性、时效性。本文通过对高校共青团"新思想"的学习机制进行研究，探讨如何更好地发挥高校共青团在培养社会主义建设者和接班人方面的作用。

关键词：习近平新时代中国特色社会主义思想；高校共青团；学习机制

引　言

"新思想"是中国共产党领导下的中国特色社会主义理论体系的重要组成部分，是新时代中国特色社会主义的指导思想[1]。高校共青团是中国共产党领导下的青年组织，是培养社会主义建设者和接班人的重要阵地。高校共青团应当深入学习贯彻"新思想"，发挥好自身在培养社会主义建设者和接班人方面的作用。本文通过对高校共青团"新思想"的学习机制进行研究，探

---

*　马小莉，博士，北京理工大学化学与化工学院，副教授。

讨论如何更好地发挥高校共青团在培养社会主义建设者和接班人方面的作用。

一、高校共青团"新思想"学习的重要性

"新思想"是新时代中国特色社会主义的指导思想，是中国特色社会主义事业发展的重要理论成果[1]。党的十九大将"新思想"写入党章，这是具有历史性意义的重大理论创新成果。"新思想"，实现了党的指导思想的又一次与时俱进和飞跃，是马克思主义中国化的最新理论成果[2]。

高校共青团作为新时代青年的组织，肩负着培养青年的重要使命。2017年，全国高校思想政治工作会议的召开，标志着我国"大思政"战略定位和工作格局的正式确立。习近平总书记关于高校思想政治工作的重要讲话，站在统驭运筹党执政全局的战略高度和深刻把握思想政治工作规律、教书育人规律、学生成长规律的时代前沿，为新形势下加强和改进高校思想政治工作提供了行动指南和遵循根本。

在"大思政"格局下，高校共青团成为共青团成员学习"新思想"的平台和载体，对于高校共青团成员学习"新思想"，具有深远意义。

首先，学习"新思想"，有助于增强共青团成员的政治意识。"新思想"是中国特色社会主义事业发展的重要理论成果，是中国特色社会主义事业发展的指导思想[3]。学习"新思想"，可以帮助共青团成员深刻认识党的性质、宗旨、历史使命，以及党的纲领和任务，树立正确的世界观、人生观和价值观。

其次，学习"新思想"，有助于提高共青团成员的思想素质。"新思想"是一种科学的理论体系，包含了丰富的思想内容和理论内涵[4]。学习"新思想"，可以帮助共青团成员提高思想素质，增强理论素养，提高分析问题和解决问题的能力[5]。

最后，学习"新思想"，有助于培养共青团成员的社会责任感。"新思想"强调"人民至上"，强调"为人民服务"，强调"共同富裕"[6]。学习"新思想"，可以帮助共青团成员树立正确的价值观，增强社会责任感，积极参与社会实践活动，为实现中华民族伟大复兴的中国梦贡献力量。

二、"新思想"的学习内容

"新思想"是中国特色社会主义理论体系的重要组成部分,是新时代中国特色社会主义的指导思想。高校共青团应当深入学习贯彻"新思想",掌握其核心要义和精神实质,把思想和行动统一到"新思想"上来[7]。

高校共青团应当学习"新思想"的核心要义和精神实质,包括坚持和完善中国特色社会主义制度,推进国家治理体系和治理能力现代化;坚持和发展中国特色大国外交,推动建设新型国际关系;坚持和发展中国特色社会主义,推进全面深化改革;坚持和发展中国特色哲学社会科学,推进文化建设;坚持和发展中国特色军事战略,推进国防和军队现代化;坚持和发展中国特色人权事业,推进人民生活水平不断提高;坚持和发展中国特色生态文明,推进绿色发展。

高校共青团应当充分发挥自身在思想政治中的重要作用,重视思想引领,强化成员思想政治意识;加强素质拓展,促进共青团成员全面发展;提升维权服务,维护成员合法权益;实施从严治团,增强高校共青团的组织活力。

三、高校共青团"新思想"学习机制的建立

高校共青团"新思想"学习机制的建立,是培养优秀青年的重要途径[5]。通过建立学习平台、制定学习制度、营造学习氛围等方式,建立并完善高校共青团"新思想"学习机制,全面提高高校团组织育人水平[8]。

(一)建立学习平台

建立学习平台是建立高校共青团"新思想"学习机制的重要途径。学习平台可以包括线上和线下两种形式。线上学习平台可以通过建立微信公众号、QQ群、微博等社交媒体平台,发布"新思想"的相关内容,组织线上学习活动。线下学习平台可以通过组织讲座、座谈会、读书会等形式,组织共青团成员进行集中学习。

（二）制定学习制度

制定学习制度是建立高校共青团"新思想"学习机制的重要保障。学习制度可以包括学习计划、学习内容、学习方式、学习考核等方面。学习计划可以根据学期、学年制订，明确学习目标和学习内容。学习内容可以包括"新思想"的相关著作、讲话、报告等。学习方式可以包括自主学习、集中学习、小组讨论等。为更透彻、更全面地深入学习"新思想"，可以建立高校共青团委—"新思想"学习委员会—班级团支部—班级团小组四级学习宣传模式。学习考核可以通过考试、论文、报告等形式进行。

（三）营造学习氛围

营造学习氛围是建立高校共青团"新思想"学习机制的重要环节。学习氛围可以通过组织学习活动、宣传学习成果、表彰学习先进等形式进行。建立高效的学习宣传机制和管理体系是建立健全学习宣传贯彻"新思想"长效机制的重要途径。高校共青团委—"新思想"学习委员会—班级团支部—班级团小组四级学习宣传模式不仅能提供理论学习支撑，更是"新思想"宣传的良好平台，从而可以实现学习宣传同步进行[9]。在"新思想"的四级学习模式中，高校共青团委引领在国家政治层面发挥着极为重要的价值。《中国共产主义青年团章程》明确指出了共青团的属性，这一属性也决定了共青团思想引领政治工作必须严格按照相关章程所规定的政治原则开展[10]。在团中央十五大召开之前，共青团思想建设主要采取教育和管理的方式，之后在实践工作开展过程中逐渐地完成了向思想引导方向的转变。这种思想建设方法和理念的改变，不仅对青年群体的参与、评价予以高度的重视，同时也为共青团活动的开展提供了更多更为灵活多变的工作方式，最大限度发挥了思想引领的作用以及青年团员的自我能动性[11]。

"新思想"学习委员会是"新思想"四级学习宣传模式中的关键环节。"新思想"学习委员会应当严格执行高校共青团下发的文件要求，并对学习文件进行准确而深刻的解读及向下传达，创建和维护外宣平台，组织社会实

践,利用线上与线下结合的形式进行集体学习和宣传。

班级团支部在组织共青团青年学习"新思想"理论知识、宣传文件精神和贯彻理论实践中,发挥着积极作用。班级团支部应当率先学习党的各项方针政策,了解国内外大事,并及时传达党组织和上级团组织的工作精神。此外,支部还应根据支部大会的决议,组织开展各项活动,并协调好各团小组的工作关系,促进团员之间的密切配合和相互竞争,以齐心协力完成支部的各项任务[12]。

班级团小组是对班级团支部的细化,能够对高校共青团和"新思想"学习委员会的宣传和实践任务更好地贯彻落实。团小组会通过组织各种心理咨询活动、座谈会等,主动关心支部团员青年的成长进步,并且帮助他们解决在工作、学习生活中遇到的各种问题,同时向同级党组织和上级团组织汇报请示,反映学生的思想情况和动态,并提出建设性意见。

四、高校共青团"新思想"学习机制的实施

高校共青团在学习、宣传和贯彻"新思想"时,应充分利用自身资源优势,挖掘高校人才的多样化特点,并突出高校青年的理论素养和实践能力[10,13,14]。因此,高校共青团应该有效整合现有资源,通过丰富有特色的校园文化活动、主题教育实践活动和团学课题立项活动,开展实践育人,使广大青年在实践过程中不仅能够认识理论,还能提高对社会的适应性。高校共青团"新思想"学习机制的实施,需要从以下几个方面入手:

(一)加强组织领导

加强组织领导是高校共青团"新思想"学习机制实施的重要保障。高校共青团要明确团组织服务的发展方向,明确团组织的工作分工,完善团组织的工作内容,更新团部门的基层结构,要做好团员的宣传工作,发挥其思想政治作用。

组织领导可以通过成立学习工作领导小组、制订学习计划、明确学习目标等形式进行。学习工作领导小组可以由共青团委员会主要负责人担任组

长，成员包括共青团委员会成员、学生干部、优秀共青团员等。学习计划可以根据学期、学年制订，明确学习目标和学习内容。

（二）加强学习管理

加强学习管理是高校共青团"新思想"学习机制实施的重要环节。学习管理可以包括学习考核、学习记录、学习评价等方面。学习考核可以通过考试、论文、报告等形式进行，学习记录可以通过学习笔记、学习日志等形式进行，学习评价可以通过学习成果、学习效果等方面进行。

（三）加强学习宣传

加强学习宣传是高校共青团"新思想"学习机制实施的重要手段。高校共青团应紧跟时代发展步伐，结合当下主流宣传模式，发挥新媒体在高校共青团"新思想"学习宣传工作中的积极作用。学习宣传可以包括宣传学习成果、宣传学习先进成员、宣传学习经验等方面。宣传学习成果可以通过开通共青团微博，微信公众号等社交媒体平台进行，宣传学习先进可以通过评选优秀共青团员、优秀学习团队等形式进行，宣传学习经验可以通过分享学习心得、学习体会等形式进行。

五、高校共青团"新思想"学习机制的评价

作为中国共产党领导下的青年组织，高校共青团一直致力于学习和传承"新思想"，有利于青年学生深入了解中国特色社会主义的理论和实践，增强对中国特色社会主义的认同感和自豪感；有利于培养青年学生的爱国主义精神、社会主义意识和道德观念，引导他们树立正确的人生观、价值观和世界观[15]；有利于提高青年学生的思想政治素质和综合素质，增强他们的创新能力、实践能力和领导能力，为建设社会主义现代化强国做出贡献[16]；有利于推动高校共青团组织建设和工作创新，提高组织的凝聚力、战斗力和影响力，为青年学生的成长和发展提供更好的服务和保障。

高校共青团"新思想"学习机制的评价应该从以下几个方面考虑：

（一）效果评价

该学习机制是否能够有效地推动高校共青团成员深入学习"新思想"，提高思想政治素质和理论水平，增强对中国特色社会主义的认同感和信心。学习效果可以通过学习成绩、学习能力、学习态度等方面进行评价。

（二）实施评价

该学习机制是否能够得到有效的实施，包括学习内容的科学性和实用性、学习方式的多样性和灵活性、学习组织的严密性和有效性等方面。"新思想"的学习实施效果可以通过学习内容、学习方式、学习考核等方面进行评价。

（三）反响评价

该学习机制是否能够引起广大共青团员的积极反响，包括学习热情的高低、学习效果的显著性、学习成果的可持续性等方面。

（四）创新评价

该学习机制是否能够不断创新，包括学习内容的更新和拓展、学习方式的创新和改进、学习组织的优化和完善等方面。

（五）社会评价

该学习机制是否能够得到社会的认可和支持，包括学习成果的社会效益、学习机制的社会影响力、学习机制的社会形象等方面。

综上所述，高校共青团"新思想"学习机制的评价需要从多个方面进行综合考虑，以全面、客观地反映该学习机制的优劣和效果。总之，高校共青团"新思想"学习机制是一项非常重要的工作，对于推动青年学生的全面发展和建设社会主义现代化强国具有重要意义。

六、结论

"新思想"学习机制的建立和实施,是培养优秀青年的重要途径。建立"新思想"学习机制,需要从建立学习平台、建立学习制度、建立学习氛围等方面入手。实施"新思想"学习机制,需要从加强组织领导、加强学习管理、加强学习宣传等方面入手。其中,在学习宣传方面,建立高校共青团委—"新思想"学习委员会—班级团支部—班级团小组四级学习宣传模式,实现学习宣传同步进行。评价高校共青团"新思想"学习机制,需要从学习效果、学习质量、学习氛围等方面入手。通过建立和实施高校共青团"新思想"学习机制,可以培养更多的优秀青年,为实现中华民族伟大复兴的中国梦贡献力量。

参考文献

[1] 欧阳淞. 习近平新时代中国特色社会主义思想是当代中国马克思主义[J]. 百年潮, 2022, 293 (5): 1-2.

[2] 张茅. 以习近平新时代中国特色社会主义思想为指引大力推动市场监管改革创新——在国家工商总局党组中心组集体学习会议上的发言[J]. 中国市场监管研究, 2017: 3-5.

[3] 白锦霞, 程艳芬. 接受理论对大学生学习习近平新时代中国特色社会主义思想的启示[J]. 黑龙江教育 (高教研究与评估), 2022, 1396 (8): 14-17.

[4] 袁银传, 饶壮. 习近平新时代中国特色社会主义思想是当代中国马克思主义、21世纪马克思主义[J]. 思想理论教育, 2022, 520 (8): 4-9.

[5] 吴延松. 建构主义视角下高校共青团学习习近平新时代中国特色社会主义思想的方法探析[J]. 高校共青团研究, 2018 (4): 49-53.

[6] 坚持不懈用习近平新时代中国特色社会主义思想武装全团、教育青年[J]. 中国共青团, 2022, 514 (24): 1.

[7] 李娜. 新时代高校共青团对大学生的思想引领研究[D]. 昆明: 昆明理工大学, 2022.

[8] 韩景云, 唐土红. 不断增强对习近平新时代中国特色社会主义思想的理论兴趣[J]. 广州社会主义学院学报, 2023, 80 (1): 33–39.

[9] 张威威. 习近平新时代中国特色社会主义思想学习机制探究——以高校共青团为视角[J]. 知与行, 2019, 41 (6): 107–112.

[10] 黄志丹, 饶先发. 建团百年背景下高校共青团发挥桥梁纽带作用的创新性思考[J]. 济南职业学院学报, 2022, 155 (6): 74–77.

[11] 韩艺飞, 边鋆. 新时代高校共青团思想引领工作研究[J]. 淮阴师范学院学报 (自然科学版), 2022, 21 (4): 349–351.

[12] 胡蝶. 以高校共青团活动提升大学生的自身素质[J]. 国际公关, 2022, 147 (15): 134–136.

[13] 赵欢. 高校践行习近平新时代中国特色社会主义思想"三进"路径研究[J]. 贵州农机化, 2023, 341 (1): 33–35.

[14] 郭良. 高校共青团在青年团员思想引领中的作用探讨[J]. 中小企业管理与科技 (中旬刊), 2015, (2): 134–135.

[15] 刘函池. 习近平新时代中国特色社会主义思想融入高校思政课状况调查与对策——以北京市高校为例[J]. 高校马克思主义理论教育研究, 2022, 10 (3): 70–78.

[16] 朱婷婷. 提升大学生对习近平新时代中国特色社会主义思想接受度的对策[J]. 黑龙江教师发展学院学报, 2023, 42 (2): 128–130.

党的二十大精神"青年化"宣传载体的内涵、建设意义和路径

——以高校共青团为视角

王慧敏[*]

（北京理工大学马克思主义学院，北京 100081）

摘　要： 面向青年宣传党的二十大精神，必须适应青年特点，符合青年思维，既要在内容层面实现"青年化"阐释，又要在方法层面为青年所喜闻乐见，最终使党的二十大精神为青年所接受和信仰。加强党的二十大精神青年化宣传，要求我们加强载体建设。高校共青团具有建设党的二十大精神"青年化"宣传载体的阵地优势和组织优势，其建设党的二十大精神"青年化"宣传载体的行动，有利于提升高校宣传党的二十大精神工作的实效性，有利于增强高校共青团引领力、组织力和服务力，有利于深耕高校"大思政"育人新格局，有利于更好传承共青团的光荣传统和发挥共青团的重要优势。时代环境的发展和实际工作的境遇，要求高校共青团要在打造话语载体、活动载体、网络载体上下功夫，不断感召、激励和引导青年听党话跟党走。

关键词： 党的二十大精神；"青年化"宣传；载体；内容；方法

引　言

认真学习宣传贯彻党的二十大精神，是当前和今后一个时期的首要政治

---

[*] 王慧敏，博士，北京理工大学马克思主义学院，助理教授，研究方向：马克思主义理论和思想政治教育。

任务。青年在党和国家事业发展全局中居于重要位置，当代青年能否听党话、跟党走，关系中国特色社会主义事业的继承和发展，关系中华民族伟大复兴能否顺利推进。党的二十大报告提出，"用党的科学理论武装青年，用党的初心使命感召青年，做青年朋友的知心人、青年工作的热心人、青年群众的引路人。"[1]青年群体思想多元、观念新颖、自我意识比较强、思维十分活跃，这就决定了面向青年群体宣传党的二十大精神需要在增强说服力、亲和力和针对性上下功夫。通过年轻化、当代化、时尚化的宣传载体建设，用青年喜爱的形式把党的二十大精神讲清楚、说明白，有利于引导广大青年从内心深处厚植对党的信赖、对中国特色社会主义的信心、对马克思主义的信仰。高校共青团是当代青年先进分子的聚集地，要充分运用好自身优势，结合青年所思所想所盼宣传党的二十大精神，用青年喜闻乐见的方式影响青年、带动青年，让他们有"共鸣"能"共情"。

一、党的二十大精神"青年化"宣传及其载体的内涵

2022年10月30日，中共中央下发《关于认真学习宣传贯彻党的二十大精神的决定》，指出"学习宣传贯彻党的二十大精神是当前和今后一个时期全党全国的首要政治任务，事关党和国家事业继往开来，事关中国特色社会主义前途命运"。[2]在青年群体中宣传党的二十大精神，实现党的创新理论在青年群体中的普及，对于提升青年马克思主义理论素养、引导青年成长成才具有重要意义，是确保中国特色社会主义伟大事业后继有人的重要工程。当代青年朝气蓬勃，思维活跃，意识多元，乐于学习和接受新知识，敢于挑战和质疑新观点。面向青年宣传党的二十大精神，必须适应青年特点，符合青年思维，达到"青年化"。

党的二十大精神"青年化"宣传，重点强调宣传工作的对象是青年，要结合青年的特点开展宣传活动。具体来说，可以从三个方面理解党的二十大精神"青年化"宣传。第一，从宣传内容上来说，党的二十大精神"青年化"宣传是指对党的二十大精神做出"青年化"阐释。党的二十大报告立意深远、思想深邃、内容丰富，具有很强的思想性、战略性、前瞻性、指导

性，是党团结带领全国各族人民夺取新时代中国特色社会主义新胜利的政治宣言和行动纲领，是一篇闪耀着马克思主义理论光辉的纲领性文件。宣传党的二十大精神，必须在原原本本上下功夫，全面、完整、准确地领会和掌握党的二十大精神实质。但是，原原本本不等于名词解释，更不是照本宣科。2023年3月1日，习近平总书记在中共中央党校建校90周年庆祝大会暨2023年春季学期开学典礼上发表重要讲话，指出当前理论宣传上值得注意的一个现象就是，"照本宣科、不求甚解、浮在面上的多，以理服人、以情动人、入脑入心的少。"[3]面向青年宣传党的二十大精神，要做好"翻译"转化，在针对性、精细化上下功夫。在宣传时，多讲和细讲青年热切关注、感兴趣的内容，对于那些青年难以理解、不感兴趣的内容，要学会用青年故事和青年语言吸引青年。只有讲出青年味道，回应青年关切，才能让党的二十大精神真正走进青年的心坎里。

第二，从宣传方式来说，党的二十大精神"青年化"宣传是指用青年喜闻乐见的方式传播党的二十大精神。习近平总书记指出，"团结稳定鼓劲、正面宣传为主，是党的新闻舆论工作必须遵循的基本方针。"[4]正面宣传是党的宣传思想工作的重要优势和优良传统，面向青年宣传党的二十大精神，某种程度上来说是一种正面宣传。正面宣传的重要优势在于能够准确传达党的最新理论成果，是体现党的意志和反映党的主张的重要途径。但如果不能做到手段创新，则容易产生一些问题，比如"居高临下、空洞说教、照搬照抄"以及"模式化、套路化、语言生硬、形式刻板"。[5]当代青年思维活跃，自我意识很强，面对纷繁复杂的信息世界，倾向于做出个性化的选择。这就意味着，过去单一的思想理论表达方式，难以满足青年的个性化需求。如果我们的宣传工作不创新，不贴近青年实际，而是充满空洞说教和长篇大论，很容易让青年反感。因此，面向青年宣传党的二十大精神，"要采用青年喜闻乐见、易于接受的形式"[6]64。党的二十大精神"青年化"宣传，在方式上就是要适应青年特点，以此增强宣传的吸引力。

第三，从根本目的来说，党的二十大精神"青年化"宣传就是要使党的二十大精神赢得青年并为青年所接受和信仰。无论是用青年喜闻乐见的方式传播党的二十大精神，还是对党的二十大精神做出"青年化"阐释，从本质上来说，都是指要用党的二十大精神中蕴含的基本立场、观点和方法教育引导青年，指导帮助青年确立科学的世界观、人生观和价值观，满足青年对马克思主义理论的需求，与青年结合，赢得青年并为青年所接受和信仰。习近平总书记在全国高校思想政治工作会议上指出，"思想政治工作从根本上说是做人的工作，必须围绕学生、关照学生、服务学生，不断提高学生思想水平、政治觉悟、道德品质、文化素养，让学生成为德才兼备、全面发展的人才。"[7]他强调，要教育引导学生正确认识世界和中国发展大势、正确认识中国特色和国际比较、正确认识时代责任和历史使命、正确认识远大抱负和脚踏实地。党的二十大精神不是教义，而是方法。我们要引导青年深刻认识到，只有坚持不懈用习近平新时代中国特色社会主义思想这一创新理论武装头脑、指导实践、推动工作，才能在以中国式现代化推进中华民族伟大复兴的进程中明确方向、增强动力、实现发展，才能更好地为全面建设社会主义现代化国家贡献青春力量。

党的二十大精神"青年化"宣传是一项面向人的实践活动，需要借助一定的载体才能有效开展。载体本是一个科技术语，最早出现于化学领域，后来广泛应用于科学技术的各个领域。其基本含义可以概括为：某些能传递或运载其他物质的物质。在思想政治教育领域，"载体"是"承载、传导思想政治教育因素，能为教育主体所运用、且主客体可借此相互作用的一种思想政治教育活动形式"。[8]据此，我们可以将党的二十大精神"青年化"宣传载体定义为在推进党的二十大精神"青年化"宣传过程中，承载、传导青年化的二十大精神的内容，使得宣传主体与客体相互作用的形式。换句话说，能够成为党的二十大精神"青年化"宣传的载体必须具有两大重要特征，一是能承载党的二十大精神内容，二是能使党的二十大精神与青年之间形成良好的拟合互动。

二、高校共青团建设"青年化"宣传载体的重要意义

高校共青团是建设党的二十大精神"青年化"宣传载体的重要视角。早

在革命战争时期，共青团中央就在宣传思想工作上提出了"青年化"要求，即"反映一般青年生活及思想，并给以正确的指导"。[9]高校共青团工作是共青团工作的重要组成部分，其主要面向团员分布密度高、具有较高文化程度的青年知识分子群体。参与做好高校思想政治工作，是高校共青团的核心使命任务。[10]高校共青团站在党和国家事业发展的全局高度，站在共青团工作守正创新的角度，发挥自身阵地优势和组织优势建设党的二十大精神"青年化"宣传载体，具有重要且深远的意义。

首先，有利于提升高校共青团宣传党的二十大精神工作的实效性，引导青年大学生学懂弄通悟透党的二十大精神。《关于认真学习宣传贯彻党的二十大精神的决定》强调，"学习宣传党的二十大精神，既要整体把握、全面系统，又要突出重点、抓住关键。"[2]特别是要把学习党的二十大精神"作为学校思想政治教育和课堂教学的重要内容"[2]。党的二十大闭幕后，全国各地、各行各业都在积极学习宣传贯彻党的二十大精神，高校也不例外。比如，很多高校形成了由青年学生组成的"青年宣讲团"，举办了丰富多彩的青年宣讲活动。在这些青年宣讲活动中，宣讲人自身是青年大学生，他们不仅在宣讲过程中受到了思想和精神的洗礼，同时凭借自身的青年身份拉近了与其他青年大学生之间的距离，引领其他青年大学生共同学习党的二十大精神，产生了良好的效果。同时，高校共青团充分运用"两微一端"在互联网上积极宣传党的二十大精神，竞赛答题、线上讲座、知识梳理等，形式十分多样。在高校共青团宣传思想工作取得良好成果的基础上，我们还需要看到青年化宣传载体建设过程中还存在一些问题。一是重视互联网新型技术载体使用的过程中，某种程度上忽视了共青团的历史经验。回顾共青团已经走过的100多年的历程，其中有许多关于青年工作的方法和经验，这些方法和经验是高校共青团做好宣传思想工作的传家宝。二是重视形式创新，在提升形式吸引力的同时忽视了内容的创造性转化。高校共青团在运用载体宣传党的二十大精神时，往往形式都十分符合当代青年的成长特点和学习习惯，但是在内容层面，却忽视了创造性转化，只是将党的二十大报告中的内容直接"拿来"，这就难以让青年大学生真正学懂弄通党的二十大精神，难以真正将党的二十大精神与自身发展实际结合起来。三是宣传载体之间"各司其职",不仅未能形成连贯的、相互补充的党的二十大精神"青年化"宣传生态圈,而且"青年化"宣传载体建设的品牌效应尚未形成,宣传的实效性有待提升。这些问题的解决,既有赖于"青年化"宣传相关理论问题的厘清,也有赖于"青年化"宣传载体建设的加强。

其次,有利于增强高校共青团引领力、组织力和服务力,推动和巩固高校思想政治工作发展。习近平总书记在庆祝中国共青团成立100周年大会上强调,"共青团要增强引领力、组织力和服务力,团结带领广大团员青年成长为有理想、敢担当、能吃苦、肯奋斗的新时代好青年。"[11]从长远角度看,高校共青团研究和建设党的二十大精神"青年化"宣传载体,有利于提升高校共青团引领力、组织力和服务力。第一,"青年化"宣传载体有利于强化高校共青团的引领力。加强对青年大学生团员的思想引领,是高校共青团的重要任务。所谓高校共青团的思想引领力,就是高校共青团引导青年大学生团员树立正确的世界观、人生观、价值观,使其增强对马克思主义和中国特色社会主义的信仰、信念、信心的能力。当前意识形态领域斗争尖锐复杂,思想舆论特别是网络思想舆论纷呈复杂,青年大学生很容易产生思想困惑、遇到实践难题。对党的创新理论做出"青年化"阐释和理解,用符合青年特点、青年容易接受的表达方式传播党的创新理论和思想,有利于使团组织贴近青年、团结青年,从而强化高校共青团的引领力。第二,"青年化"宣传载体有利于夯实高校共青团的组织力。组织力是组织生命力的具体体现。高校共青团组织的组织力强弱直接关系到共青团中央的创造力和战斗力的发挥,影响党引领青年、凝聚青年、号召青年的实效与成效。当前,部分高校团组织建设存在"等、靠、要"现象,习惯于"幼鸟投食式"等待,无论是理论创新还是实践安排,过度依赖党组织安排和部署,行动上缺乏积极性和主动性,这不利于发挥高校团组织的独特优势。根据青年大学生团员的学习习惯和生活习惯,摸索载体建设的新路径和新模式,有利于延伸高校团组织的"组织触角",持续发挥"遍布校园角落、深入青年身边"的优势。第三,有利于提升高校共青团的服务力。无论是引领力的强化,还是组织力的夯实，最终都将落脚于高校共青团服务力的提升，即服务青年大学生成长成才。服务青年大学生团员成长成才，是高校共青团组织的"生命线"，关涉巩固党执政的青年群众基础是否稳固的大事。与过去相比，当代青年学习、就业、生存压力变大，是不争的事实。"青年化"宣传载体的建设，实际上是增加了高校共青团组织与青年大学生之间的交流渠道，有利于团组织聆听团员青年学习工作、干事创业中遇到的困难和诉求，也有助于团组织依托各种资源和渠道，对青年大学生团员进行培训和引导，助其更好克服挑战和困难，使青年大学生真切感受到来自团组织、党组织的关心和关爱。

再次，有利于发挥高校共青团在高校"第二课堂"建设过程中的作用，深耕高校"大思政"育人新格局。高校第二课堂建设，最早可追溯到改革开放后的第一次全国教育工作会议。正是这次会议，拉开了我国素质教育的帷幕。进入新时代以来，党和国家高度重视具有专业能力、创新意识、实际能力等综合性能力人才培养工作，第二课堂在其中发挥着重要功能。习近平总书记在全国高校思想政治工作会议上指出，"要重视和加强第二课堂建设，重视实践育人，要创新方式，拓展途径，为学生参与社会实践创造更多机会和舞台。"[6]2017年中共中央、国务院《关于加强和改进新形势下高校思想政治工作的意见》提出的坚持全员全过程全方位育人的要求，是新时代推进育人理念和育人方式变革的重大命题，其中蕴含着高校开展第二课堂建设的实践要求。2018年7月，为落实习近平总书记重要讲话精神，团中央和教育部联合印发《关于在高校实施共青团"第二课堂成绩单"制度的意见》，要求各个高校积极开展和推动第二课堂教育改革与实践创新研究，通过创新机制设计，凝聚三全育人合力，为实现高校育人目标献计献策。经过一段时间的探索和持续推进，高校第二课堂建设取得了非常大的成绩和进步，形成了各具特色的育人手段、育人体系和育人模式。但面对新时代高等教育持续发展的紧迫诉求，第二课堂建设还存在亟待完善和发展之处。一方面，第二课堂建设的载体以课外活动为主，实践性和趣味性高，但理论性和思想性存在不足，内涵性建设缺乏。另一方面，第二课堂建设过程中的记录、评价和测量不足，育人效果评价存在困难。高校共青团从理论和实践两个层面建设党的二十大精神"青年化"宣传载体，既有助于丰富第二课堂建设的内涵，也有助于丰富第二课堂的实现路径。此外，2022年7月，教育部等十部门联合印发《全面推进"大思政课"建设的工作方案》，强调充分调动全社会力量和资源，建设"大课堂"、搭建"大平台"、建好"大师资"，[12]这对新时代新征程上的高校第二课堂建设提出了更高要求。高校共青团加强党的二十大精神青年化宣传载体建设，有助于高校共青团用好用活各种资源，在高校"大思政"格局中发挥重要作用，发挥好协同育人的重要功能。

最后，从共青团工作全局的角度来看，有利于共青团找准工作切入点、结合点和着力点，更好传承共青团的光荣传统和发挥共青团的重要优势。中国共产党立志于中华民族千秋伟业，必须始终代表青年、赢得青年、依靠青年，做好青年工作。青年的理想信念问题，关乎党的事业薪火相传，关乎中华民族永续发展。习近平总书记指出，"帮助广大青年树立正确的理想、坚定的信念，应该成为团组织的首要任务。"[6] "党有号召、团有行动"是共青团的光荣传统。中国共产党创立团组织的初衷，就是"通过青年组织把政党的思想、主张灌输到青年之中，并对其实施有效动员"。[6]青年是团的工作对象，也是团实现自身优势的力量源泉。焕发广大青年的活力和创造力，增强青年对中国特色社会主义的信念、对共产主义的信仰、对中国共产党的信心，引导青年积极参与中国特色社会主义事业，主动为中国式现代化贡献青春力量，是当前共青团组织的重要使命。从共青团工作发展的实践历程来看，紧紧围绕不同历史条件下的党的主要任务，积极探索适应形势发展和符合青年实际的工作方式和宣传载体，是共青团的重要经验。当前，世界之变、时代之变、历史之变正以前所未有的方式展开，不同社会思潮之间的动荡、冲突、交锋十分激烈，青年的理想信念培育工作遭遇严峻挑战。其一，互联网成为共青团工作的新场域，对共青团工作创新发展提出了更高要求。中国互联网络信息中心发布的第51次《中国互联网络发展状况统计报告》显示，截至2022年12月，我国网民规模达10.67亿，其中10~39岁的网民占比48.1%，20~29岁的网民占比14.2%。[13]互联网已经成为青年学习、生活、工作和娱乐的重要场所，对青年的思维方式、表达方式、行为方式产生深刻影响。在这一背景下，共青团如何运用互联网更广泛更有效地组织和动员青年、如何趋利避害用好互联网加强对青年的思想引领等问题，都是新时代共青团工作面临的重要时代课题。其二，推进中华民族伟大复兴事业时间紧、任务重，共青团工作是党治国理政格局中的重要一环。进入新时代以来，我国经济、政治、文化、社会、生态等各个方面的建设都取得了骄人成绩，日益接近实现中华民族伟大复兴。在这一重要关节点上，我们还要继续迎接挑战、战胜困难，这需要动员广大青年为之而奋斗。在新时代新征程，共青团要当好党的后备军和助手，自觉将自身工作纳入党治国理政的宏观视野和总体布局中。其三，贴近青年、联系青年，是新征程共青团提质增效的关键所在。早在新民主主义革命时期，中共中央就提出共青团"不独要积极努力扩大自己的队伍，多吸收革命的工人、农人、学生和其他被压迫的青年分子，使团的组织深入下层青年群众，而且要力求工作青年化，因为没有关于青年切身的工作，团的组织是不会深入青年群众的"。[14]转变思想观念，照顾青年特点，把握青年实际，是共青团改进工作的重要基点。高校共青团是全团工作的重要组成部分，在共青团工作体系中具有战略性地位，其对"青年化"宣传载体的建设，有利于增强共青团工作的时代感、创新性、针对性和适应性，是新时代新征程共青团工作的重要切入点、结合点和着力点。

三、高校共青团建设"青年化"宣传载体的现实路径

党的二十大精神"青年化"宣传是一项教育青年、引导青年的实践活动，总要通过一定的载体才能进行。在高校共青团视角下，党的二十大精神"青年化"宣传载体有多种形态，且每一种形态都包含着丰富多彩的具体形式。结合党的二十大精神"青年化"宣传的内涵，以及当前高校共青团宣传党的二十大精神面临的实际工作环境，本文拟围绕话语载体、活动载体和网络载体，讨论不同载体的特殊作用及建设思路。

（一）话语载体：重视适应青年特点的理论话语创造

"话语"是语言的具体实践，是通过一系列的语言规则、规律、约束等

条件，在特定的语境中所表达出来的，能够描述、沟通和建构社会实体和社会关系，且使人处于主体位置的符号系统。它至少具有三个基本层次，即描述层次、解释层次、建构层次。[15]话语载体最为直接，因为它通过语言连接着话语表达的主体和话语接收的对象。马克思在《〈黑格尔法哲学批判〉导言》中指出，"理论只要说服人，就能掌握群众；而理论只要彻底，就能说服人"。[16]理论如何彻底说服青年？这就要求对党的理论针对青年的特点进行青年化的话语阐释和话语建构。党的二十大精神蕴含在党的二十大报告这一文本形式之中，但这一文本的语言具有时代性、政治性和理论性的特点，容易给人产生枯燥的印象，如果不加以转化，宣传的效果将大打折扣。在高校共青团宣传党的创新理论的实际工作中，实践活动层出不穷，各种活动形式令人眼花缭乱，但仍然无法避免部分青年认为党的理论教育枯燥无味、党的理论学习晦涩难懂等现象。造成这一结果的原因，很大程度上在于理论教育和宣传引导的话语体系未能很好地适应青年的特点。活动形式虽然精彩，但附着在活动中的思想和精神没有被青年所接受，这就达不到思想引领的效果。对此，习近平总书记在2013年同团中央新一届领导班子集体谈话时明确指出，共青团的吸引力和凝聚力"不能单靠组织一些活动、分发一些经费，这些也需要做，但必须明白，只有思想上精神上的吸引力和凝聚力，才是内在的强大的持久的"。[6]塑造一套具有共青团特色的、符合青年思想和生活实际的理论宣传话语，是增强党的二十大精神宣传实效性，提升党的创新理论宣传持续性的必要举措。

在革命战争时期，青年团早期组织的成员就清醒地认识到，青年团是"学生团"，成员多是学生和青年知识分子，它最重要的作用就是当好党的助手，所以"尽管在中国社会主义青年团建立初期，还一时不能建立符合马列主义政党学说的党团关系和相应的工作思想理论体系，进而使得全团有一个明晰的认识；但是我们可以清晰地看到，从青年团建立开始，就在自觉不自觉地发挥着党的助手和预备学校的作用，并且伴随着这种工作实践的全面展开，正在通过不断总结实践中的经验和教训，使之升华为一个相对完善的青年团组织建设和思想建设的理论"。[17]这就表明，共青团在成立之初，就不仅仅是在实践层面充当党的传声筒，还树立了成为理论层面建设青年话语的创造者的目标。中国特色社会主义进入新时代，党的宣传思想工作面临新环境、迎接新挑战，要求共青团更好发挥青年思想引领的重要作用，任务之一就是加强青年的理论学习。2020年，团中央等五部委联合印发的《关于深入实施青年马克思主义者培养工程的意见》提出，青年马克思主义者的培养要深化其理论学习，帮助学员加深对党的科学理论的理解和掌握，学深悟透习近平新时代中国特色社会主义思想，掌握马克思主义的立场、观点和方法。[18]2022年，共青团中央发布《新时代加强和改进共青团思想政治引领工作实施纲要》，提出新时代共青团思想政治引领工作的方法之一就是加强"青年化"理论阐释，强调共青团在思想引领中，注重将党的理论进行青年化阐释。[19]这深刻揭示了新时代共青团宣传工作重视提升理论性和思想性的方向。

建设适应青年特点的话语载体，要在"研""写""说"上下功夫。首先，要加强"青年化"宣传话语的学术研究。学术研究是打造"青年化"宣传话语载体的底盘逻辑，没有坚实的学术研究作为基础，"青年化"宣传的话语载体建设就有不牢靠的风险。话语载体的建设，必须强调理论的力量、思想的力量，其中的科研含量必不可少。在高校共青团的宣传工作中，存在宣传内容不够厚重、用文件解读文件的现象，一些共青团工作者对青年大学生团员关注的问题回应力度不足，思想水平不高。这些问题的克服，离不开学术研究的加强。高校共青团要重视理论研究投入，锻造共青团工作队伍的理论水平，培养一支善于研究、精于创造的理论工作者队伍，用理论成果促进话语创新。其次，要提升"青年化"宣传话语的故事写作。高校共青团建设党的二十大精神"青年化"宣传载体，要善于"写"。这里的"写"不是写稿子，而是写故事。好的宣传内化于思想，外化于故事。以故事化的叙事方式，将主流意识形态转化为青年大学生可感的具象存在，是建设"青年化"宣传话语载体的重要路径。故事的选取不是随意的，而是精心的、有目的的。高校共青团要从青年大学生团员的学习、生活实际出发，挖掘他们身边的素材，积极建构符合青年接受方式的故事，赋予党的创新理论更多的现实感，满足青年大学生团员的心理接受需求。最后，要强化"青年化"宣传话语的口头表达。语言表达是话语载体的最浅层次，但其重要性却不亚于学术研究和故事建构。在日常生活中，说一句话似乎很容易，但是要把话说好，却需要情商和智商共同发挥作用。高校共青团宣传党的二十大精神，需要特别重视口头表达的宣传话语的过程。一方面，要选好口头表达的主体。面向青年进行理论宣传，最好的表达主体是青年本身。近年来，各高校共青团开办"青年宣讲团"，就是让让青年参与宣传、担当宣传主体的表现。另一方面，要了解青年大学生的精神需求。在开展"青年化"宣传时，重点要回应青年诉求，满足青年大学生的精神成长需求。在口头表达时，高校共青团工作者要运用情商，以青年喜欢的语言讲出党的理论最朴实的道理。

（二）活动载体：遵循设计、实施、评估的基本逻辑

高校共青团是高校宣传思想工作的一支重要力量，如何通过组织有效的活动实现宣传党的创新理论的目标，是高校共青团需要回答的重要课题。实际上，理论宣传本身就是一项活动，它内在地要求将活动作为宣传的基本载体。但本文中的活动载体更为具体，它主要有两个特征：一方面它必须承载宣传党的二十大精神的目的和任务，且能够为高校共青团组织操作；另一方面它必须联系宣传主体和宣传客体，主体和客体能够借助活动载体发生互动。在活动中，青年大学生在接受思想理论宣传的同时，也在践行着精神要求，这是活动载体区别于其他宣传载体的显著特征。大学生主题教育活动是高校共青团开展理论宣传、引领青年大学生思想的主要载体，是强化青年大学生理想信念的生动方式，是能够充分发挥育人功能、促进大学生全面发展、实现立德树人目标的思想政治教育活动。[20]有效的二十大精神"青年化"宣传活动，能够对青年大学生的思想引领、素质拓展和实践能力起到重要作用。

党的二十大闭幕后，全国各地的高校共青团都在积极组织和开展活动，特别是大学生主题宣讲活动。2023年5月，团中央青年志愿者行动指导中心联合全国青少年井冈山革命传统教育基地、中国青年志愿者协会秘书处等单

位，面向全国高校遴选千支大学生志愿宣讲团，进一步在全国青年大学生群体中推动学习宣传贯彻习近平新时代中国特色社会主义思想和党的二十大精神，落实"强国复兴有我"群众性主题宣传教育活动。青年大学生亲身参与党的理论宣讲，这有利于用好青年主体、创新青年话语、打造青年形式，提升党的二十大精神"青年化"宣传效果。除主题宣讲外，高校共青团充分发挥组织优势，突出支部主体作用，充分利用组织生活形式，以党团支部"三会一课"、党团日活动等为主阵地，以学习宣传贯彻党的二十大精神作为主线，丰富活动载体，改进活动形式，取得良好成效。比如，北京理工大学组织"学习二十大奋进新征程"红色舞蹈展演活动，作为学校和共青团组织推进主题教育的创新方式，以当代青年喜闻乐见的形式讲述了一堂艺术"思政课"，进一步推动习近平新时代中国特色社会主义思想入脑入心，进而转化为坚定理想、指导实践、推动工作的强大力量。可以说，高校共青团组织了大量活动，类型多样且内容丰富。但同时，我们不能忽视的是，当前的一些活动存在着活动主题重复、活动吸引力不足、活动获得感不强、活动目标不明确、思想引领效果不理想等问题。[21]这些问题归结为一句话，即活动等设计、实施、评估存在脱节，这成为高校共青团更好发挥角色和作用的阻抗因素。

为系统解决青年大学生各类实践活动中存在的问题，2018年7月，共青团中央、教育部联合印发《关于在高校实施共青团"第二课堂成绩单"制度的意见》，要求"实现第二课堂活动科学化、系统化、制度化、规范化，实现高校学生参与第二课堂可记录、可评价、可测量、可呈现的一整套工作体系和工作制度"。[22]同时，明确提出"要构建课程项目、记录评价、数据信息、动态管理和价值应用体系"。提出和实施"第二课堂"，是党和国家创新高校思想政治工作的重要举措，也为高校共青团改革和提升活动载体效能提供了重要思路，即遵循设计、实施、评估的基本逻辑建设"青年化"宣传的活动载体。首先，要坚持以问题为导向统筹做好内容设计。党的二十大精神"青年化"宣传活动载体的建设，首先要做好内容设计。要将团日活动和团课的主题与党的二十大精神的主题相结合。但内容设计不是眉毛胡子一把抓，而是要坚持问题导向，具体就是以青年大学生的思想困惑和理论困惑为导向设计活动内容。团干部、辅导员要结合学生特点组织研讨，收集学生的问题，研究学生的兴趣点，精心设计学生感兴趣的专题，为有针对性的理论解读奠定基础。其次，要坚持以学生为主体实施活动。要把学生作为活动中的首要因素，看到不同年龄、不同年级青年大学生身心发展的实际特点和成长需要，关注和围绕青年大学生普遍存在的现实思想难题开展活动。共青团要注重引导和积极鼓励青年大学生设计活动环节、主动思考活动内容。同时，还要搭建青年大学生喜闻乐见的活动舞台，开辟大学生参与渠道，更多地创造参与和体验的机会。最后，要建立质量管理制度。高校共青团建设党的创新理论"青年化"宣传活动载体，要学习借鉴"第一课堂"课程的规范化思维和标准化做法，建立贯穿从活动申请设立到评价反馈的闭环质量管理体系。制定"教学大纲"作为活动的质量控制标准，明确影响活动质量的关键要素，确保主题教育活动育人目标明确、基本要素完善、任务安排充实、环节设置科学、评价办法合理。建立多方参与的过程监控和督导体系、监测评估体系，设计评价指标、评估对象、评价主体、评价方法、结果运用等，确保活动质量，真正发挥活动载体的作用，为推动青年大学生学习实践党的二十大精神提质增效。

（三）网络载体：注重思想理论的数字化表达

高校共青团视角下的网络载体建设，指的是高校共青团运用现代信息技术手段，向青年大学生阐释和传播党的二十大精神。随着智能设备和互联网普及，网络已经成为新时代高校大学生交流情感和思想的新阵地。在如火如荼的"互联网+"浪潮中，高校共青团的宣传工作也要紧跟时代的步伐，走在时代和青年的前列，顺应时代发展的要求，领悟"互联网思维"的科学内涵，精准掌握"互联网思维"的运作模式，创新高校团组织的工作思路、理念、方式，使党的二十大精神宣传工作开展得更加高效有力。

为应对互联网带来的新挑战和用好互联网带来的新机遇，共青团中央在全国持续开展"青年大学生"网络微团课，利用微信公众号、微博客户端等社交媒体，陆续进驻抖音、快手等直播平台，赢得了青少年的认可和追随，产生了良好的思想引领效果。然而，高校共青团在互联网上宣传党的创新理论，还存在以下困境：一是工作形式单一，尚不具备与互联网时代相匹配的开放、平等、互动的工作思维；二是管理方式仍然是自上而下的层级管理，降低了组织与青年大学生之间的黏合度；三是当前高校共青团在网络上开展的活动虽然很多，但很多活动流于形式，精品较少。相反地，互联网上供青年大学生选择的课外活动异常丰富，高水平的电视电影、节目演出、网络游戏十分丰富，加之高校举办的团学活动内容、形式及制作经费欠缺，吸引力不足，导致青年大学生的参与度不高。

当前，大数据、人工智能、元宇宙、数字人、知识图谱等现代信息技术更新迭代频繁，高校共青团组织运用网络思维开展党的创新理论宣传工作，必须打好数字技术的组合拳，建设党的创新理论"青年化"宣传网络载体新生态。一是要建设底盘，做好数字化内容生产。"青年化"宣传网络载体的打造不再局限于运用新媒体占据共青团网络宣传阵地，或者说将现实场景中的文字内容搬运到网上，而是要增强更具"原创性"内容的生产和传播。2023年年初，ChatGPT火爆全网，吸引了无数网民特别是青年大学生网民群体的关注和追捧，"用ChatGPT写论文"一度成为青年网民讨论的热点问题。生成式人工智能不断发展并逐渐成为潮流趋势，要求我们加强面向青年群体的数字化内容生产，包括话语创新和议题设置。二是创新表达形式，注重思想理论的场景化表达。现代信息技术的发展，让思想层面的理论有了更多实现场景化表达的机会。比如，运用元宇宙技术，搭建人类命运共同体思想的实践场景，让学生参与创设生活在元宇宙空间中的不同角色，通过赋予这些角色以现实内涵以及设计角色在元宇宙空间中的活动，呈现自己对人类命运共同体思想的理解。再如，建设能与青年大学生产生关联的数字人，通过数字人的表达及其与青年大学生的交流互动，增强理论的适应力和感召力。三是数字赋能高校共青团组织管理，引导青年大学生主动参与"青年化"宣传内容生产和传播。在现代信息技术平台上，青年大学生既是高校共青团宣传思想工作的对象，又是宣传思想工作活动的直接参与者，他们的积极性一旦被调动起来，就能够成为宣传思想工作的有生力量。因此，互联网平台上的内

容和活动，要提升学生活动的参与性、互动性，做到及时反馈和迭代更新，注重青年大学生的用户体验，让互联网活动真正从学生中来，到学生中去。

四、结语

当代中国青年生逢其时，拥有施展才干和发挥潜能的广阔舞台，实现人生理想具有光明前景。在新的征程上，如何把青年团结起来、组织起来、动员起来，为实现第二个百年奋斗目标、实现中华民族伟大复兴的中国梦而奋斗，是新时代中国青年运动和青年工作必须回答的重大课题。[6][7]高校共青团发挥组织优势和阵地优势，加强党的二十大精神和党的创新理论的"青年化"宣传载体建设，是践行共青团使命初心的重要表现，对感召、激励和引导青年增强道路自信、理论自信、制度自信，增进对党的信赖、信念、信心具有重要现实意义。

● 参考文献

[1] 习近平.高举中国特色社会主义伟大旗帜　为全面建设社会主义现代化国家而团结奋斗——在中国共产党第二十次全国代表大会上的报告[M].北京：人民出版社，2022：71.

[2] 中共中央关于认真学习宣传贯彻党的二十大精神的决定[N]．人民日报，2022-10-29 (01版)．

[3] 坚守党校初心　努力为党育才为党献策[N]．人民日报，2023-03-02 (01版)．

[4] 习近平谈治国理政（第2卷）[M]．北京：外文出版社，2017：333.

[5] 习近平新闻思想讲义[M]．北京：人民出版社，2018：80.

[6] 习近平关于青少年和共青团工作论述摘编[M]．北京：中央文献出版社，2017：63-64+77.

[7] 习近平.论党的宣传思想工作[M]．北京：中央文献出版社，2020：276-277.

[8] 编写组.思想政治教育学原理[M]．北京：高等教育出版社，2016：261.

[9] 中国共产党重要文献汇编（第8卷）[M]．北京：人民出版社，2022：575.

[10] 共青团中央　教育部关于印发《关于加强和改进新形势下高校共青团思想政

治工作的意见》的通知 [EB/OL] (2017-06-01) [2023-05-20]. http://www.moe.gov.cn/jyb_xxgk/moe_1777/moe_1779/201709/t20170914_314466.html.

[11] 习近平. 在庆祝中国共产主义青年团成立100周年大会上的讲话 [N]. 人民日报, 2022-05-10 (02版)。

[12] 教育部等十部门关于印发《全面推进"大思政课"建设的工作方案》的通知 [EB/OL] (2022-08-10) [2023-05-20]. http://www.moe.gov.cn/srcsite/A13/moe_772/202208/t20220818_653672.html.

[13] 中国互联网络信息中心. 第51次中国互联网络发展状况统计报告 [R]. 北京: 中国互联网络信息中心, 2023.

[14] 中共"一大"会址纪念馆, 上海革命历史博物馆筹备处. 上海革命史资料与研究 (第11辑) [M]. 上海: 上海古籍出版社, 2011: 132.

[15] 邱仁富. 思想政治教育话语理论探要 [D]. 上海: 上海大学, 2010.

[16] 马克思恩格斯文集 (第1卷) [M]. 北京: 人民出版社, 2009: 11.

[17] 李玉琦. 中国共青团史稿1922—2008 [M]. 北京: 中国青年出版社, 2009: 53.

[18] 关于深入实施青年马克思主义者培养工程的意见 [EB/OL] (2020-06-05) [2023-05-20], http://www.moe.gov.cn/jyb_xxgk/moe_1777/moe_1779/202012/t20201216_505840.html.

[19] 新时代加强和改进共青团思想政治引领工作实施纲要 [J]. 中国青年, 2022 (9): 68-71.

[20] 蔺伟, 方蕾. 高校共青团思想引领工作研究与实践 [M]. 北京: 北京理工大学出版社, 2015: 39.

[21] 马顺林. 论高校共青团活动的现实困境及其应对措施 [J]. 吉林教育, 2020 (17): 59-61.

[22] 共青团中央　教育部关于在高校实施共青团"第二课堂成绩单"制度的意见 [J]. 高校共青团研究, 2018 (3): 2-4.

"问题导向"视域下大学生信仰状况及其教育对策研究
——基于"双一流"高校的调研分析

周焕然[*],邓子童,崔遵康,邢飞

(北京理工大学材料学院,北京 100081)

摘 要:大学生信仰教育的研究不仅涉及大学生的精神选择,而且关乎整个民族的精神支柱与国家的发展。本课题聚焦当代大学生的信仰(包含政治信仰、道德信仰与法治信仰)问题,基于"双一流"高校大学生这一代表性群体,结合"问题导向"视域,深入探索大学生信仰状况及其形成过程,采用SPSS和Excel进行统计分析,从而对大学生的信仰状况进行量化调研分析,更加系统和更具针对性地整理总结大学生信仰教育的问题并分析其成因。本课题能够帮助大学生在"多样、多元、多变"的社会思潮中认清信仰本质并树立正确信仰,并为高校信仰教育及其顶层设计提出了行之有效的教育对策。

关键词:问题导向;大学生信仰;教育对策;"双一流"高校;信仰危机

引 言

近几年来,习近平总书记曾多次提到"问题是时代的声音",为此,我们急需了解大学生当前在信仰方面暴露出的问题,对其进行源头探析。马克思曾在1927年指出,信仰的本质在于对人类自身本质力量和生存发展的

---

[*] 周焕然,硕士,北京理工大学材料学院,研究方向:材料科学与工程、学生德育与党团建设。

把握。20世纪五六十年代，以Rokeach和Adom为代表的国外学者对信仰的表现形态与结构进行了定义与分类。部分国内学者对大学生信仰进行了内涵界定与内容分类[1,2]，但其分类方式略有不同。另外，自20世纪90年代"依法治国"的理念开始流行以后，法治与法治信仰的研究逐渐引起我国学者的关注，许亚绒[3]、宋随军[4]与范玉吉[5]等分别对法治信仰进行了内涵界定。

马金龙[6]与史海生[7]认为，大学生的信仰总体上是积极、健康的。然而，部分学者发现高校大学生在信仰方面存在着信仰淡漠甚至缺失、盲目信仰或者信仰跟风、信仰多元化或功利化，以及受外界环境影响较大等问题[8]。纪军郁等[9]分别从环境因素与大学生成长特点等角度分析大学生信仰问题的成因。王健勇等[10]指出：主观方面的问题是，当代大学生重物质而轻精神，从而在理想信念上产生了迷茫、困惑和动摇。客观方面的问题包括：一是教育者与受教育者对大学生的信仰问题重视不够；二是教学方法陈旧单一，理论脱离实际；三是仍然存在一些大学生信仰教育理念的误区；四是当前的时代环境比较复杂。张跃铭[11]从传统社会"人治"思想分析了大学生法治信仰缺失的原因。关于大学生信仰教育对策，邹盛瑜、蔡朋杞[12]认为，想要逐步解决当代大学生的"信仰缺失"现象，帮助大学生确立自己的信仰，一是要传承传统文化，提升软实力和竞争力，二是需重构信仰教育体系，使信仰教育和大学生校园文化结合起来，三是高校必须要加强与当地地方政府的合作与沟通，这样才能整合力量，形成内外相通的格局。赵连文[13]与鲍先彪[14]分别从信仰教育的科学性与话语体系创新的角度，对大学生信仰教育对策进行了研究探讨。另外，不少学者对道德信仰与法治信仰的教育对策进行了研究探索[15]。

本课题旨在总结理论与文献研究梳理信仰体系的基础上，结合问题导向，对"双一流"高校大学生的信仰状况进行深入了解与量化分析，助力大学生正确选择科学信仰，跳出以往的地域限制，以"双一流"高校大学生为研究对象，亦不同于以往研究的简单数据统计，同时创新性地结合"问题导向"视角，理论联系实际地助力高校解决大学生切实存在的思想问题，为高校思政和德育工作提供启发和思路。

一、大学生信仰状况研究情况

信仰的本质在于对人类自身本质力量和生存发展的把握,大学生信仰的内容主要有以马克思主义信仰为中心的政治信仰、以社会主义核心价值体系为主体的道德信仰、以依法治国思维和社会主义法律体系为基础的法治信仰[5,16]。大学生的信仰总体上是积极、健康的;但是由于受到个体成长环境与个人经历[17]、西方文化差异[9]、信仰宣传教育不到位[14,18]等因素的影响,大学生的信仰正在从崇拜泛化向信仰选择过渡,由低层次的非理性信仰向高层次的理性信仰发展,部分高校大学生在信仰方面存在着信仰淡漠甚至缺失、盲目信仰或者信仰跟风、信仰多元化或功利化,受外界环境影响较大等问题[7,19,20]。

通过理论与文献研究发现,现有研究主要集中于信仰现状的事实研究,对大学生信仰状况的社会背景、影响因素、形成过程及评价体系则很少涉及。在相关实证调查研究中,只有简单的对大学生类别、群体、年级等数据的统计,缺少深度访谈结果和对基于大数据调查的深度分析,鲜少有结合大学生自身的信仰状况进行归因分析的研究,关于大学生信仰现状问题的根源还有待进一步挖掘探讨。此外,当前对信仰教育的相关研究仍不够深入,大多成果仍然立足于权威教育者的视野来探讨教育对策,从而将教育引导变成先入为主的意识形态合理性论证和灌输,缺乏对大学生信仰生成过程、特点和规律的探索。

二、大学生信仰状况的调查分析

(一)调查设计及实施

1. 确定调查对象

第一,确定调查对象样本范围。为深入了解当前高校大学生的信仰现状,本课题以"双一流"高校的大学生为切入口,不仅是因为教育部的大量资源向"双一流"高校倾斜,此处聚焦了众多优秀学子与优质教师,同样也是由于这批高校是贯彻党中央最新思想政治教育工作决策部署的先锋。为响应党中央对高校政治教育工作的各项任务部署,落实高校思政教育质量提升工作,将"双一流"高校作为当前大学生思政教育工作研究主阵地的意义与必要性早已不证自明。为深刻把握大学生信仰现状,使调查对象具有一定的典型性、代表性,本课题选取了若干所"双一流"高校作为调查单位,问卷来自全国多地的"双一流"高校,地域均衡分布,同时选取了高校内多种学科、多门专业的本科、硕士、博士学生,并尽力保证男女比例的相对平衡。

第二,确定调查对象样本数量。参考访谈及调查样本基本数量要求,本课题本着实事求是及节时高效的原则,选取了10位"双一流"高校大学生在读群体作为重点访谈对象,同时发放问卷525份,回收有效问卷503份,回收率达95.8%。

2. 设计调查内容

本次问卷调查使用的问卷整体上分为三个部分:第一部分人口统计学变量,用以了解答卷者的基本信息;第二部分大学生信仰现状调查,用以深入了解学生对信仰的理解、信仰现状及信仰形成的影响因素;第三部分主要收集大学生对于高校思想政治教育工作的看法与建议,用以进行大学生信仰影响因素分析及大学生信仰教育对策的提出。研究者也在问卷引言部分详细说明了问卷调查的目的及使用范围,消除答卷者的后顾之忧,在尽力争取被答卷者支持的同时获取准确数据,使得收取的问卷具有学术研究性。

本次问卷调查设计的访谈内容同样基于以上研究目标,聚焦于"双一流"高校大学生政治信仰、道德信仰与法治信仰三方面的信仰问题,一对一地与高校大学生面对面访谈,收集样本信息,为本课题的研究提供现实数据支撑。为获得更加真实可靠的数据用以调查结果及分析,本次访谈采取了日常轻松对话的形式,不设预设答案,旨在用日常平实的语言探究需要调查的问题,使受访者在真实放松的状态下接受访谈。由于访谈是以日常对话的形式进行的,虽收集到珍贵的数据资料,但无法将资料直接呈现出来,将以结论形式汇总在文中,对本课题来说依旧具有非常宝贵的参考价值。

（二）调查结果及分析

1. 答卷者基本信息

从性别组成上来看，本次调查对象男女比例分布均匀，其中女性占比47.71%，男性占比52.29%；从民族分布上来看，既有汉族的，又有少数民族的学生参与，少数民族人数有33，占6.56%；从身份类别上来看，样本覆盖了大学中本科生、硕士研究生、博士研究生所有学生类别，且相较于年龄较长的博士生，"三观"相对尚未完全成型的本科生和硕士研究生占比均达40%以上，其中本科生41.55%，硕士研究生47.51%，博士研究生10.93%；从专业构成上来看，人文社科、理工农医、艺术等均有涉及，分别占9.15%、87.48%、3.38%；从家庭居住地来看，农村占33.6%，城镇占27.83%，城市占38.57%；从政治面貌来看，半数以上是共青团员，占56.86%，中共党员占36.58%，群众占6.56%；从任职情况上来看，学生干部有202人，占40.16%；从家属政治面貌来看，直系亲属中有共产党员的242人，占48.11%。本次问卷调查所选取的样本具有一定的代表性。

从基本信息可以分析得到，本次问卷调查在数量上具有一定的规模，整体结构构成上符合高校的基本组成情况，可以说明本问卷足够客观，具有学术参考性。

2. 大学生信仰现状

（1）新时代大学生马克思主义信仰的整体状况

经问卷调查、访谈发现，当前"双一流"高校学生的信仰状况，主流上是积极向上的，大部分人的信仰追求能够实现自我价值与家国担当统一，但也仍然存在信仰态度易动摇、信仰取向复杂化的问题。

第一，信仰状况在主流上积极向上。当前"双一流"高校学生的信仰状况在主流上是积极向上的，从图1可以看出，97%以上的人都能够部分或完全理解信仰、信念、理想、宗教、迷信的概念，说明学校多年的德育具有显著效果，甚至有近六成的学生能够完全理解这些词汇的概念，对于"理想"的概念完全理解的超七成。绝大多数人能够理解信仰的重要性，同时也拥有信仰。道德信仰在大学生心中具有很高的重要性，说明随着国民教育水平升高，国民素质能够极大地提升。对于"双一流"高校学生而言，概念的理解不应成为一件难事，针对40%左右对概念"部分理解"的学生，高校仍需加大教育的深度和广度。

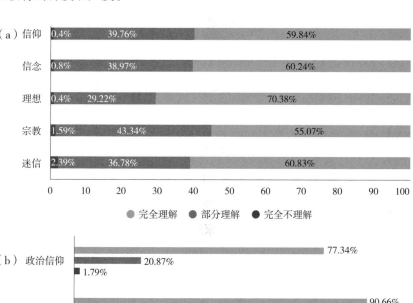

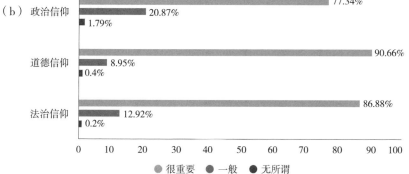

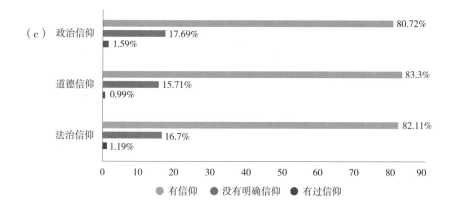

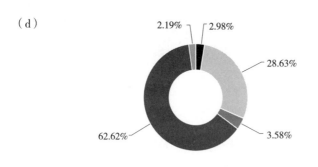

图1 当前"双一流"高校学生的信仰状况积极向上

第二,信仰追求自我实现与家国担当统一。在"激励您奋斗的主要原因"调查中(图2),大学生没有单纯关注个人自我价值的实现与信仰的追求,也没有一味树立高尚的情操,而是努力在二者中寻求契合点,将个人的发展与国家的发展相结合,同时不失对家庭的温情。访谈过程中更有学生提到"为了地球文明和科技发展""为了人民利益",可见新时代大学生做到了对于家国担当与个人发展的高度统一。

调查大学生的人生追求发现,将"为人民服务、为国家做贡献"排在第1位的人最多,说明大部分的大学生具有矢志报国的决心,符合国家培育人才的初衷。成为财富精英或政坛领袖被排在第4、第5位的比例超半数,说明大部分的大学生对于信仰目标的认同并非完全是世俗化的,大部分人偏向于拥有幸福的"小家",建设美丽的"大家"。

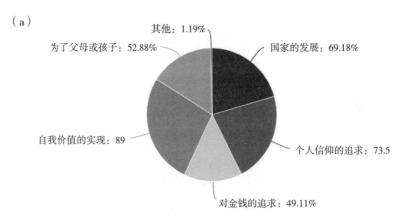

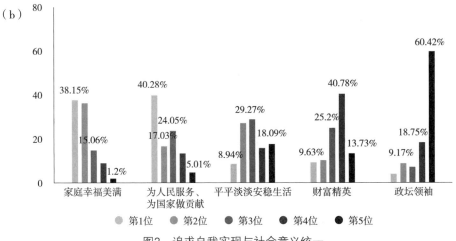

图2 追求自我实现与社会意义统一

（2）新时代大学生马克思主义信仰的问题指向

第一，部分学生的信仰态度易动摇。底线的约束让大学生对法律心存一份敬畏，法治信仰的拥有与否虽和道德信仰有一定差距，但遵循者基本相当。有一些人选择了"到时候再说"（图3），可见部分大学生对信仰问题的重视程度不够。与此同时，部分大学生认为信仰可有可无，说明大学生中存在一定的信仰缺失和信仰危机问题；认可"多元文化的冲击"对当前大学生信仰危机产生影响的学生达88.54%，73.96%的学生认为应对西方社会思潮"汲取精华同时予以警惕"，由此可见高校思政教育对大学生信仰的正确引导发挥着至关重要的作用，也为高校马克思主义信仰教育的必要性提供了依据。

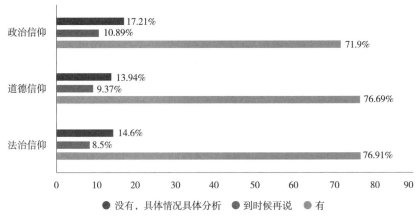

图3 是否时刻遵循信仰

第二，信仰取向复杂化。对于基础的政治理论知识问题，依然有部分学生掌握不够，这不利于信仰的形成和稳固。有高达17.3%的学生无法正确认识目前我国的国际地位（图4），说明大学生对于祖国的国际地位认知不够准确，这是思政教育需要继续着力的方面。

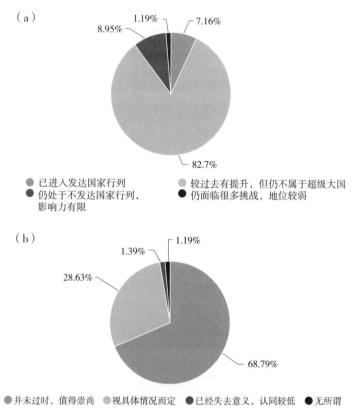

图4 马克思主义信仰裹挟着其他多元化价值取向

针对大学生的道德信仰方面，有近七成的大学生依然崇尚先辈们无私忘我的精神。在新时代，它们仍然代表着理想之崇高、信念之坚定。社会主义道德信仰或传统道德典范的支持率达95%（图1d），比例虽高，但极少数选择"没有道德信仰""个人主义"的学生仍然值得相关部门的重视。同时，仍有3%左右的学生对雷锋精神与焦裕禄精神持消极态度，说明他们对所受的思想道德教育缺乏足够认同，高校思政教育部门需要不断调查掌握学生信仰状况，改进教育方式，提升思政教育的效能，推动实现社会主义道德信仰进一步入脑入心，避免学生出现价值错乱和信仰迷茫问题。

3. 关于大学生信仰教育问题现状

在"请将您心中对高校大学生政治信仰影响因素从大到小排序"中,将"学校教育"排在第1位的比例最高。可见信仰并非生来便具备的,在成长过程中,周遭的环境起着重要影响,其中,学校教育起的作用尤其不容忽视(图5)。

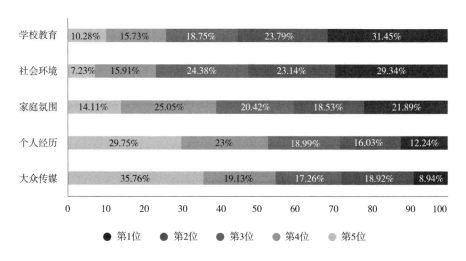

图5　高校大学生心中对政治信仰影响因素排序

九年义务教育的推行,让我们看到了社会公平的起点,学生素质的提高也促进了马克思主义信仰在大学生中发展壮大。但调查发现,新时代下高校的马克思主义思想政治教育仍然存在一些亟须改进的问题。部分学生认为当下高校的思政课程囿于形式主义,教师照本宣科式的知识灌输使得教学内容枯燥乏味,缺乏灵活性;更有访谈对象提出,"即使对马克思主义充满兴趣和信仰也可能会因为课程理论枯燥难以理解而放弃课堂学习机会"。在"您认为思想政治教育在以下方面存在很大的问题是"中(图6),75.75%的大学生希望马克思主义教育课程上添加实践性的学习内容,可见大学生并非抗拒马克思主义,而是教育方式的吸引性不足。随着当前教育载体的不断丰富、教育方式的不断增多,充分挖掘马克思主义教育的方式方法是非常必要的。

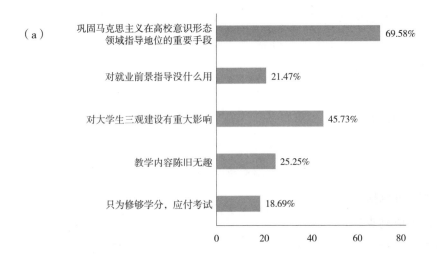

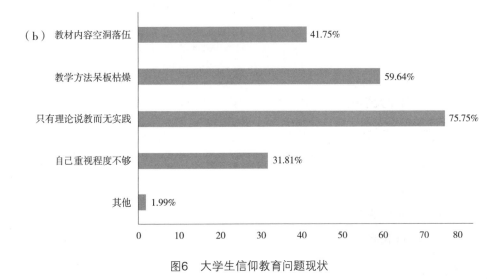

图6 大学生信仰教育问题现状

三、改进大学生信仰状况问题的教育对策建议

基于理论的分析及调查研究,本课题对当前大学生存在的信仰问题进行了理性的审视,对当前大学生信仰问题的成因进行了探究,旨在发现症结,提出改善当前情况的对策,不断完善高校马克思主义信仰教育。

（一）将马克思主义理论与生活实际相结合

针对大部分大学生指出的高校思政课程枯燥乏味的问题，让我们不得不重新考虑改进教学形式和教学内容。当大学生拥有极大的兴趣时，他们才能对所学内容抱以开放、接纳的态度甚至达到积极自主学习的程度。而当前部分思政公共课的教学，内容缺乏创新性、形式缺乏互动性，因而难免缺乏吸引力，也无法使大学生真正理解马克思主义在实践中的现实含义。

为此，可以探索将马克思主义理论教育与生活实际相结合。理论的研究学习只是形成马克思主义信仰的方式之一，调查显示，大学生更偏向于观看红色电影、参与志愿服务、主题讲座等具有趣味性、参与性的学习方式，这些方式有利于促进大学生更好地接受马克思主义信仰教育。因此，高校应把马克思主义的理论宣传教育融入大学生日常学习生活，用通俗易懂的话语、喜闻乐见的形式使得思政教育更加紧贴现实，并实现寓教于乐。

（二）引导大学生加强信仰学习，增进自我修养

马克思主义信仰教育是巩固马克思主义在高校意识形态领域指导地位的重要手段，而大学生自身认知是信仰建立的基础。根据上文调查结果，利用马克思主义指导个人"三观"建立乃至指导整个人生的大学生群体仍然有限，这一方面可能源于高校思政教育本身的不足，另一方面可能与大学生的自我学习和自我修养有关。主体认识的不足再加上当前社会环境的多样多元多变，很容易让大学生的信仰产生摇摆性，甚至被错误的思潮所误导。

因此，加强大学生的自我修养显得尤为重要。随着互联网给人们生活带来的变化，大学生接收信息的渠道也越来越多元，高校思政教育内容也无法完全占领所有信息媒介。因此，对于大学生主体，应激发其个体对于信仰的自我觉醒，帮助其真正认识到信仰的内涵、信仰对于人生的指导作用，让其形成高度的自觉、自我的行动才能助力马克思主义信仰扎根。大学生本身也应不断修炼自身，认识自己、认识世界，不断与自我对话，将个人需求与国家乃至世界发展联系起来，走向生理与心智的双向成熟。

（三）发挥党员在信仰教育上的示范引领作用

外部环境是除学校教育外对大学生信仰影响最大的因素之一，其中朋辈榜样和明星偶像会对大学生群体的信仰产生重要影响。信念坚定、志向高远，具有强烈的责任意识和奉献意识的党员大学生，自然能够赢得大学生们的支持，而一些"理想信念缺失、丧失初心使命的"党员干部，则负面影响着大学生对信仰的看法和态度。为此，广大共产党员应该担起领头羊的责任，坚定维护好马克思主义在大学生中的美好形象，从自己做起，为营造积极正向的信仰育人环境发挥表率作用。

参考文献

[1] 冯天策. 略论信仰本体的起源、分类和本质 [J]. 东岳论丛, 2007 (1)：147—153.

[2] 王进鑫. 培养大学生道德信仰的理论与实践研究 [J]. 中国青年研究, 2007 (9)：28—31.

[3] 许亚绒. 公民法治信仰的培养 [J]. 中学政治教学参考, 2015 (21)：30—31.

[4] 宋随军. 培育大学生法治信仰具有多重意义 [J]. 中国高等教育, 2019 (1)：59—61.

[5] 范玉吉. 用法治传播塑造公民法治信仰 [J]. 青年记者, 2020 (22)：77—78.

[6] 马金龙. 社会转型时期大学生信仰现状、原因及对策 [J]. 和田师范专科学校学报, 2005 (6)：93—95.

[7] 史海生. 全球化背景下大学生信仰教育研究 [D]. 长沙：长沙理工大学, 2007.

[8] 佘双好. 当代青年大学生信仰的特点及问题分析 [J]. 学校党建与思想教育, 2010 (31)：6—9.

[9] 纪军郁. 论大学生的信仰教育 [J]. 青少年研究（山东省团校学报），2008 (S1)：34—36.

[10] 王健勇. 论社会主义核心价值体系对大学生信仰教育的启示 [J]. 科技信息, 2009 (2)：423—419.

[11] 张跃铭. 大学生法律意识的现状分析及对策探讨 [J]. 江汉大学学报（社会科学版），2013, 30 (5)：126—129.

[12] 邹盛瑜, 蔡朋杞. 浅析当代大学生信仰缺失的现状、原因及研究对策 [J]. 哈尔滨职业技术学院学报, 2007 (5): 73—74.

[13] 赵连文. 青年学生马克思主义信仰教育的方法与途径分析 [J]. 学习论坛, 2013, 29 (2): 61—65.

[14] 鲍先彪. 马克思主义信仰教育创新机制分析 [J]. 东南大学学报 (哲学社会科学版), 2014, 16 (2): 17—21.

[15] 武敬杰. 当代大学生道德信仰教育研究 [D]. 长春: 吉林大学, 2008.

[16] 万美容, 吴倩. 21世纪初我国大学生信仰问题研究述评 [J]. 思想教育研究, 2010 (10): 106—109.

[17] 刘树宏, 黄建军. 试析目前大学生的信仰特点 [J]. 学校党建与思想教育 (上半月), 2008 (10): 69—70.

[18] 赵连文. 青年学生马克思主义信仰教育的方法与途径分析 [J]. 学习论坛, 2013, 29 (2): 61—65.

[19] 陈跃, 熊洁. 关于当代大学生信仰问题的深层思考 [J]. 高校理论战线, 2010 (4): 41—44.

[20] 杨影. 大学生马克思主义信仰问题研究 [D]. 大庆: 东北石油大学, 2013.

高校共青团"青年大学习"运行及评价机制研究

——北京理工大学"青年大学习"

夏琴,刘璇,欧阳潇,钟露,董磊[*]

(北京理工大学生命学院,北京 100081)

摘 要:国家高度重视广大青年的思想政治理论学习,而高校"青年大学习"行动是影响青年最为深刻的活动。"青年大学习"行动旨在用易学、易懂、易接受的方式引领青年深入学习习近平新时代中国特色社会主义思想,培养有理想、有本领、有担当的新时代青年。为了更好地推进"青年大学习"在学生中的开展,高校共青团推行了一系列的运行和评价机制。本文对"青年大学习"开展的时代背景进行介绍,并且通过利用内容分析法、问卷调查法及人物访谈法对北京理工大学共青团运行现状进行了分析。北京理工大学围绕"红色育人路"开展党史团史竞答、支部研讨会和视频观看等"青年大学习"衍生活动,在青年大学生中取得了广泛影响,也深入传承了红色基因。本文通过问卷调查的方式评价了学校青年大学生在"青年大学习"中的反响与学习效果,发现目前"青年大学习"还存在一定提升空间,如学生的学习意识有待提高、评价机制较为单一等。本文据此阐述了"青年大学习"运行和评价机制相应的改进措施,以此来更好地增强团支部队伍建设和团工作的实效性,提升"青年大学习"的学习效果和质量。

关键词:青年大学习;高校共青团;运行机制;评价机制

---

[*] 夏琴(1989—),女,博士,副研究员,E-mail: qin.xia@bit.edu.cn;刘璇(1998—),女,硕士生,E-mail:3120221394@bit.edu.cn;欧阳潇(2000—),女,硕士生,E-mail: oyx3232828308@163.com;钟露(2000—),女,硕士生,E-mail: 18779058973@163.com;董磊,博士,北京理工大学生命学院,教授。

引 言

"青年兴则国家兴，青年强则国家强"，青年是充满活力的，是富有创造力的，是最富有拼搏精神的。青年是一个国家的未来和希望，党和国家的发展离不开青年的支撑和奋斗。所以，对广大青年进行正确的思想引领，培养其爱国情怀、树立远大理想、践行习近平新时代中国特色社会主义思想尤为重要。共青团的根本任务是培养中国特色社会主义的建设者和接班人，共青团要担负起这一使命。目前，在新时代背景下，青年教育培养遭遇各种危机、各种思潮，青年的价值判断和选择易受影响。高校共青团是青年教育的核心组织，在助力青年成长成才过程中价值尤为明显。而"青年大学习"是共青团中央为把组织引导广大青年深入学习宣传贯彻习近平新时代中国特色社会主义思想和党的二十大精神持续引向深入的青年学习行动。因此，深入了解"青年大学习"在高校中的运行开展情况和评价尤为重要。

北京理工大学坚持用红色基因铸魂"三全育人"格局，加强青年学生思想引领、价值引领，深入学习习近平新时代中国特色社会主义思想，自觉将"九个必须"植到思想、落实在行动，开展党史团史竞答、支部研讨会、视频观看和图文阅读等"青年大学习"主题团课学习活动。此外，北京理工大学将"青年大学习"与"四史"教育学习、北理工校史紧密结合起来，完善对习近平总书记关于青年工作重要思想的学习响应机制，建立并改进"青年大学习"运行和评价机制。对于高校共青团"青年大学习"运行和评价机制的研究，丰富了从思想政治教育角度对青年学生的引导，丰富了高校共青团育人基础，丰富了高校"立德树人"的政治资源。"青年大学习"的开展和运行机制可以实现用正确思想武装全团，推动党的政策和理论深入人心，引导青年把个人成长和国家命运联系在一起。其次，有助于提升高校共青团思想引领的"青年大学习"的有效性和凝聚性。通过对当前时代背景的分析，把握高校学生特点，分析现阶段高校共青团思想引领的不足并提出适当的建议和对策，能够为高校共青团更好地培养社会主义生力军提供参考，助力高校"立德树人"教育目标的实现。

一、"青年大学习"开展的时代背景

中国共青团是具有百年历史的团体组织,其自成立以来,就始终坚持党的领导,始终以党的意志为意志,以党的主张为遵循。共青团成为党的助手和后备军,凝聚先进青年力量以服务于党,与党紧密地联系在一起,是党的青年工作的关键组成部分。

党的十八大以来,以习近平同志为核心的党中央对青年的教育和发展工作高度重视,对共青团的工作作出相关指示。习近平总书记在会议上多次提到关于高校共青团的建设问题,提出了一系列富有方向性、时代性、开创性的新观点、新论断和新要求,并对此作出了重要指示[1]。2015年7月,习近平总书记在中央党的群团工作会议上强调,群团组织要不断保持和增强政治性、先进性、群众性,对青年群体的工作要联系实际,不能基于表面,应深入切实[2]。2016年11月,共青团中央、教育部联合印发《高校共青团改革实施方案》,加强高校共青团的工作推进和创新。2018年,习近平总书记在团十八大后与团中央新一届领导班子成员集体谈话时强调,要加强对青年的政治思想引领和价值引领[3]。共青团十八届五中、六中、七中全会上,习近平总书记充分肯定了共青团各项工作和建设实现新发展、取得新成绩,并且对今后共青团工作的方向和任务作出了重要指示,正确引导青年,引领广大青年为全面建设社会主义现代化国家而团结奋斗[4,5]。

新时代,共青团必须毫不动摇坚持党的领导,自觉在思想上政治上行动上同以习近平同志为核心的党中央保持高度一致。同时面对当今复杂的国内外环境形势以及多元化的网络媒体等多方面的影响,共青团,尤其是高校共青团更要引导青年坚定不移走中国道路,培养新青年传承中国精神,为新时代社会主义建设贡献力量。因此要加强开展对青年的理论武装,需要善于用符合时代特征的方式对青年进行思想政治教育,易进行、易接受、易理解的"青年大学习"行动已成为共青团重点关注的工作。它使青年在学习中加强政治认同,增强青年大学生对党的向心力和凝聚力,引导青年学生树立积极健康的价值观,从而建设学习型的青年组织,为实现中华民族伟大复兴的中国梦而奋斗。

团中央《关于在全团实施"青年大学习"行动的方案》明确要求，要把开展"青年大学习"行动的成效作为对各基层团组织考核评价的重中之重。北京理工大学共青团积极响应团中央号召，持续构建贯通高水平人才培养体系的思想政治工作体系，深化"大思政"格局，注重将党史学习教育融入学生思想政治教育，具体化、有形化开展"红色育人路"宣传教育，进一步推动"青年大学习"在校内的开展。如何科学地评价以及考核学习效果，是当前迫在眉睫需要解决的问题。

二、研究方法

（一）采用内容分析法对"青年大学习"网上主题团课的短视频内容进行研究

团中央为了组织广大团员青年共同学习，采取新式"互联网＋教育"的方式，以创新的方式利用H5形式与短视频向团员青年推出"青年大学习"专题课程。内容分析法是一种对内做客观研究的定量分析方法，它可以将零散无章的内容进行分类，从而转换为清晰直观的数据、图表等，揭示出事物隐含的特点，据此把握事物发展规律。

本项目计划在近4年（2020—2023）推出的短视频中随机抽取20期视频进行内容分析。首先对这20期随机选取的视频内容主题进行分类。接下来以每期视频为分析单元，同时建立视频内容、主持人、视频地点、答题量、视频时长等5个维度，对"青年大学习"网上主题团课的视频进行分类，并对分类的结果进行统计分析。

（二）问卷调查法

通过问卷星制作一份调查问卷，对"青年大学习"网上主题团课的学习效果进行调查，调查对象为北京理工大学的在校学生。问卷内容包括性别、年级、学院、专业、对"青年大学习"的形式/内容/学习效果/接受程度/参与次数、建议等方面设计20题左右的问卷，尽可能收回多份问卷。

（三）人物访谈

访谈法是一种采访人与受访者面对面交谈，将谈话内容作为突破口，从而进一步了解受访者的心理和行为的心理学基本研究方法。项目分别在北京理工大学校内团委老师、学生干部、普通学生中随机选取一名进行访问。访谈内容包括"青年大学习"的宣传推广工作、目前开展学习模式、监督管理方式等三大方面。从不同视角对北京理工大学"青年大学习"的运行机制及评价机制进行探讨分析，最后科学地提出改进"青年大学习"运行机制与评价机制的建议。

三、"青年大学习"网上主题团课的特点

（一）主题多样，视频内容切实丰富

在随机统计的结果中我们可以发现，"青年大学习"视频内容丰富，富有条理，包含多个知识点（表1）。例如第9季围绕"政策解读"展开，讲述党的相关制度和指导思想；第10季"打赢脱贫攻坚战"专题；第11季和第12季"一起学党史"专题。2020年我国实现了全面建成小康社会的第一个百年奋斗目标，全党全国各族人民不断奋斗，基层干部在其中做出了不可替代的贡献，视频将扶贫成果展示出来，既肯定了我党我国人民的努力与成绩，也表明了我国坚决实现脱贫的决心。2021年是建党100周年，"青年大学习"结合当下热点，为广大青年提供学习党史的途径。由此可见，视频内容与当时的热点和成果相匹配可以达到事半功倍的宣传作用。

表1 利用内容分析法统计出的随机选择的"青年大学习"视频内容的情况

项目	第9季（特辑+第3期）	第10季（第1、2、3期+特辑）	第11季（第1、2、3、4期）	第12季（第2、5、13期）	2022年（第10、21、22期+特辑）	2023年（第1、2、3期）
每季主题	政策、制度等解读	打赢脱贫攻坚战专题	一起学党史	一起学党史	学习宣传贯彻党的二十大精神	习近平总书记重要讲话精神，对青年的殷切希望
视频地点	室内外结合	室外	室外	室内外结合	室外、讲话视频	室内外结合
嘉宾及主持人	学生代表、行政人员	学生代表、行政人员、有影响力的公众人物	学生代表、行政人员、有影响力的公众人物	学生代表	学生代表、行政人员、有影响力的公众人物	学生代表、行政人员
每一期答题量（视频答题卡片）	2题	2题	2题	2题或1题	1题	1题
时长	5分钟以上	5分钟以上	5分钟以上	5分钟以上	3～5分钟	3～5分钟

（二）主讲人身份多集中于学生代表，公众人物受到关注

从随机抽取的期数来看，"青年大学习"视频主讲人大多集中在学生代表和相关行政人员（多为嘉宾），学生作为提问者，代表广大青年问出疑惑的问题，而相关行政人员对国家的路线、方针、政策非常熟悉，可以详细地讲解相关知识，通过视频可以直观地在问答中让学生了解更多，既增强了互动感，也丰富了讲解的形式。此外，被大多数青年熟知的有影响力的公众人物也出现在"青年大学习"的视频当中，例如央视记者王冰冰、理塘青年丁真、B站青年up主以及网络出圈的高校优秀学生等，都吸引了众多青年观看，并引起广泛讨论，扩大了传播效果。在大学中，高校共青团可以寻找学校里的模范榜样或风云人物，进行"青年大学习"的号召，举办相关活动，使"青年大学习"工作的运行"活起来"。

（三）视频时长和答题量有所减少

随机的统计数据显示，从2022年开始，视频时长逐渐缩短，且视频中的答题数量也主要集中在2道，占统计数据的60%，表明共青团在丰富视频内容的同时，选择相关专题的精华进行展现，尽可能做到精而不简，让青年学生在有限的时间内了解更多的知识。

北京理工大学共青团为深化用红色基因铸魂育人的"三全育人"格局，加强青年学生思想引领、价值引领，在全国推行的"青年大学习"网上主题团课基础上，开展了许多红色教育活动，例如参观校史馆、开展社会实践活动、举行相应主题讲座等。但在校内开展"青年大学习"过程中仍存在亟待完善的部分，给学校开展青年学生的思想政治教育带来一定的挑战。

四、"青年大学习"运行及评价机制面临的挑战

（一）"青年大学习"网上主题团课的运行情况及学习效果有待进一步提升

本项目以北京理工大学学生为调查对象，通过发放《北京理工大学"青年大学习"运行机制及评价机制调查》问卷展开相关研究。结果显示：48.78%的学生认为效果一般；12.2%的学生认为没有成效，只有39.02%的学生认为非常有成效（图1）。26.83%的学生能够将网上主题团课中的知识全面吸收；59.76%学生对"青年大学习"网上主题团课并不完全了解；而13.41%的学生只是应付任务，看过即忘。从结果来看，多数学生在观看视频之后，吸收知识有效性需要提升；部分学生并未完整观看视频，其中存在多种原因，如科研和学习任务重、视频时间过长等、因此，学生对"青年大学习"的意识需要提升。

从访谈情况来看，学校、学院、班级等各级团组织基本依靠"青年大学习"线上学习系统后台显示的完成率来评价学生网上主题团课的学习效果，现阶段无法深入评价学生学习效果，督促学习作用需进一步完善。

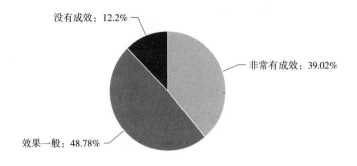

图1 "青年大学习"网上主题团课开展效果

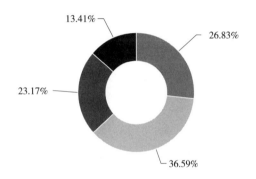

● 里面的知识全面吸收　● 半只半解，能记住一部分　● 稍微了解，有些印象　● 应付任务，看过即忘

图2 学生对"青年大学习"网上主题团课学习效果的自我评价

（二）青年学生的主观学习意识有待提高

"青年大学习"网上主题团课依托于线上学习系统，每周发布一期学习视频。在学习的自觉程度上，36.59%的学生无须提醒，能够自主学习，贯彻落实；而大多数学生还是需要班委提醒，学习意识不强，为了完成任务，快速学习，效果不佳（图3）。在信息化时代，学生受到外界各种信息的影响比较多，导致学生在意识形成过程中变得片面化、单一化，具有盲目性和目的性，对新时代时事政治和思想政治理论信息的关注度偏低。由此也可以反映出高校共青团在"青年大学习"工作的运行机制上需加强督促和调整，在对学生的思想教育上还需要多角度、综合地进行，增强学生主动学习意识。

64.63%的学生观看"青年大学习"网上主题团课的动机是学校要求学习，仅有29.27%的学生学习动机是自觉学习（图4）。从众心理、为了入团或入党等也是学生参与"青年大学习"活动的主要动机，从侧面反映出高校中的"青年大学习"的运行和评价机制还有待改进，不应以观看率作为入团或入党的硬性要求。从这一部分分析能看出，大部分学生是因为学校的要求而观看视频，缺乏主动参与的积极性；学习意识有待进一步提升，需要班委提醒和督促才能完成学习。但需要避免长期对学生督促，否则会起到适得其反的作用，学生容易产生逆反或烦躁的心理，对学生的思想引导产生不利影响。

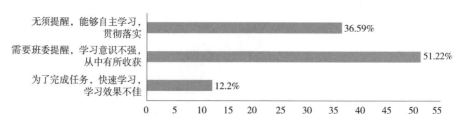

图3　学生学习"青年大学习"网上主题团课的自觉性和完成度

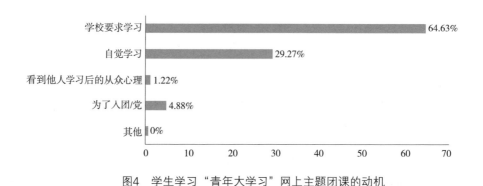

图4　学生学习"青年大学习"网上主题团课的动机

（三）高校"青年大学习"的开展形式有待创新

本项目调查发现，4.88%的学生非常不满意学校或院级团组织/社团所举办的关于"青年大学习"活动；40.24%的学生对活动的印象一般；4.88%的学生不清楚举办活动的具体情况；50.0%的学生给出了满意及以上的评价。从结果来看，一半学生对举办的"青年大学习"相关活动并不满意，他们更希望有知识竞赛、游戏互动等新形式的活动。

五、提升高校"青年大学习"运行机制及评价机制成效的策略

（一）建立健全"青年大学习"运行机制，加强青年学生思想政治引领

1. 发挥学校领导及党员团员带头作用，优化运行效果

要使"青年大学习"活动真正落到实处，就要由上而下，层层推动，充分发挥校领导的带头作用，做到有条不紊、上行下效。在校级层次上，将每周"青年大学习"行动的学习统计情况以文件形式向学校领导抄送。校领导、学校团委书记、各学院团委书记、各团支部书记等要在各级各类会议上强调"青年大学习"这项工作的重要意义，并向各学院团委、各支部通报具体参学情况。除此之外，学校的领导还需带头完成"青年大学习"，增强自己的责任意识，做好表率，为"青年大学习"行动打下坚实的工作基础。学校团委要进行广泛宣传，认真组织，认真落实，各个学院的团委和团支部辅以积极配合，积极参与。

学院辅导员在访谈中提到，中国特色社会主义进入新时代，广大青年必须不断学习，才能跟上时代前进的脚步，才能融入民族复兴的伟业。如果不能主动加快知识更新、优化知识结构、拓宽眼界和视野，就无法赢得主动、赢得优势、赢得未来。因此，对于共产党员与共青团员来说，深入参与到青年大学习中是很有必要的。为了更好地引导学生向模范看齐，发挥校领导与优秀党员团员的"青年大学习"带头作用，可以积极开展"党员、团员优秀学习代表宣讲""主题团课线下交流会"等示范性系列活动。同时，还可以从学校层面定时评选优秀学习代表，树立"大学习全勤模范"典型，或以综测德育分作为全勤奖励，引导青年深入学习，使"青年大学习"的运行更加全面，更加富有激励性。

2. 强化宣传、积极引导，增强学生的主观学习意识

问卷结果显示，超过半数的学生参与"青年大学习"网上主题团课并不是出于自觉自愿，对学习网上主题团课的意义不够了解，对"青年大学习"的认识不够全面。

学院辅导员在访谈中表示，青年共产党员与共青团员有义务参与到"青年大学习"中来，可以通过举办签到网络活动，增强学习意识、团员意识。同时，各班团支部书记提醒学生主动参与"青年大学习"网上主题团课的方式主要是通过群聊消息，因此消息内容不能仅仅是简单的通知。建议各班团支部书记在传达"青年大学习"任务时，可以适当结合一些表情包，或者增加一些互动，提高学生学习的兴趣，减轻学生把学习当作任务的想法。

3. 学习实践相结合，丰富"青年大学习"的活动形式

问卷结果显示，近半数的学生认为学习时占用手机电脑，还有部分学生认为"青年大学习"活动形式简单，内容单调枯燥，网上主题团课形式单一，不易引起学生群体的兴趣，想要提升参学率，还需提升活动丰富性，将学习与实践相结合。由于小部分学生认为"青年大学习"的用处不大，本项目还对学生在"青年大学习"相关活动中的收获进行了调查。结果显示，大部分学生通过"青年大学习"了解时政热点并提高了思想觉悟，近半数的学生还学习到了新知识。这表明认真参与"青年大学习"相关活动的学生能够从中收获良多，"青年大学习"活动形式的多样化有助于提升学生对团课内容的理解与内化。

高校可以将游戏互动、有奖问答、知识竞赛等形式与"青年大学习"活动组合在一起，互动式的参与模式往往更能激发学生的积极性和主动性，而不是一味的单项输出。学院辅导员也在访谈中表示，学院可以多组织一些线下交流活动，将学习与实践结合起来。例如，学院可以组织学生集中观看"青年大学习"线上主题团课，并在观后组织相关话题讨论。同时，评选优秀学习心得给予奖励，以开展线下活动的方式践行学习内容，丰富"青年大学习"的活动种类。

4. 加强组织和个人沟通，统筹推进"青年大学习"的完成

为统筹推进"青年大学习"的完成，还需要健全分级联动机制，从组织结构上强化从团委教师到各级团支部再到青年团员的有效沟通与协调。具体包括团委教师与校团支部、校团支部与院团支部、院团支部与各班团支书、团支部书记与青年团员四个层级之间的沟通。在分级联动机制的基础上，通过有效的沟通与协调，落实所有团员的对接工作，充分发挥团组织的优势，实现团委教师对"青年大学习"工作的明确部署和具体指导。此外，团委教师可根据各级团支部每月的学习进度统计情况，定期地提醒和督促学习进度落后的相关团组织负责人，层层传达并针对存在的主要矛盾，提出相应的改进措施，以便在组织"青年大学习"的后续活动中获得更好的效果。收到督促的团组织负责人可及时根据后台统计情况有针对性地提醒未完成"青年大学习"团课的青年团员。

（二）规范"青年大学习"的评价机制，科学提升学习的内在动力

1. 建全评价机制的标准和内容

科学合理的评价机制对于高校共青团工作的开展具有深远的意义。建立评价机制的根本目的并不是评估工作成果，将评价指标与评价对象的切实利益相结合，才能够真正发挥评价机制的导向性作用，并且健全评价机制对持续提升高校共青团工作质量及长期可持续化发展具有重要意义。

首先，对于"青年大学习"的完成应该有明确的目标和具体要求。例如，学校对于学院团委提出具体的完成率要求，每个学院根据此要求就会实施相应的计划和活动，引导学生完成"青年大学习"活动，并且及时做出调整，提高学习能力，这让评价机制有更强的激励性。其次，健全的评价机制要公平、公正、公开，将每个学院或班级的学习情况进行公示，通过检查督促学生强化学习意识、提升学习效果。其中，从学校角度来说，设定评估标准，坚持一级抓一级，级级抓落实，学校统计每个学院的学习情况并进行评比。从学院层面，要求各团支部每周在固定时间内上报团员的学习情况，进行记录汇总，并且在全院公示。评价机制还应及时进行适当调整，以适应形

势发展变化,并且结合学生实际的学习情况,重新定制相关评价机制,激发学生的积极性。

2. 建立激励机制,提升学习效果

通过对提高"青年大学习"参学率的相关因素进行调查,发现学生对于奖励或激励的方式比较偏重。文献中也曾报道,鼓励措施有利于促进"青年大学习"行动参学率的提升,可以从团员、团支部、团委三个层面建立健全激励机制[6]。对于参与率高的团支部或团员采用积分排名,一个学期评选积分排名靠前的团支部或个人,进行物质奖励,并颁发校级荣誉证书。并且,学院辅导员在访谈中建议,可以将青年大学习参学率作为团员个人推优入党和年度评优,以及各团支部集体荣誉评优的重要指标。例如,在教师工作中,将"青年大学习"活动的考核检查情况与各系分团委书记的工作成绩与质量相挂钩;在院级层面,与团支部评优评先挂钩;在学生层面,与团干部、团员评先评优挂钩[7]。此外,每周定时通报各团支部"青年大学习"参学率,表扬参学率高的团支部,督促表现不好的团支部进行整改。一系列的激励评价机制可以进一步督促学生参与"青年大学习",落实教师的他查和自查制度,另外也加强了高校共青团对"青年大学习"形态意识的深化。

六、结论

中国特色社会主义新时代是中国发展新的历史方位,中国的发展进步离不开青年人的拼搏奋斗,所以对青年的教育尤为重要。"青年大学习"活动是一项要长期坚持并且要不断创新的专项工作,是团员学习习近平中国特色社会主义思想的重要平台,是青年一代思想引领的重要载体。北京理工大学始终坚持为党育人、为国育才,传承"延安根、军工魂"红色基因,体系化推进思政建设,将思想政治工作贯穿教育教学全过程。在此基础上,北京理工大学建立"青年大学习"运行和评价机制,但目前仍待优化。所以,高校共青团要在原有的工作基础上,针对"青年大学习"存在的问题不断进行整改,扎实推进"青年大学习"运行的改革创新,真正落实"青年大学习"的督察评价机制,活跃"青年大学习"的学习和发展氛围,做好组织青年、服

务青年、激励青年，并且更要在思想上引领青年的工作。目前，高校"青年大学习"活动的运行和评价机制均存在一系列的问题，所以，如何解决由于时代变化出现的问题，以及如何实施符合新时代的措施仍是需要深入思考和实践探讨的课题。

参考文献

[1] 贺军科. 学习贯彻习近平总书记关于青年工作的重要思想切实为党做好新时代青年工作 [J]. 中国共青团, 2019, 437 (7): 4-11.

[2] 朱文欣. 育心铸魂：新时代场域下的"青年大学习"行动 [J]. 新生代, 2020, 363 (5): 5-10.

[3] 习近平同团中央新一届领导班子成员集体谈话：让广大青年敢于有梦勇于追梦勤于圆梦 [J]. 中国共青团, 2018, 425 (7): 46-47.

[4] 贺军科同志在共青团十七届七中全会第二次全体会议上的总结讲话 [J]. 中国共青团, 2018, 420 (2): 11-19.

[5] 深入贯彻落实党的二十大精神　全面谋划和推进新时代共青团工作　引领广大团员青年为全面建设社会主义现代化国家而团结奋斗——在共青团十八届七中全会上的主题报告 (2023年1月13日, 节选) [J]. 中国共青团, 2023, 516 (2): 13-21.

[6] 刘津江. 更好地推动"青年大学习"行动在校园落地落实 [J]. 中国共青团, 2018, 428 (10): 8-9.

[7] 欧阳玛丽, 杨佳. 高校"青年大学习"行动长效机制建立健全研究——以成都东软学院为例 [J]. 新生代, 2021, 368 (4): 61-64.

新时代少数民族大学生廉洁观培育路径探析

王文静*，张宏亮

（北京理工大学睿信书院，北京100081）

摘 要：少数民族大学生廉洁观培育具有增强廉洁防腐"免疫能力"、引领廉洁社会风尚、营造廉洁社会生态的三重价值意蕴。同时，落实终身廉洁教育、激发民族"廉洁文化基因"、廉洁实践引领是新时代少数民族大学生廉洁观培育发展的基本面向。然而，培育理念滞后、培育主体协同不足、培育目标异化以及培育制度不完善构成了实现上述价值意蕴与时代要求的现实挑战。鉴于此，应重构少数民族大学生廉洁观培育的路径转向，包括激发廉洁教育与学习内生动力、挖掘民族传统文化廉洁教育资源、完善体制机制、多主体协同推进以及营造廉洁文化氛围。

关键词：少数民族大学生；廉洁观；廉洁文化；培育路径

少数民族大学生廉洁观是少数民族大学生个体在学习、生活、工作等社会环境中通过教育习得、实践感知等途径塑造并形成的，对廉洁自律、奉公守法、反腐倡廉的根本观点和看法，亦是在面对名利诱惑时正确处理权利和责任关系的行为态度。针对新时代的大学生廉洁观培育，习近平总书记不仅提出培育全社会形成清正廉洁的社会生态，也多次在大学师生和青年代表座谈会中用"从善如登，从恶如崩"告诫大学生青年群体廉洁诚信、奉公守法。少数民族大学生是民族地区的知识精英和储备人才，也是推动新时代民族地区各行各业繁荣发展的宝贵人力资源。该群体的廉洁观培育关乎民族地

---

* 王文静，博士，北京理工大学睿信书院，讲师，研究方向：高校思想政治教育。

区清正廉洁社会生态的生成和民族地区廉洁社会价值观念的引领，更关乎新时代民族地区反腐斗争的有效推进。因此，结合价值意蕴与新时代发展方向，探讨现阶段的实践挑战，探析可行的优化路径，对今后少数民族大学生廉洁观培育工作有重要实践指导意义。

一、少数民族大学生廉洁观培育的价值意蕴

（一）增强少数民族大学生廉洁防腐"免疫能力"

大学阶段是青年"扣好人生第一粒扣子"，形成正确价值观念的关键阶段。因此，大学阶段加强锤炼少数民族大学生廉洁价值理念和廉洁行为规范，是增强其当下和今后廉洁拒腐"免疫能力"的重要举措。遵循"分辨是非—自警自律—廉洁示范"逻辑理路的少数民族大学生廉洁教育体现了马克思主义认识论到与实践论的统一，是增强防腐"免疫能力"的关键保障。首先，第一个层面的分辨是非是通过理论学习、案例分析、感官教育等形式使得少数民族大学生能认知哪些行为是廉洁行为、什么人应该遵守廉洁规范、什么行为是不廉洁甚至违规违法行为，做到心中有正确是非观。其次，第二个层面的自警自律是面对诱惑、知晓是非时能控制私欲，保持理性。政治学家休谟认为，任何学科的探讨总会殊途同归地回到人性的探讨[1]。在学术界对腐败和人性讨论中，无论是经济学领域腐败来源于"人性自私"本质的探讨[2]，还是政治学、哲学领域马克思认为的"作为肉体的存在物的人的欲望"[3]独立存在的观点，都启示我们在廉洁规范和腐败治理中尝试从人性的角度解析腐败原因，从而消解人性欲望与腐败贪婪之间的矛盾。而廉洁教育对这种矛盾的消解策略正是通过认知和习得，将正确的价值观内化为"人性"的一部分。即是，使少数民族大学生成为道德的人、自律的人和廉洁的人。最后，第三个层面也是最高层面的廉洁示范，是在知晓是非、克己自律的基础上愿意通过自身的廉洁行为为他人示范，自觉影响他人。因此，通过廉洁观培育提高少数民族大学生的分辨是非能力、自警自律能力和廉洁示范能力，能大大增强少数民族大学生的防腐"免疫力"。

（二）带动引领民族地区廉洁社会价值风尚

具有历史继承性和现实结构性的教育发展滞后、人才严重短缺等问题决定了少数民族大学生在民族地区相对于其他发达地区更表现为一种极为宝贵的人才资源及发展动力。这一未来精英群体的正确廉洁观和廉洁行为，对引领民族地区廉洁社会风尚、促进民族地区社会和谐大有裨益。相反，这些各行各业少数民族精英错误义利观、德才观导致的廉洁行为失范，极可能在"晕轮效应"下引致不良社会示范，以致最终污染社会风气。因此，少数民族大学生廉洁观培育的重要价值是通过对少数民族知识精英的廉洁教育，带动引领民族地区廉洁社会价值风尚。

近些年，由新疆乌鲁木齐零门槛落户模式和宁夏"史上最高含金量"人才计划引领的民族地区优厚人才引进政策的大量出台，吸引了更多少数民族大学生将就业地域意愿转向民族地区。若在校期间未树立牢固的廉洁观念，这些少数民族大学毕业生很容易在当今金钱崇拜、名利追逐、奢侈享乐的不良社会风气的影响下，滋生虚荣、攀比、功利的不良思想，以致产生扭曲的义利观、德才观，甚至引致廉洁失范行为。2019年8月3日《中国纪检监察报》报道的贵州"90后"少数民族青年干部张艺在大学毕业入职工作不到一年的时间里贪腐超过40万元民生领域资金[4]的行为令人震惊，在该报专门刊发的《扣好人生的第一粒扣子》评论文章中，可以看出少数民族大学生廉洁教育对于个人和社会影响之重大。因此，以廉洁观培育帮助少数民族大学生树立正确的廉洁观，不仅能帮助其抵抗诱惑、拒腐防变，更能带动影响他们身边人，进而更好地发挥引领民族地区廉洁社会价值风尚的作用。

（三）助力清正廉洁社会生态生成

助力清正廉洁社会生态生成是少数民族大学生廉洁观培育价值意蕴在实践层面的更深层映射。一方面，是少数民族大学生作为公民个人对清正廉洁社会生态生成的助力。习近平总书记从法治国家建设高度指出的要在全社会形成清正廉洁社会生态的表述，明确意味着廉洁不只是对公职人员的价值规范，更是公民基本守法规范和道德要求。少数民族大学生作为国家公民和在社会上起到重要示范作用的知识精英群体，理应自觉培育并形成正确的廉洁观和廉洁行为。另一方面，是民族地区对全社会法治与廉洁目标的助力。民族地区清正廉洁社会生态的生成与维护，是新时代党和国家推进全社会法治与廉洁目标的内在要求，更是助力国家层面实现清正廉洁社会生态的重要支撑。改革开放以来，民族地区市场经济体制的快速转轨与原有信息封闭和理念落后的经济社会形态之间形成巨大的张力，并由此为民族地区腐败蔓延滋生了温床。尤其是近年来，支持民族地区发展市场经济和脱贫致富的政策相继出台，一些与扶贫和乡村振兴相关的重大基础设施项目和优惠财政政策投入民族地区。这个过程中的涉及土地出让、项目审批、政府采购、惠农和扶贫资金管理等逐渐成为民族地区腐败高发易发的领域，民族地区腐败治理和廉洁社会建设任重道远。因此，以精进少数民族精英人才廉洁观培育，带动引领民族地区廉洁社会价值风尚，是助力国家治理清正廉洁社会生态生成、全社会法治与廉洁实现的伟大蓝图中浓墨重彩的一笔。

二、新时代少数民族大学生廉洁观培育的三重面向

（一）面向终身学习的全生命周期的廉洁教育

新时代，传统囿于课堂、囿于学校的阶段性大学生廉洁教育，应该被与"学习权"和"学习自由"相关联的面向终身学习的全生命周期的廉洁教育所取代。究其原因，是"终身学习"和"终身教育"理念已逐渐成为各国公认的现代教育的路径和话语指向。联合国报告《终身教育》的发布，激发了包括我国在内的世界各国的"终身学习"研究与实践热潮。在我国，"终身学习"理念也已经成为各个领域公认的一种成熟的话语体系。"终身学习"的概念是党的十八大后的社会热词，也是"学习型政府""学习型组织""学习强国"等学习风尚活动的指导理念。因此，在新时代"终身学习"话语指向下，将终身廉洁教育和廉洁教育终身学习理念嵌入少数民族大学生廉洁观培育理应成为未来发展的路径指向。其次，融合少数民族大学生

家风教育的全生命周期的廉洁教育是符合教育规律、更具持续性的教育形式。少数民族大学生大多来自相对贫困和闭塞的偏远民族地区，在其接受教育的过程中，家庭教育是至关重要的一环。习近平总书记在《治国理政》一书中对家风教育的功能有过精彩论述，如"家风具有重要的社会功能""家风是社会风气的组成部分"[5]。许多腐败治理研究也表明，由"家风"作为塑造自发而生的社会秩序的"私法"[6]，可以消除腐败代际指向，是腐败治理的重要环节。鼓励少数民族大学生全生命周期廉洁教育，一方面要重视少数民族家庭培育"廉洁家风"对少数民族大学生的廉洁教育，另一方面是将廉洁教育融入少数民族大学生未来对子女后代的家庭教育中，形成廉洁教育传统和廉洁家风，形成终身的廉洁观学习与实践引领。

（二）面向文化自信的民族廉洁文化深度挖掘

新的时代，各国都重视文化这一重要的治理资源。习近平总书记曾多次作出"中华优秀传统文化是独特优势"和"深度挖掘中华优秀传统文化"深刻阐述。廉洁文化便是新时代文化自信在腐败治理领域和廉洁价值观培育领域的映射。诚如习近平总书记所阐述的，在博大精深的中华传统优秀文化中，不乏大量的民族廉洁文化宝贵遗产需要去深度挖掘和利用。如《商君书》中"尽公不顾私"的记载体现了先秦商鞅变法"廉政勤政，革新变法"的变法理念和对官员清正廉洁的法治要求。另如，汉代自下而上推举人才为官的"举孝廉"，即"察举制"，使"廉洁"成为公卿步入仕途的重要考核标准。再如，宋太祖赵匡胤的"廉者，民之表也；贪者，民之贼也[7]"的"廉洁"治国理念为国家发展保驾护航。这些中华民族几千年发展中孕育的廉洁理念、思想和制度以及由此提供的礼义廉耻、清正廉洁的生活规范与德性价值，足以支撑新时代少数民族大学生廉洁观培育的文化自信。此外，各少数民族长期积淀形成的与廉洁教育相关的优秀文化习俗，也是少数民族大学生廉洁教育资源开发的重点。这些少数民族大学生熟悉的以民俗禁忌、山歌曲艺、宗庙门榜等为文化载体的廉洁教育资源的挖掘，因更接近少数民族大学生的表达和行为习惯而更容易激发起"思想共鸣"[8]。因此，包含于文化自信理念下的中华民族传统廉洁文化和少数民族传统廉洁文化的深度挖掘是新时代少数民族大学生廉洁观培育的重要面向。

（三）面向时代使命的新时代廉洁实践引领

少数民族大学生的青年知识精英角色决定了该群体是新时代民族地区社会和谐与治理有效使命担当的主体，是引领民族地区廉洁法治的中坚力量。因此，在新时代推进民族地区社会和谐、治理有效和廉洁法治的时代使命要求下，少数民族大学生的廉洁实践引领示范责无旁贷。

自古至今，少数民族大学生的青年知识精英都优先被纳入政府边疆治理的人才队伍。新时代，继原有的"少数民族骨干计划""对口支援定向培养计划"等政策，国家和民族地区政府相继出台了多项政策，通过多种途径选拔任用少数民族人才到民族地区各行各业重要岗位。习近平总书记也强调在民族地区和开展民族工作要优先"选拔优秀少数民族干部到领导岗位"。以民族八省区在十三届全国人大本省代表配备比例为例，八省区中少数民族人大代表数占本省（自治区）人大代表总人数50%以上的有5个省（自治区）：西藏70%，新疆62.3%，广西57.3%，云南56%，宁夏52.4%；其他3个省（自治区）占比也达到40%左右：贵州45.8%，青海42.9%，内蒙古39.7%[①]。由此可见，国家和民族地区的重视为作为民族地区优秀储备人才的少数民族大学生群体提供了更广阔的平台，而该群体也应更具使命担当，做好廉洁实践引领，为推进新时代民族地区社会和谐、治理有效和廉洁法治贡献力量。

三、少数民族大学生廉洁观培育的实践挑战

（一）培育理念滞后，终身廉洁教育理念尚未形成

现阶段的少数民族大学生廉洁观培育仍然是囿于课堂、囿于学校的阶段性培育，终身廉洁教育理念未能得到应有的重视。首先，少数民族大学生廉

---

① 注：数据由各省公布的十三届全国人大代表名单整理计算得出。

洁观念滞后，未能形成终身学习理念与廉洁实践引领理念。笔者通过对几所普通高等院校的部分在校少数民族大学生访谈获知，仍有多数少数民族大学生认为廉洁规范是对党政领导人员、管理人员的行为规范，与自己现阶段的学习和生活相去甚远。持此观点的学生对在校阶段的廉洁教育及考核也抱着功利性的获得学分和完成任务的心态，没有将廉洁教育置于终身学习的计划中，更没有将廉洁观培育与对民族地区乃至全社会的廉洁风尚实践引领联系起来。其次，全社会终身廉洁教育观念尚未形成。在我国本就起步较晚、发展缓慢的高校大学生廉洁教育，仍未受到应有的重视。终身廉洁教育理念则更是远未普及和被认可。关于终身廉洁教育的提出也是随着终身教育和终身学习的倡导而散见于个别研究文章和媒体报道中，尚未在有关政策文件及相关教材中深刻阐述。因此，总的来看，终身廉洁教育在我国的社会认知度和重视度仍较低，全社会终身廉洁教育理念的形成任重道远。

（二）培育主体缺乏协同造成效果堪忧

在少数民族大学生廉洁观培育实践中，各培育主体联系不够、配合脱节带来的协同性不足是影响效果实现的重要因素。首先，少数民族大学生自我廉洁教育内生动力不足导致自我廉洁教育缺位。许多少数民族大学生只把廉洁教育当作学分任务去完成，没有意识到廉洁观培育对其全面发展的重要意义，更没有意识到廉洁是法治社会对全体公民应有的品质和素质要求。其次，家庭廉洁教育的薄弱与缺位。许多少数民族大学生的父母因文化程度较低、不懂汉语和廉洁教育意识薄弱等，在孩子成长的过程中对其廉洁相关教育较少，甚至有的少数民族家庭在争取扶贫补助、低保补助等惠民补助和资金支持时"托关系""走后门"，为少数民族大学生做了错误的引导。再次，高校重视程度不足。一方面，多数高校未能重视廉洁教育家校共建环节，缺乏与少数民族大学生家庭廉洁教育共建的沟通桥梁与渠道；另一方面，廉洁教育课程的教学设计、师资配备、考核评定等环节因未能受到高校重视而使得廉洁教育流于形式。缺乏对廉洁教育课程的精益求精和必要师资设备的保障，很难引起少数民族大学生发自内心地主动学习廉洁教育理论并产生共鸣。最后，社会系统廉洁教育功能不足。一方面，社会上的拜金主义、功利之上等不良风气和错误观念的误导，消解了少数民族大学生家庭与学校对其正确廉洁观塑造的效果；另一方面，社会媒体、社会组织的曝光和宣传多注重公务人员，对包括大学生群体的普通民众的廉洁观培育价值意义和典型事例宣传不足。

（三）培育形式和内容单调引致目标偏差

作为主要廉洁理论与实践知识获取渠道的高校，开展相关廉洁教育的单调化催生了廉洁观培育目标异化。一方面，高校廉洁教育重理论灌输和课堂教学，轻社会实践，难以引发少数民族大学生学习兴趣，甚至会引发课程学习的功利化倾向。现阶段多数高校廉洁教育只是内嵌于思政课程之中，课程安排较少、空洞理论灌输较多、教学形式相对单调。多数少数民族大学生对这种缺乏社会实践、空洞单调的廉洁教育课程缺乏学习兴趣，在相关课程学习过程中也仅仅为了完成学分要求，很少认真思考并深刻感悟廉洁教育的价值内核。由此，廉洁教育极易流于形式，效果堪忧。另一方面，缺乏少数民族廉洁文化关注的整体式教学方式，没有考虑到少数民族大学生群体教育和生活背景的特殊性，不利于引发思想和情感共鸣。整体教学方式下，廉洁教育内容选取也较为笼统和概化，不但缺乏少数民族传统文化的精细化拓展和深化挖掘，更是忽视了少数民族大学生语言、文化和习俗的特殊性，难以引发少数民族大学生产生共鸣和真正认同，不能真正达到少数民族大学生廉洁观培育的目标。

（四）培育制度有待完善

少数民族大学生廉洁观培育制度的不完善也同样对培育效果优化构成挑战。首先，资源投入机制有待完善。当前政府对大学生特别是少数民族大学生廉洁观培育投入在经济和政策两方面都存在严重不足。一方面缺乏专项经费导致高校廉洁教育的经费短缺，许多高校由于经费不足而无法聘请专业的廉洁教育教师，不能保障廉洁教育的实践活动开展，更无法对少数民族大学生群体开展有针对性的廉洁观培育指导。另一方面，大学生廉洁观培育的相应政策法规、制度规范的不完善，不仅难以保障高校廉洁教育的深入开展，也难以保障相关社会机构的积极配合。其次，考评激励机制有待优化。一方面，教育公共管理部门对高校廉洁教育考评形式化，对廉洁教育工作开展正向激励性不足，造成高校忽视廉洁教育而选择性地重视其他重点考核项目。另一方面，高校廉洁教育课程考评激励机制不当也会引致廉洁教育课堂设计缺乏创造性、实践性和针对性，因此难以激发少数民族大学生的学习兴趣，进而难以形成廉洁价值理念的由衷认同和正确廉洁观的树立。最后，人才评价机制亟须改善。少数民族大学生廉洁观培育与人才评价机制相辅相成。人才评价重视廉洁道德，才能引领社会重视廉洁道德。然而，在人才缺口大、人才流失严重的民族地区基层，社会中人才招聘、公职招考、干部提拔等过程中为急于留住大学生人才而重学历和智力、轻廉洁品德修养的现象仍大量存在。

四、新时代少数民族大学生廉洁观培育的路径转向

（一）以价值理念为基础，培育少数民族大学生廉洁教育的内生动力

在少数民族大学生廉洁观培育的社会实践活动中，应承认少数民族大学生本人的主体地位并注重发挥其主体能动性，以价值理念为基础，培育其廉洁教育的内生动力。首先，鼓励少数民族大学生树立终身廉洁教育学习理念和廉洁实践引领理念，引导其深度认知廉洁观培育对个人、民族地区以及国家社会发展与和谐的重要价值意蕴，提升廉洁道德修养的内生动力。其次，要引导并激励少数民族大学生在专业学习文化学习和技能学习之外，自觉学习廉洁教育理论知识、学习中国廉洁传统文化；在校园中自觉抵制考试作弊、论文造假、拉关系等不良行为；在社会中自觉抵制腐败贪污、弄虚作假、贪图享乐、金钱至上等错误价值观念和违法行为；树立责任担当意识，自觉发挥大学生的引领示范作用，引领身边少数民族同学、家乡少数民族亲友乃至整个民族地区社会树立廉洁价值理念。

（二）以挖掘传统文化廉洁教育资源为契机，丰富廉洁观培育内容

丰富少数民族大学生廉洁观培育内容，应整合国内和国外、传统和当代以及各民族优秀廉洁教育资源，拓展廉洁教育资源的广度与深度。首先，要深度挖掘各民族传统廉洁文化，充实廉洁观教育资源。许多少数民族在长期的生产生活实践中形成了许多宝贵的廉洁精神文化财富，这些具有本民族文化特点的习俗、规范、文化或体现在少数民族文化节日中，或存在于民族崇尚与禁忌中，抑或是内嵌于长期以来形成的民约乡规中。这些精神文化财富在规范本民族伦理道德、习俗规范、公共秩序中发挥着重要作用，应重视这部分文化资源并深度挖掘其中与廉洁观培育相契合一致的部分，以此丰富少数民族大学生廉洁观培育的内容。其次，要从中华优秀传统文化宝库中总结和提炼廉洁教育资源。克己自律、节俭修身、廉洁奉公、勤勉敬业等这些传统文化孕育的美德，亦是新时代廉洁观培育的文化之源。各少数民族大学生是中华民族大家庭的一员，在大力培育廉洁观的新时代，应增强中华文化自信，激活中华民族文化中的廉洁基因，传承廉洁自律精神。

（三）以汇聚各方合力为关键，协同推进少数民族大学生廉洁观培育实效

协同推进少数民族大学生廉洁观培育实效，需要各方有为、形成合力。首先，少数民族大学生应增强时代使命感，主动从职业道德、理想信念的高度将廉洁观自我终身教育纳入终身学习与实践规划中。其次，注重少数民族大学生家庭"廉洁家风"培育和廉洁教育理念倡导。少数民族大学生的价值判断和行为习惯在一定程度上打着家庭教育和家风熏染的烙印，因此，民族地区应加大宣传，倡导"廉洁家风"培育，推行廉洁教育理念，鼓励少数民族父母要做孩子的榜样，身体力行，做好廉洁示范。以父母自身廉洁自律修养来感染、教育少数民族大学生从小养成廉洁公正价值观念。再次，鼓励高等学校重视少数民族大学生廉洁教育课程体系开发和活动开展。可以通过建设校园廉洁文化、完善廉洁教育课程设计和考评方式、丰富廉洁教育内容和社会实践、创新廉洁教育教学工具等方式激发少数民族大学生的兴趣并提高其参与度，增强廉洁教育效果。另外，民族院校可以设立少数民族大学生廉洁教育专项社会实践项目、少数民族大学生廉洁教育志愿服务项目等，鼓励少数民族大学生在实践中探索和感悟廉洁观培育的价值，从而自觉树立正确廉洁观。最后，引导廉洁培育相关部门、社会组织和大众媒体充分发挥积极协同作用，借助社会力量扩大少数民族大学生廉洁观培育资源。

（四）以完善体制机制为重点，为少数民族大学生廉洁观培育提供长效保障

相关体制机制的完善可为加强少数民族大学生廉洁观培育提供长效保障。首先，推进廉洁观培育资金投入机制持续化、多元化。建议通过加大对高校廉洁教育的经费倾斜和政策资源倾斜等途径，保障廉洁教育专业教师的配备和专项实践活动开展的经费充足、效果提升。此外，针对民族院校和民族地区普通高等学校，建议设立专职廉洁教育思想辅导员岗位，聘请熟悉少数民族语言文化、具备廉洁教育专业知识的高素质人才，列支专项廉洁教育经费，广泛开展廉洁教育实践活动。其次，推进廉洁观培育考评激励机制精细化、完备化。建议在尝试设计科学合理的少数民族大学生廉洁观培育课程评价指标体系的基础上，探索将少数民族大学生廉洁教育课程学习、廉洁行为规范与综合测评、奖学金评定以及评优挂钩，激发少数民族大学生廉洁教育课程学习的积极性。再次，引导社会人才评价机制导向廉洁道德与专业才能并重。在人才招聘、公职招考、干部提拔中重视对人才廉洁观的考察，对廉洁从业、勤勉敬业、诚信守法、品行端正的人才要着重培养和提拔。最后，探索建立终身廉洁教育机制，鼓励社会营造终身廉洁教育氛围。

（五）以加强宣传力度为抓手，重塑社会廉洁清正价值观念和氛围

少数民族大学生处于思想活跃但心理尚未完全成熟的特殊年龄阶段，极易受到不良社会风气的侵染而导致价值观念扭曲、理想信念淡薄、道德水平滑坡。如若社会中各种拜金主义、功利主义、享乐主义等不良风气不加以制止和规范，则不利于为少数民族大学生廉洁观培育营造人人守法、人人尽

责、人人勤勉、人人自律的社会氛围。因此，少数民族大学生廉洁观培育，必须要重塑社会廉洁清正价值观念和氛围，厚育廉洁社会"土壤"。首先，深入开展精神文明创建活动，弘扬社会主义核心价值观，营造廉洁守法、勤奋敬业的社会风尚。其次，各媒体、宣传部门特别是民族地区的媒体和宣传部门，应通过塑造廉政典型、廉洁模范和曝光腐败、宣传反腐政策等多种方式，加大廉洁观培育的宣传力度，营造廉洁清正价值观念和氛围。此外，针对青年大学生廉洁观培育要在电视节目制作、文化产品生产、网络舆论监管等方面把好关，防止金钱至上、盲目攀比、弄虚作假、贪污腐败等恶劣社会风气污染校园环境。

参考文献

[1] [英] 休谟. 人性论 [M]. 北京: 商务印书馆, 2019: 6.

[2] 黄毅峰. 回归人性: 腐败的生成逻辑与治理路径 [J]. 行政论坛, 2014, 21 (6): 8–13.

[3] 卡尔·马克思. 1844年经济学哲学手稿 [M]. 北京: 人民出版社, 1979: 120–121.

[4] 段相宇. 扣好人生的第一粒扣子 [N]. 中国纪检监察报, 2018-8-3 (2).

[5] 习近平谈治国理政 (第2卷) [M]. 北京: 外文出版社, 2017: 354.

[6] 祁志伟, 王浩骅. 腐败治理的公共逻辑及其优化路径 [J]. 领导科学, 2019 (6): 35–37.

[7] 白宇, 毛华威, 张玉珠. 借鉴古代廉政思想加强高校廉政建设——以古代"勤政"思想为例 [J]. 改革与开放, 2017 (19): 100–101+104.

[8] 李小林. 引发共鸣: 民族学生思政教育的关键点 [J]. 贵州民族究, 2019, 40 (6): 206–209.

重大任务中的青年思想行为特点及教育对策研究
——基于ERG理论视角

赵安琪[*]，崔遵康，张龙泽，杨昕钰

（北京理工大学材料学院，北京 100081）

摘 要："青年兴，则国兴，青年强，则国强"，青年是支撑重大任务、助推中国梦实现的关键力量，其思想行为不仅关系到他们的成长成才，也与有赖广大青年的重大任务保障工作息息相关。然而，现有关于青年思想行为特点的研究不够系统和深入，同时缺乏行之有效的教育引导策略。本课题基于ERG理论，从生存需要、关系需要和成长需要的不同角度对重大任务中的青年思想行为特点展开分析，结合深度访谈、问卷调研以及统计分析法等，深入考察并剖示重大任务中的青年思想行为特点及其规律，从而推动重大任务中青年思想行为特点的科学研究和实践发展；同时，进一步提出相应的教育引导策略，为学校思想政治工作、重大任务服务保障工作提供借鉴参考。

关键词：ERG理论；重大任务；青年思想行为特点；影响因素；教育对策

引 言

通过搜集文献、查阅资料和整理研究发现，目前国内相关课题的研究重点在于新时代大学生、"00后"大学生的一些思想行为特点，通过探索和研

---

[*] 赵安琪，硕士，北京理工大学材料学院，研究方向：材料科学与工程、学生德育与党团建设。

究其规律、原因并提出建议。国内课题方面,大多数学者的研究集中关注以下两个方面:首先是大学生思想行为特点的调研分析和影响因素研究[1];其次是当代大学生的教育引导策略及路径等[2]。然而,这些研究往往着眼于所有的大学生群体,虽具有普遍意义,但缺少重大任务这一特殊情境。将青年思想行为特点置于重大任务情境中的研究极为匮乏,且大多为军事领域,并不涉及青年学生,如公安边防部队重大任务中的思想政治教育[3]、重大军事任务中的思想政治教育[4]等。在新冠疫情防控背景下大学生的思想行为特点得到初步研究,有学者分析了新冠肺炎疫情中大学生的思想行为特点及形成原因,提出了进一步做好思想政治工作的建议[5]。

由于青年参与的重大任务多为志愿服务,因此有学者对青年志愿者的道德思想行为特点做了探究。例如,王迎迎[6]认为,青年大学生有着正确的道德观念和积极的道德实践,如参与志愿服务,高度认可雷锋精神,向往成为道德模范。此外,当今新时代的大学生还有着特有的思想行为特点,如价值追求个性化、个人理想务实化[7]。国外相关课题研究更多的是特殊群体,如对抑郁症或有自杀倾向的学生的思想及心理状态的研究[8-9],鲜见专门针对重大任务情境下青年思想行为特点的研究。此外,ERG理论是美国心理学家、耶鲁大学教授克莱顿·奥德弗提出的,因此国外文献基于ERG理论的研究文献较丰富。国内也有学者借助ERG理论进行青年思想或需求研究,例如,韦岚和全守杰[10]对ERG视角下研究生的需要进行了探讨,范东来[11]则基于ERG理论视角分析研究了企业青年员工的思想动态。

综上所述,目前虽有部分学者关注个体或群体思想行为特点的研究,但对青年思想行为特点的研究仍然较为简略,并未深入或具体地进行考察,且相关结论过于片面、缺乏系统性,特别是缺少在重大任务的特定情境下对青年思想行为特点的研究。同时,相应的教育引导策略整体上较为空泛,缺少可操作性强、易于接受并行之有效的教育对策。因此,本课题基于ERG理论视角来进行重大任务中青年思想行为特点及教育对策的研究,具有较高的理论创新和实践指导意义。

一、研究背景

通过对文献的系统调研发现,现有研究大多将目光聚焦在部分青年群体的思想行为动态上,如对"90后"[12]"00后"学生[13]以及归国青年教师[14]等的研究,但对其相关特点的考察和总结不够深入,也缺乏对行之有效的干预策略的探讨。关于重大任务的研究则集中于军事领域[3],未见在重大任务环境下考察青年思想行为特点的研究。此外,相关研究缺乏理论视角,未见有基于ERG理论视角探讨重大任务中青年思想行为特点的研究。

基于以上分析,为了学习贯彻落实习近平总书记在二十大报告中对青年工作的殷切期望,为了在青年学生思想政治工作和重大任务服务保障工作中取得良好效果,本课题旨在基于ERG理论视角,研究考察重大任务中的青年思想行为特点。通过访谈、调查及综合分析给出相关结论,并提出相应的教育引导对策,为学校思想政治工作、重大任务服务保障工作提供重要支撑。该课题更进一步的意义是,通过将其应用到学生的日常思想政治教育中,有利于推动高校共青团和青年教育管理工作的创新发展,最终能够助推高校为国家和民族事业的发展培养合格建设者和可靠接班人。

二、研究内容

(一)理论模型

美国心理学家克莱顿·奥尔德弗提出人的核心需求可以概括为生存(Existence)、相互关系(Relatedness)和发展(Growth)三种需要,简称"ERG理论"。其中,生存需要是指个体最基本的物质和生理方面的需要;相互关系需要是指个体与他人和社会的关系维系及在关系中得到肯定和尊重的需要;成长需要是指个体谋求自身发展和进步、实现自我价值的需要。

(二)问卷设计

本课题将基于ERG理论视角,通过设计基于ERG不同维度的访谈提纲和调研问卷，得到更加具有时效性、准确度和系统性的心理行为描述。同时经过科学收集和分析问卷数据，总结归纳重大任务中的青年思想行为特点及规律，并结合分析结果提出相应的可操作化的教育引导对策，从而为学校思想政治工作、重大任务服务保障工作提供一定的支撑。

（三）研究思路

本课题遵循理论研究与实践研究相结合的基本思路，首先调研国内外同类课题的研究状况，然后与曾参与过重大任务保障工作的青年学生进行交流。在此基础上，基于ERG理论视角设计并收集调查问卷，使用SPSS分析重大任务中的青年思想行为特点并给出研究结果，同时基于分析调研结果提出行之有效的教育对策。研究的技术路线图如图1所示。

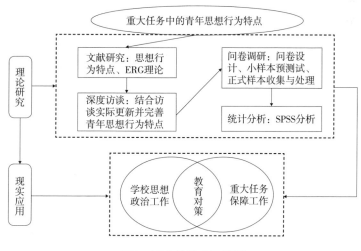

图1 研究的技术路线图

具体方法为：

1. 文献研究法

通过中国知网对文献进行检索、整理与分析，为本课题的研究问题寻找资料和理论支撑，通过阅读大量的相关文献资料演绎归纳出课题的理论基础和框架，提出研究假设，并为研究开展与访谈调研奠定基础。

2. 深度访谈法

在文献分析的基础上,以参加过重大任务的优秀青年为访谈对象,深入实地进行个案访谈,着重了解重大任务中青年群体的思想状况及行为特点。

3. 问卷调研法

基于深度访谈更新完善调研问题,进行问卷调查和预测试,之后对ERG理论模型和问卷进行修缮,并进行正式调查。本课题的研究对象为重大任务中的青年,因此本课题将采用横向研究进行调查,如参与新中国成立70周年庆祝活动、中国共产党建党100周年庆祝活动、校庆80周年活动、"挑战杯"竞赛、疫情防控、北京2022冬奥会和冬残奥会等重大任务的青年学生,目标是收集500份样本数据。

4. 统计分析法

通过SPSS分析调研数据,采用人工清洗和计算机软件辅助相结合的方法进行定性与定量分析,将结果进行归纳整理,基于统计数据进行特点规律总结和教育对策研究,为进一步推动高校共青团和青年工作创新发展提供科学资料支撑。

(四)调研过程

本次调研采用线上电子问卷方式开展,调研对象为北京理工大学等高校参加过重大任务的青年学生,共收到有效问卷500份。调研结束后,基于ERG理论,采用多种分析方法对收集的数据进行汇总分析,深入考察并剖示重大任务中的青年思想行为特点及其规律,从而推动重大任务中青年思想行为特点的科学研究和实践发展;同时,进一步提出相应的教育引导策略,为学校思想政治工作、重大任务服务保障工作提供借鉴参考。

三、研究结果及分析

(一)青年需要的ERG调研结果

就表1中的生存需要而言,参加重大任务中的青年对志愿保障到位的需要最强，对工作环境良好的需求相对较强，对评奖评优优先、食宿条件良好和志愿时长丰厚的需要相对较弱，对薪资给付金额需要最弱。

人际需要（相互关旭需要）方面，参加重大任务中的青年对与人相处融洽、热衷释放善意，乐于奉献自己、为人提供帮助的需要最强；对人际交流方面的需要相对较强，体现在政治参与热情高、期待结识新青年，青年间彼此思想碰撞、取长补短，向往与名师名人交流学习等方面；对语言表达能力强、热爱沟通交流的需要最弱。

在成长需要方面，参加重大任务后的青年对促进人际交往能力的提升需要最强；对参与重大任务以满足自我发展的需要，学习先进、提升政治敏锐度，发掘自己的特长、发挥自己的价值的需要相对较强；对学习科研与综合素质二者齐头并进的需要相对较弱；对清晰的目标与发展规划需要最弱，这也是我们日后工作要加强与改进的方向。

表1　青年需要的ERG调研结果

生存需要	食宿条件良好	4.02
	志愿保障到位	4.19
	工作环境良好	4.09
	志愿时长丰厚	4.00
	薪资给付金额	3.92
	评奖评优优先	4.04
人际需要	政治参与热情高、期待结识新青年	4.30
	青年间彼此思想碰撞、取长补短	4.28
	语言表达能力强、热爱沟通交流	4.20
	与人相处融洽、热衷释放善意	4.35
	乐于奉献自己、为人提供帮助	4.36
	向往与名师名人交流学习	4.24
成长需要	参与重大任务以满足自我发展的需要	4.29
	发掘自己的特长、发挥自己的价值	4.29
	清晰的目标与发展规划	4.12
	学习科研与综合素质二者齐头并进	4.21
	促进人际交往能力的提升	4.32
	学习先进、提升政治敏感度	4.29

（二）青年需要的 ERG 理论解读

重大任务中的青年是一个相对较新的群体。因此，我们弥补了以往研究中的理论缺场问题，以崭新的视角——ERG理论视角，针对性地进行深入访谈与调研青年的思想行为特点。如表2所示，青年参与重大任务后，在诸多方面均得到了满足与锻炼。青年认为参与重大任务促进了个人成长的比例达87.45%，78.04%的青年认为得到了人与人的情感交流和互动，只有37.25%的青年选择满足了生理及物质欲望的需要。同样，根据调研，青年的思想行为方式呈现出一些鲜明的特点。就所有需要而言，青年对成长需要最强（61.57%），其次为生存需要（58.43%），对人际交流的需要相对较弱（50.59%）。

表2 调研结果

调研	满足了生理及物质欲望	37.25%
	得到了人与人的情感交流和互动	78.04%
	促进了个人成长	87.45%
期待	生存需要	58.43%
	人际需要	50.59%
	成长需要	61.57%

根据精准访谈的结果及广泛调研的数据可以得出以下几点：

1. 青年对成长需要的渴望

人的最终目标是追求人的自我价值的体现。因此，重大任务中的青年的最高需要是成长需要。青年人应该在推动社会进步中实现自我成长[15]，注重个人成长的追求，以及重大活动所带来的能力锻炼与眼界开拓。重大任务中的青年往往有更加理性、务实、清晰的目标，求知成才和提高素质的愿望更加迫切，因此他们希望主办方能够构建完善的技能培训过程，及时全方位地给予训练，自己在重大任务中能够有所收获与成长。此外，他们也希望学校联系并提供更多磨炼的机会。

2. 青年对精神和物质的双重需要

人是物质和精神的综合体，青年有着物质和精神的双重追求[10]。重大任务中的青年大多有着较好的思想觉悟，但他们同样也是没有收入的青年学生，对物质及生存方面有需要。新时代青年往往也更关注自身相关利益，对物质条件有一定的需要。重大任务中的青年也不羞于表达对物质的追求，更看重长远利益的实现。因此，他们希望主办方能够提供完善的物资和生活保障，工作环境好了大家干劲儿也更加足。

3. 青年对人际交流的诉求

青年在重大任务中人际关系整体协调，人际交往中互融意识强烈，同样也发生着各种各样的相互影响和相互作用。重大任务中的青年对人际交往具有强烈的需要，希望在重大任务工作前后多一些熟悉磨合的机会，这也有利于人际关系的协调和工作的开展。因此，他们希望能够适当组织团建活动来增加彼此间交流的机会，与他人多一些互动环节，根据彼此特长和性格进行合适的人员分配。

四、教育对策

（一）强化高校思想政治教育建设

重大任务是思想政治教育的重要节点。首先，高校应梳理以往的宝贵工作经验，精准把握学生思想动态和行为特点，并为学校思想政治工作和重大任务服务保障工作中的青年思想政治教育和培养培训提供实践参考。随后以此为基础，针对当代青年思想行为特点有效开展思想教育，同时注重政治引导，保证深度与广度。其次，强化高校思想政治教育建设，有助于学生的日常教育管理，有利于推动高校共青团和青年教育管理工作的创新发展，最终有利于高校为国家和民族事业的发展培养合格建设者和可靠接班人。最后，实践是最好的老师，虽然重大任务本身具有特殊性，但是青年学生的思想政治教育规律具有普遍性，我们应该在此时强化高校思想政治教育建设，这不仅能帮助青年学生形成正确的价值观，也是在影响一代青年的价值取向和精

神风貌。

（二）开创高校思想政治教育新路径

新时代的青年大多有较强的个性与观念，所以高校思想政治教育要独辟蹊径，以调研得到的结果为基础进行改进。首先，教育不要飘在空中，而要落在实处、接地气，达到润物无声的育人效果。青年都是热血的和热情的，高校在进行思想政治教育的同时，要注意教育方式，富有真情实感，以自身的行为及经历来感染学生。以此为基础加强爱国主义、奉献主义、集体主义教育，将高校青年塑造成为有信仰、有热爱、肯奉献、能担大任的时代新人。其次，高校应加强对青年人际交流需求的关注。通过积极挖掘重大任务中有信仰、有担当的优秀师生代表，邀请其进行视频形式的思想动态分享、心路历程及收获，感染青年向身边的优秀看齐。同时，可以通过组建思想学习小组，建立青年思想政治新路径，利用同龄人间更容易交流的优势，做好青年的思想政治教育。最后，高校要做的不仅仅是思政教育，更多的应是引导青年自身向更好的方向发展。我们应该以平等的目光、亲切的口吻做好青年的思想行为引导。

（三）拓宽高校思想政治教育新渠道

在新时代浪潮来临时，在如今网络和短视频的冲击下，高校思想政治教育更要打破束缚，拓宽高校思想政治教育新渠道。例如，开拓潮流的教育平台来吸引青年的注意力、提高青年的积极性。首先，在新时代网络冲击下，我们应建立新型的网络教育平台[16]，如学习强国、学习通、MOOC等学习平台，微信、B站等线上交流平台，在此新型网络平台上，开发出思想政治教育的知识分享型公众号或自媒体视频。其次，高校以校内优秀思政教师为基础，开创一系列有影响性的课程，打造出特色IP。后续通过邀请校内及其他高校的教师录制针对重大任务的特色思想政治公开课。最后，高校应注重对青年的人文关怀和心理疏导，减少极度功利主义的存在，加强理性平和心态的培育，引导青年学生保持健康心态。

参考文献

[1] 万美容, 夏博艺, 曾兰. "90后"大学生思想行为特点及其影响因素: 一项基于"90后"大学生视角的质性研究[J]. 思想教育研究, 2013 (10): 52-56.

[2] 张严, 李智慧. "00后"大学生思想和行为特点与引导策略研究——以全国29所高校调研为例[J]. 北京教育(高教), 2021 (1): 66-69.

[3] 蔡思妍, 杨亚特, 侯馨雨. 公安边防部队遂行重大任务中的思想政治教育探析[J]. 中国公共安全(学术版), 2016 (4): 30-34.

[4] 冯婧, 黄利民. 搞好重大军事任务中的思想政治教育[J]. 政工学刊, 2011, 366 (5): 45-46.

[5] 孙琳. "后疫情"时代, 高校传统思政与互联网思维及技术的互嵌[J]. 上海教育, 2020 (12): 78.

[6] 王迎迎. 当代大学生道德观念与道德行为状况的调查分析[J]. 思想理论教育, 2018 (2): 100-105.

[7] 王海建. "00后"大学生的群体特点与思想政治教育策略[J]. 思想理论教育, 2018 (10): 90-94.

[8] KEALAGH R, JESSICA, A MARC S, et al. Nonsuicidal self-injury thoughts and behavioural characteristics: Associations with suicidal thoughts and behaviours among community adolescents [J]. Journal of Affective Disorders, 2021 (282): 1247-1254.

[9] MARISA E, CARI P. Returning to school following hospitalization for suicide-related behaviors: Recognizing student voices for improving practice [J]. School Psychology Review, 2022, 51 (3): 370-385.

[10] 韦岚, 全守杰. ERG理论视角下的研究生需要[J]. 教育与教学研究, 2014 (10): 41-45.

[11] 范东来, 高育栋, 柴建霖. 基于ERG需要理论的电网企业青年员工思想动态调研分析[J]. 企业改革与管理, 2020 (2): 193-194.

[12] 于家明. "90后"青年群体特点及教育对策探析[J]. 中国青年研究, 2010 (1):

56-58+116.

[13] 吕宁, 由馨媛. 00后大学生的思想特点和行为规律调研及其应对[J]. 大学教育, 2019 (9): 98-100.

[14] 常亮, 杨春薇, 李一鸣, 等. 高校海外归国青年教师思想动态及政治倾向调查[J]. 高校教育管理, 2013 (5): 69-74+79.

[15] 李晓庆. 青年思想特点与行为模式的现实观照及反思[J]. 上海行政学院学报, 2019, 20 (2): 99-105.

[16] 李艳荣. 新时代青年行为特点及思想政治教育策略[J]. 科教文汇(中旬刊), 2018 (26): 16-17.

"三全育人"视域下高校二级学院团委在重大任务中的思政教育体系构建

周雪*，宋春宝，刘洋，吕庄怿，周子淇，关斌

（北京理工大学机械与车辆学院，北京 100081）

摘　要：高校二级学院团委工作是高校共青团工作的重要组成部分，也是引领凝聚、联系服务、组织动员大学生青年团员的"前锋队伍"与"桥梁通道"，发挥着不可小觑的力量。在"三全育人"视域下，高校二级学院团委需要构建思政教育新格局，通过"十育人"，不断拓展"三全育人"理念内涵，让服务重大任务意识深入人心，让学生在重大任务中找到使命感和光荣感，构建在"三全育人"视域下的"1+3+5+10"特色化思政育人模式，坚持共青团的第一属性为政治性，全面落实学生思想政治教育三项计划，提升学生成长服务五项工程，精细建立"十大育人"体系。

关键词：三全育人；学院团委；重大任务；思想引领；十育人

引　言

在高校"三全育人"工作中，二级学院团委不仅是课程育人的有效平台、组织育人的有效载体、文化育人的有生力量，而且是实践育人的有用方式、科研育人的有效补充、管理育人的有机空间，还为网络育人、心理育人、服务育人、资助育人留有发展空间。可见，高校二级学院团委具有显著的育人价值。已有的研究多立足于"三全育人"视域下校级团委的作用发挥，或聚焦于某一专项工作的能力提升，鲜有针对高校二级学院团务在重大

---

* 周雪，硕士，北京理工大学机械与车辆学院，讲师，研究方向：大学生思政教育、生涯规划与就业指导。

任务中的思政教育体系构建的研究。本文将重点研究在"三全育人"视域下，思政教育工作融入学院团学工作的方式方法，激发全员、全方位、全过程育人的自觉性，探索二级学院团委在重大任务中作用发挥的途径，推进在重大任务中全员全过程全方位的思政育人工作，打造"人人都是思想政治工作者"的育人文化。

一、"三全育人"视域下高校二级学院团委在重大任务中思政体系构建研究的必要性

高校二级学院团委是党面向高校大学生开展思想政治教育的重要阵地和抓手，承担着为党培养后备力量的重要任务，是高校共青团工作的重要组成部分，是教育引领青年大学生、联系动员青年大学生和服务凝聚青年大学生的核心力量。坚持党对二级学院团学组织的领导是中国沿着中国特色社会主义道路发展的稳固基石，要始终保持和增强二级团委的政治性、先进性和群众性。鉴于此，对学院团委在"三全育人"视域下思政体系构建展开研究，具有深远的理论意义及现实意义。

（一）理论意义

就目前的研究来看，多把"重大任务""三全育人"与"思政体系构建"割裂开，作为个体单独展开研究，同时很少关注在"三全育人"视域下二级学院团委层面在重大任务中思政教育体系的构建机制。本文厘清了"三全育人"视域下高校二级学院团委在重大任务中思政体系中存在的问题，厘清了二级学院团委的属性问题，厘清了二级学院团委在重大任务中发挥作用的方式方法，对于相关领域的理论研究和学术探讨具有重要意义。首先，本文对于"三全育人"理论的深入挖掘和探究，能够进一步提高相关领域的理论研究水平，实践数据也能为相关领域内的研究提供有价值的信息，有助于全员育人、全程育人、全方位育人的理论研究。其次，本文的创新性思考和深入分析能提供新的思路和方法，通过思政教育让高校更好服务国家重大任务。

（二）现实意义

习近平总书记在庆祝中国共青团成立100周年大会上指出，"在新的征程上，如何更好把青年团结起来、组织起来、动员起来，为实现第二个百年奋斗目标、实现中华民族伟大复兴的中国梦而奋斗，是新时代中国青年运动和青年工作必须回答的重大课题。"

学院团委作为开展大学生思政工作的重要力量之一，研究解决共青团工作中的重大问题是职责所在。该体系研究将有利于提升高校人才培养质量，补充团学在"三全育人"中的作用，为中国特色社会主义发展培育合格的建设者和接班人，推动伟大复兴中国梦的实现。

从时代发展层面上看，随着数字化时代的全面到来，经济全球化向纵深发展，新一轮科技革命和产业变革加速演进，当今世界正处于百年未有之大变局。面对时代发展的新背景，高校二级学院团委加强对青年学生的思想引领与理想信念教育，让他们保持头脑清醒、坚定政治立场、树立正确政治思想、提升政治觉悟和政治素养，显得尤为重要。

从国家发展战略层面上看，国家创新驱动发展战略应运而生。2020年9月11日，习近平总书记在科学家座谈会上的讲话中再次提出"把创新作为引领发展的第一动力"；党的十九届五中全会通过的《中共中央关于制定国民经济和社会发展第十四个五年规划和二〇三五年远景目标的建议》再次提出"坚持创新在我国现代化建设全局中的核心地位，把科技自立自强作为国家发展的战略支撑"。人才培养主要在高校，高校二级学院团委应立足学科与专业特点，积极做出回应，引导青年学生将个人发展与国家命运紧紧系在一起，怀揣科研报国理想，开拓创新、勇立潮头，敢于挑战重大科学技术难题，做国家科技发展和科技强国的奋进者、开拓者和贡献者。

从青年学生特点层面上来看，"95后"和"00后"已然成为研究生和本科生学生主体。他们是伴随着国家改革开放成长起来的"时代弄潮儿"，也是在网络时代成长起来的"数字原住民"，成长过程中接触多元文化，喜欢探索新鲜事物和追求精神独立。高校二级学院团委的工作对象是青年学生，把握青年学生群体特点,不断寻找工作切入点和突破口,更新思政教育体系,尤为重要。

二、"三全育人"视域下高校二级学院团委在重大任务中思政体系存在的问题

(一)学院团委的"三全育人"格局尚未完全形成

"三全育人"是指全员育人、全程育人、全方位育人,要坚持把立德树人作为中心环节,把思想政治工作贯穿教育教学全过程。"十大育人体系"是指课程育人、科研育人、实践育人、文化育人、网络育人、心理育人、管理育人、服务育人、资助育人、组织育人,这进一步充实了"三全育人"格局的内容,并细化了新时代高校"三全育人"的行动方案。"三全育人"强调多方协助、凝聚全体教职工、职能部门、学生队伍等共同体的育人合力,而学院团委基本上由一名专职教师和数名学生干部骨干组成,所以存在"三全育人"视域下思政教育顶层设计不完善、调动各方力量能力不足、专业化程度有待提升、队伍人员数量不足,只擅长组织开展"十育人"中的某些育人板块,对"课程思政""科研育人"等板块研究浅、资源少等方面的现实困境。

(二)学院团委对"重大任务"的解读不透彻

"重大任务"内涵有广义和狭义之分。习近平总书记指出,坚持和完善中国特色社会主义制度、推进国家治理体系和治理能力现代化,"这是实现'两个一百年'奋斗目标的重大任务。"这是广义上的重大任务。各行各业都有自己的使命担当,高校的主要任务是坚持为党育人、为国育才,落实立德树人根本任务,培养具有创新精神和实践能力的高级专业人才,发展科技文化,促进社会主义现代化建设。高校二级学院团委的重大任务更为翔实具体,例如理想信念教育、主题教育、双创教育、社会实践等,同时全力服务国家重大赛事、会议或活动等。学院团委需要充分理解"重大任务"的内涵

和外延，充分利用各项重大任务实践平台，因时因势落实思想政治教育，补足青年学生"精神之钙"。

（三）学院团委的思想引领吸引力不足

2020年4月，教育部、团中央等八部门印发了《关于加快构建高校思想政治工作体系的意见》。高校二级学院团委应以习近平新时代中国特色社会主义思想为指导，贯彻落实"全团抓思想政治引领"的要求，但在工作落实过程中出现思想引领能力不足的情况。学院团委对主流思想及科学理论的解读方式有一部分是空有说教式的理论灌输，思想工作浮于表层，导致不少青年多方位认同感弱化。文化产品盲目地求新求异，偏重规模排场，流于形式主义，吸引关注多，但触动心灵少，无法突出实践体验的教化功能。思想工作未能精准捕捉到大学生成长成才需求，服务力不精。学院团委书记工作繁杂，身兼多职、流动性大，学生团员干部是"流水的兵"，导致学院团委对青年学生的思想引领缺少连续性和传承性。

三、"三全育人"视域下高校二级学院团委在重大任务中思政体系构建策略

高校二级学院团委工作是高校共青团工作的重要组成部分，也是引领凝聚、联系服务、组织动员大学生青年团员的"前锋队伍"与"桥梁通道"。在学校"双一流"建设的总体目标下，瞄准培养德智体美劳全面发展的社会主义建设者和接班人、培养担当民族复兴大任的时代新人、培养"胸怀壮志、明德精工、创新包容、时代担当"的领军领导人才，建设和完善学院团委运行机制，打造具有学院特色的学生思政工作格局，通过"十育人"，不断拓展"三全育人"理念内涵，让服务重大任务意识深入人心，让学生在重大任务中找到使命感和光荣感，构建"三全育人"视域下高校二级学院团委在重大任务中发挥作用的良好机制，形成了一套体现重大任务担当的"1+3+5+10"特色化思政育人模式。

（一）坚持共青团的第一属性为政治性，坚持政治建团

习近平总书记在同团中央领导班子成员集体谈话时深刻指出，"党旗所指就是团旗所向""新时代的青年工作要毫不动摇坚持党的领导，坚定不移走中国特色社会主义群团发展道路"。高校二级学院团委的根本任务是坚持培养中国特色社会主义建设者和接班人，政治责任是坚持不断巩固和扩大党执政的青年群众基础。全团要牢牢坚守政治属性、着力突出政治建设、大力强化政治功能，始终把稳共青团事业发展前进的"压舱石"。帮助青年学生增强"四个意识"、坚定"四个自信"，引导他们听党话、跟党走。让青年学生牢固树立共产主义远大理想和中国特色社会主义共同理想、"两个一百年"奋斗目标，深入学习贯彻党的基本理论、基本路线、基本方略，成为合格的新时代青年马克思主义者。

（二）全面落实学生思想政治教育三项计划，让服务重大任务意识深入人心（图1）

图1 思想政治教育三项计划

1. 全面落实阵地引领计划

建议学院制定教师参与学生思想政治教育活动实效的评价办法，发挥广大教师在课堂教学、本科生导师等教学阵地中对学生的思想引领作用；改革形势政策课授课方式，夯实德育答辩工作机制，以学生喜闻乐见的活动形式发挥好思想政治教育活动阵地的引领实效；加强计算机网络、手机网络的新媒体建设，探索交互式思想政治教育方式，促进思想引领全媒体建设。

2. 全面落实先锋领航计划

健全学院学生及学生干部培训相关制度和活动平台，完善领导班子讲党课、讲团课等相关机制；完善学生团员培养和发展细则，建设支部建设带动班级建设、推优入党等工作机制；继续建设好"青春榜样库"等先锋领航活动品牌，依托正能量传播促进德育实效，使学生重塑"守德知礼"优良品质。

3. 全面落实文化传承计划

全院推动重塑"守德知礼"优良品质，加大开展中华优秀传统文化的教育熏陶活动，促进优良文化传承，塑造工科生人文气质；同时继续完善学院心理健康教育与辅导中心建设，注重学生"阳光"心态的养成，通过丰富多彩的文化活动和切实有效的心理健康教育，营造健康、轻松、奋进的氛围。

（三）提升学生成长服务五项工程，让学生在重大任务中找到使命感和光荣感

高校二级学院团委瞄准国家和社会需求、学生自身成长需求，突出学生主体作用，建设"学生生涯牵引""素质学分推进""荣誉体系导向""学业帮扶提升""创新实践覆盖"等学生成长服务五项工程，将学生综合素质提升与个性化成长统筹推进，让学生在重大任务中找到使命感和光荣感（图2）。

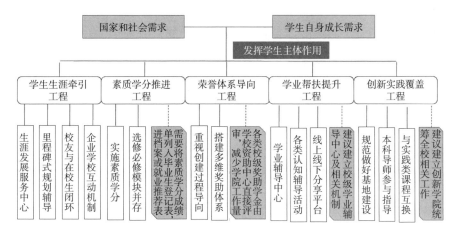

图2 学生成长服务五项工程

1. 实施学生生涯牵引工程

成立学生生涯发展服务中心实体机构，形成生涯牵引和生涯服务"反馈式闭环"。建立与"德育答辩"平行的生涯规划辅导体系，引导学生从人生目标看大学目标、从大学目标看大学规划、从大学规划看自身成长、从自身成长看下步方向，帮助学生不断做好理想与现实之间的关联和动态规划。

2. 实施素质学分推进工程

完善本科生综合素质测评办法，设定素质学分，设置相应的思想品德、学业发展、创新创业、文体素质等培养模块，一方面促进学生成长成才符合国家和社会需求大方向，确保修德等基础目标不断夯实，另一方面鼓励学生个性化成长成才。

3. 实施荣誉体系导向工程

改革学生荣誉体系，优化奖助学金结构，建立覆盖学业质量、科技创新、社会实践、文化艺术等多维度的奖励资助体系。不断扩大集体荣誉覆盖范围和支持力度，以班级奖学金、团队奖学金、宿舍奖学金、支部奖学金等形式促进集体文化建设。

4. 实施学业帮扶提升工程

设立学业辅导中心，科学规划学业帮扶软、硬件建设。搭建并不断完善专业认知平台、兴趣激发平台、朋辈辅导平台，创建以学生为主体、以教师为引导的"专业发展大讨论""学长分享交流论坛""学生帮扶互助小组"等品牌活动或品牌机制，以机制保障学风建设，以活动促进学风建设。

5. 实施创新实践覆盖工程

依托北京市校内创新示范基地建设，规范化做好学生科技创新指导教师队伍和管理机制建设，推进"创意、创新、创业"贯穿一体化建设，努力将"以创新赛事为中心"逐步推进至"以创新赛事为牵引、以创新项目为依托、以全员参与为目标"的新阶段。

（四）推动建立"十大育人"体系，在重大任务中落实落细

"三全育人"是指全员育人、全程育人、全方位育人。"十大育人体

系"是指课程育人、科研育人、实践育人、文化育人、网络育人、心理育人、管理育人、服务育人、资助育人、组织育人。"十大育人体系"是"三全育人"一体化的具体化。二级学院团委结合"十育人"开展工作，探索思政教育潜移默化融入"十育人"环节的工作方案，护航学生在责任担当、知识养成和能力提升的全方位成长；以立德树人为根本任务，主动探索、积极促成高校二级团委"三全育人"的新生态、新格局。

1. 课程育人

高校二级学院团委制定团学干部德育工作评价办法，鼓励团学干部在重大任务中积极发挥思想引领作用，将理想信念与家国情怀与党团活动、班级活动相结合。依托入党积极分子专题党课培训、学生干部综合能力培训等活动，提升重点学生群体政治素质、理论水平和业务能力。选树德智体美劳表现突出的学生榜样，建立榜样宣讲团，讲述大学奋斗故事，传递时代最强音，营造人人自强不息、砥砺前行的氛围。

2. 科研育人

高校二级学院团委做好底线教育，开展学术学风宣讲与学术道德自学自测，弘扬学风正气，引导研究生群体加强学术规范意识、砥砺学术志趣。开展常规性科研学术专题系列讲座，交流科研心得与经验，鼓励学生在逐梦科研的道路上奋勇攀登。结合创新创业教育、毕业教育、主题教育等活动开展，挖掘专业红色基因，走好红色育人路，使学生树立学生科研报国的强大信念。

3. 实践育人

构建"双创"教育平台，使实践育人行稳致远。高校二级学院团委协调场地资源、资金支持、指导团队，创新指导机制，为学生提供多学科交叉融合的科创环境。创新管理方法，通过在创新创业团队中设立临时党支部、临时团支部等制度，实现学生参与创新创业实践活动过程中的主题教育活动实效。开展社会实践育人工作的探索与实践，开展实践育人，引导学生自觉履行青年服务国家的历史使命，形成了以日常志愿服务、暑期社会实践、寒假返乡调研三位一体的大学生社会实践工作格局。

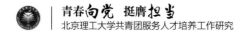

4. 文化育人

高校二级学院团委主动开展中华优秀传统文化的教育熏陶活动，促进优良文化传承，塑造大学生人文气质。主动挖掘专业所在领域的历史文化、精神内涵与感人故事，了解过去产业发展与国家政策的历史背景，聚焦未来国家战略和产业发展重大需求。策划和实施好一系列文化实践活动、开展品牌文化活动，彰显青年学生激昂青春的精神面貌，以积极向上的文化感染人，发挥校园文化育人功能。

5. 网络育人

高校二级学院团委将学院思政工作与网络新媒体紧密结合，牵头建设新媒体团队，维护网络思政平台，定期发布网络文化作品，组建新媒体特色技术、宣传、评论、引导等工作小组。以青年评论文章、短视频、vlog、漫画等作品形式，打造学生喜闻乐见的新媒体平台，促进思想引领全媒体建设。

6. 心理育人

高校二级学院团委要求学生团支部选拔心理委员，关注支部成员精神状态，采集、汇总学生信息，宣传心理健康知识。注重学生"阳光"心态的养成，通过丰富多彩的文化活动和切实有效的心理健康服务，营造健康、轻松、奋进的氛围。结合"5·25"心理健康日，打造包含心理情景剧、微笑征集等活动的心理健康节主题教育活动。

7. 管理育人

高校二级学院团委邀请青年教师担任兼职辅导员、科技创新指导教师、社会实践指导教师、就业帮扶指导教师，提升青年教师对学生工作的参与度。建立教师"辅导学生面对面"开放日制度，实现每位教师每月固定半天时间，在办公室接待来访学生，助力学生成长成才，打造师生有效畅通沟通交流的平台，营造融洽和谐的师生互动氛围。

8. 服务育人

充分发挥高校二级学院团委的服务育人功能，坚持立德树人、以生为本，持续推进"变管理为服务"的工作理念。团委书记和团员学生干部进宿舍、进课堂，了解学生需求，在服务学生中教育学生、引导学生，既为培养德智体美劳全面发展的社会主义建设者和接班人营造良好的环境，还为新时代青年团员树立了模范榜样。

9. 资助育人

充分挖掘校企合作模式，优化奖助学金结构，建立覆盖学业质量、科技创新、社会实践、文化艺术等多维度的学院个性化奖学金奖励资助体系，以优秀学生线上线下分享会、优秀事迹网络文章等形式传播先进人物案例，扩大育人影响力范围。

10. 组织育人

健全高校二级学院团委相关制度和活动平台，建好党员、积极分子的理论学习和实践锻炼平台。完善学生团员培养和发展细则，建设支部带动班、党员带动团员等工作机制，营造党建带团建的良好氛围。

五、结束语

在"三全育人"视域下，高校二级学院团委要坚守政治属性，以"十育人"为工作抓手，全面落实学生思想政治教育三项计划，提升学生成长服务五项工程，充实"三全育人"格局内容，切实把"三全育人"工作落到实处，利用各项重大任务实践平台，因时因势落实思想政治教育，不断提升高校思想政治工作质量，补足青年学生"精神之钙"。运用与推广"1+3+5+10"特色化思政育人模式，加强二级学院共青团组织的凝聚力和组织力，引导青年学生坚定不移跟党走，为党和人民奋斗，在重大任务中有政治担当、责任担当，善于作为、有所作为，为民族复兴铺路架桥，为祖国建设添砖加瓦，谱写无愧于新时代的青春篇章。

● 参考文献

[1] 张丽. 山西药科职业学院团委 践行"立德树人"初心 笃行"三全育人"使命[N]. 山西青年报, 2023-02-08 (006).

[2] 张亦男. 新时期高校二级学院团委工作的创新与实践[J]. 产业与科技论坛, 2020, 19 (24)：232–233.

[3] 吕雪艳.高校基层共青团组织政治性先进性群众性提升的路径解析——以共青团南开大学人工智能学院委员会为例 [J].高校共青团研究, 2020 (Z2): 129-134.

[4] 李沐曦.新时代高校"三全育人"理论与实践研究 [D].长春: 吉林大学, 2022.

[5] 黄鹏, 黄彩微.高校共青团思想政治引领的现实困境及优化路径 [J].高校共青团研究, 2020 (Z1): 149-153.

[6] 戴卓, 赵文峰, 周倩.秉承多维度价值塑造构建纵横交错的团学工作体系研究——以西北工业大学理学学院团学工作为例 [J].大学, 2021 (10): 135-136.

[7] 吴丞司.学院工会、团委协作联动机制探索——以中央财经大学会计学院为例 [J].高校后勤研究, 2023 (1): 68-70.

[8] 陈诗萌.高校二级学院团学工作存在的问题及对策——以华南理工大学广州学院电子信息工程学院为例 [J].西部素质教育, 2020, 6 (9): 201-202.

[9] 柯昌梅.新时代高职院校思想政治教育"三全育人"的理论意蕴、现实困境与突破策略 [J].湖北开放职业学院学报, 2023, 36 (6): 53-55.

[10] 董治佑, 周娜.需求导向视域下高校"三全育人"的现实困境与对策思考 [J].学习月刊, 2022 (12): 51-53.

—

全面从严管团治团
坚持夯实基层导向激发组织活力

—

基层组织是共青团全部工作和战斗力的基础,加强基层建设是共青团履行自身职责使命的内在要求,是深化共青团改革的重要内容。习近平总书记在同团中央新一届领导班子成员集体谈话时明确指出,纵深推进团的改革,全面从严管团治团,坚定不移走好中国特色社会主义群团发展道路,不断保持和增强政治性、先进性、群众性,不断提高团组织的引领力、组织力、服务力。总书记的重要指示,为共青团加强基层建设指明了前进方向、提供了根本遵循。长期以来,在党的坚强领导下,共青团把抓基层作为基础性、经常性工作,采取了许多创新举措,取得了一定工作成效。共青团中央先后印发了《关于加强新时代团的基层建设着力提升团的组织力的意见》《新时代全面从严治团实施纲要》等文件,牢牢把握党的助手和后备军的政治定位,以改革创新精神和从严从实之风加强自身建设,找准工作切入点、结合点、着力点,把共青团改革向纵深推进,让团的引领力、组织力、服务力最终转化为为党育人的实际效果,更好地把青年团结起来、组织起来、动员起来,充分发挥突击队作用。

北京理工大学共青团扎实推进新时代团的组织力提升行动,积极探索基层组织建设新思路新模式,持续提高团的基层建设水平。强化制度执行,团内制度体系不断完善并有效运行。通过严格"三会两制一课"、加强团员先进性评价、开展支部对标定级、强化学社衔接等举措,压茬推进共青团基层组织改革。构建"知—情—意—行"一体化的组织生活模式,将最大多数青年团结凝聚在党的周围。团支部按照每月发布的组织生活和课外活动指南,年均开展学习教育活动6.4次,全年参与学习的团员超过20万人次,提高了对党的基本理论、基本路线、基本方略的领悟力。加强团员队伍建设,突出政治标准,严把团员入口,加强教育管理。团支部每月开展一次组织生活,让习近平总书记在党史学习教育动员大会、在脱贫攻坚总结表彰大会、在建党百年庆祝大会、在党的十九届六中全会上的重要讲话精神等第一时间走近青年，让学习党的创新理论成为青年习惯。推动构建"社团进社区，社区带社团"的学生社团发展格局。80家学生社团入驻总面积5000余平方米的六大书院社区，健康向上、格调高雅、形式多样的社团活动在书院社区遍地开花，社区"家文化"让同学们的获得感更多了，归属感更强了。分类选聘80名优秀专业教师、思政课教师、辅导员、体育教师、人文素质教师担任学生社团指导教师……一系列举措推动"社团进社区"改革落地见效，有力拓展了青年学生的第二课堂活动空间。

高校基层党建带团建的有效路径研究
——基于全国党建工作标杆院系的工作探索

胡燕子*，彭明雪

（北京理工大学管理与经济学院，北京 100081）

摘　要：高校党建带团建是一种工作机制，它贯穿于高校学生工作的全过程，为培养社会主义建设者和接班人提供有力保障。但是，在新的历史时期，高校青年群体结构和学生需求向着多元化趋势发展，各类新媒体也不断涌现，在此情况下，高校基层党建、团建工作正面临着前所未有的困境和挑战。因此，很有必要强化研究和应对，不断加强与改进高校基层党建带团建工作路径，构建从党到团层级发展路线。本文将首先通过文献研究法梳理当前高校基层党建带团建存在的问题：第一，各级组织对党建带团建工作的重要性认识不足；第二，党建带团建工作机制亟待完善；第三，高校基层党建带团建工作载体有待创新，表现为组织载体较为单一、活动载体不够丰富以及品牌建设未得到重视。然后结合第三批某全国党建工作标杆院系党建带团建的实践探索，总结凝练该学院开展党建带团建三个方面的品牌和经验，以期为其他高校基层开展党建带团建工作提供借鉴意义，助力全面落实立德树人根本任务：第一，坚持思想驱动，从价值引领上实现党建带团建；第二，深化政治统领，完善党建带团建工作机制；第三，创新工作载体，在"五育"并举中实现党建带团建有效路径创新。

关键词：党建引领；团建赋能；党建带团建；"五育"并举；有效路径

---

*　胡燕子，博士，北京理工大学管理与经济学院，助理研究员。

引 言

从2011年中共中央组织部、共青团中央联合下发《关于加强新形势下基层党建带团建工作的意见》起，中央对党建带团建工作一直非常重视，出台了一系列政策文件支持群团组织的发展以及共青团的改革创新。2017年，共青团中央、教育部联合印发《关于加强和改进新形势下高校共青团思想政治工作的意见》，明确要求："各地各高校要将共青团思想政治工作纳入本地区本学校的高校思想政治工作总体格局，推行工作同规划、同部署、同落实。"习近平总书记在庆祝中国共产主义青年团成立100周年大会上的重要讲话中指出："各级党组织要落实党建带团建制度机制，经常研究解决共青团工作中的重大问题，热情关心、严格要求团干部，支持共青团按照群团工作特点和规律创造性地开展工作。"2022年6月，共青团中央、中共教育部党组联合印发《关于改革创新高校共青团工作，切实增强思想政治引领时效的若干措施》，再次强调，要健全完善高校党建带团建具体机制，构建党委领导下团组织主导的高校团学组织体系。可见，党的建设是共青团建设和发展的基本条件，共青团建设是党的建设的重要组成部分，党建带团建是促进和完善高校基层党建的有效途径[1]，也是实现高校基层党团组织更好地引领青年、服务青年的目标，并最终担负起高校为党育人、为国育才光荣使命的必要工具。

党建带团建是党在群团工作实践中获得的成功经验。高校是培养、联系青年的重要阵地，故高校党建带团建亦是不可或缺的工作方法，需要坚持与发展党建带团建工作机制。高校党建带团建是一种工作机制，它贯穿于高校学生工作的全过程，为培养社会主义建设者和接班人提供有力保障。但是，在新的历史时期，高校青年群体结构和学生需求向着多元化趋势发展，各类新媒体也不断涌现[2]，在此情况下，高校基层党建、团建工作正面临着前所未有的困境和挑战[3]。因此，很有必要强化研究和应对，不断加强与改进高校基层党建带团建工作路径，构建从党到团层级发展路线。

后文的安排如下：首先是文献综述；接着，通过文献研究法梳理当前高校基层党建带团建存在的问题；然后，结合第三批某全国党建工作标杆院系党建带团建的实践探索，总结凝练该学院开展党建带团建品牌和经验，以期为其他高校学院开展党建带团建工作提供借鉴意义；最后是结论。

一、文献综述

高校党建带团建是高校党建的重要组成部分。各地高校立足本校实际，从不同角度探索出各具特色的"带建"模式，发表了一系列相关的研究论文，主要是从高校党建带团建的必要性与意义、历程和经验、存在的问题和对策等几方面来研究。

第一，关于推进高校党建带团建的必要性及意义的研究。杨臣、聂锐（2018）[4]站在时代的变化和共青团自身的发展的角度来进行阐述，他们指出，高校共青团的建设不仅需要自省式内部纠错机制，更需要来自党由外至内的指导性建设。康琪（2017）[5]从高校人才培养的职能角度阐发党建带团建的意义，认为"创造性地开展党建带团建工作，不仅有利于进一步密切党团关系，使党的建设和团的建设相互促进，相得益彰，更有利于发挥党团组织在人才培养中的积极作用，为完成高校育人为中心的各项任务提供思想和组织保证。"而安亚萍、赵睿（2023）[6]则是站在党建推动高校基层团组织发展的角度论述，"坚持党建带团建有利于基层党组织加强对基层团组织的领导，有利于发挥基层团组织在两个文明建设中的积极作用，有利于基层团组织服务青年师生成长成才，有利于增强基层团组织内在活力。"

第二，关于高校党建带团建的历程及经验的研究。何丹丹（2010）[7]对早期党团关系进行了三个阶段的划分，她认为，这三个历史阶段中，1921年7月至1922年6月是属于党团不分阶段，1922年7月至1923年5月是党团关系逐渐统一到共产国际准则上的阶段，1923年6月至1923年8月是党团关系确立阶段。唐正芒、孙映（2010）[8]通过研究中国共产党在"五大""八大""十二大"修订的党章，了解各时期的党团关系，并加以分析，这对新时代正确处理好党团关系，更好地发挥共青团的作用有重要意义。胡献忠（2017）[9]通过回顾从1922年建团到2017年这95年波澜壮阔的奋斗历程，对政治组织结构性联动的历史细节进行梳理、考察。

第三，关于高校党建带团建存在问题的研究。刘佳、韩迎春（2021）[10]认为主要包括六个方面的问题：一是整体发展不平衡；二是基层组织设置与青年分布和群体结构不相适应；三是团的工作实力与团的工作责任不适用；四是团的育人机制与人才需求的不适应；五是"单元团"的工作内容与"社会化"的青年需求不相适应；六是团干部队伍的状况与青年工作发展的要求不相适应。崔恒良、刘莹（2019）[11]就高校团员推优方面谈到了四个问题：一是基层组织准备不足和部分团员认识不足；二是机制和程序没达到要求；三是党团组织沟通不畅，"推优"效果不足；四是缺乏系统的、多面的评价标准。刘玉刚（2020）[12]认为，移动互联网正在使人和社会各方面都发生变化，中国共青团一向被视为中国共产党的助手和后备军，而被共青团联系、服务、引导的青年一代也伴随着互联网发展成长起来，所以当前共青团需要应对多方面的挑战和进行全方位的创新。

第四，对新阶段高校党建带团建工作对策的认识。李静、胡术恒（2022）[13]认为，可以从强化党团政治引领、激活党团组织活力以及提升党团育人时效三个方面入手去实践党建带团建。张振华（2002）[14]认为，在新的历史条件下，要做好高校党建带团建工作，高校党组织和团组织必须明确并做到以下四点：首先，"带"是关键，以带促建。高校党组织要从思想建设、组织建设、作风建设三个方面指导和帮助团组织搞好团的建设。其次，"建"是核心，党团共建。高校党组织要带动团组织从队伍、制度和阵地三个方面主动加强自身建设。再次，服务是根本，以服务促建设。高校团组织应坚持代表青年，服务青年，以服务促建设。最后，创新是灵魂，以创新求发展。通过抓基层、抓典型、抓机制三项举措来创新带建工作。

综上所述，学术界目前虽然研究有很多成果，但还尚有不足，目前的研究更多的是从高校层面总结当前党建带团建的问题、路径，很少从二级学院的实际经验出发，进行经验总结。因此，结合党建标杆院系的建设发展经验，从实际案例总结发展经验，进而推广到全国的高校，具有非常重要的理论意义和实践意义。

二、当前高校基层党建带团建工作存在的问题

新时期,伴随着信息技术的飞速发展、人民物质精神生活水平的不断提升以及"00后"大学生群体新特征的出现[15],高校思想政治教育也与时俱进,迈入落实立德树人根本任务的新征程。在此过程中,高校原有的党建带团建方式方法已经逐渐显现出不足之处,制约了其进一步发挥作用[16],现阶段的高校基层党建带团建工作存在着以下问题:

(一)各级组织对党建带团建工作的重要性认识不足

根据中共中央《关于加强和改进党的群团工作的意见》要求,各级党委要明确对群团工作的领导责任,健全组织制度,完善工作机制,从上到下形成强有力的组织领导体系。当前,很多高校党委虽然在学校年度党建工作要点中强调了党对群团工作的领导,但在如何具体实施党建带团建工作上,并没有出台相应的具体方案,因此,高校基层党建带团建工作缺乏具体的制度支撑。

同时,随着高校发展规模的变化、工作运行需要,各职能部门的行政工作分工愈加细化,且党建、团建工作所涉及事情多、任务重,当前大多数高校基层党建、团建工作分开,出现基层党组织和团组织各自为政,工作联系不够紧密,党团组织在党建带团建工作中思想认识不足、重视不够等问题。

就党组织而言,高校基层党组织在开展工作时,习惯保持独立性和自主性,没有很好地开展党团共建工作[17]。此外,基层党组织没有很好地做到研究共青团工作。党组织就"带什么、怎么带、为什么带"这几个关键问题可能没有梳理清楚,理论逻辑不清,导致在实际开展工作时没有具体可行的机制。

就团组织而言,当前团组织在开展工作时,未能自觉做到紧密依靠党组织,未能定期向党组织汇报工作开展情况以及积极寻求工作指导建议,也较少邀请党组织指导开展主题团日活动[18]。进一步地,团支部政治理论学习规范化程度有待进一步加强。此外,部分团员对党建带团建工作认识不足,甚

至充耳不闻。部分"00后"团员因为缺乏相关的理论知识与组织实践基础，在工作生活中宁愿选择不相信组织、不依靠组织，不积极主动向党组织靠拢[11]。另外，随着互联网的快速发展，当前高校里一些青年团员的思想被一些不积极、庸俗或者"躺平"的思想所侵蚀，不能独立、正确地思考党建带团建工作的重要性和意义[19]。

总体而言，目前各级组织存在着对党建带团建工作重要性认识不足的问题。

（二）党建带团建工作机制亟待完善

在高校，通常基层党建、团建工作分别由上一级党委、团委进行指导，分两条线开展工作，两者间沟通、联系不够，缺少从立足于高校思想政治工作总体格局制定适合不同高校、院系的党建带团建工作机制，没有形成党建带团建、团建促党建的良好工作局面[20]。在实际基层工作开展中，党建和团建工作未能建立系统、完善的工作机制，未能妥善解决好"带什么"和"怎么带"的问题。

从党建带团建的内容来看，涉及政治领导、思想领导以及组织领导等多项工作。高校党建、团建工作不仅需要有一整套科学合理的运行体系作为保障[21]；同时，为了避免党建带团建工作制度与实践活动"两张皮"现象，还需要在党建、团建工作机制中制定相应的考核、激励和推动机制。而当前，很多高校基层的党建带团建工作缺少此类顶层设计、整套规划与考核机制，工作过程中存在随意性和形式化较多。高校、院系应将团建工作纳入党建工作整体规划，将党建工作与团建工作整体研究。

从党建带团建的形式来看，当前高校基层党组织自身的建设不断得到强化和完善，积累了丰富的经验和支部工作法，但是团组织建设较为松散，支部建设、支委选拔、团员发展等方面仍存在较大的完善空间；同时，在高校党建带团建工作中，党员带团员、党支部带团支部的共建帮扶格局有待进一步加强和优化[22]。

综上所述，目前高校基层党建带团建工作机制亟待完善。

(三)党建带团建的工作载体有待创新

高校基层党建带团建工作的有效开展离不开行之有效的载体。新时期，青年大学生的生活方式发生了较大变革，但从实际情况来看，高校基层党建带团建的工作载体并未跟上这种变革，具体表现为：

1. 组织载体较为单一

当前，高校基层党建带团建工作大多数是由辅导员来具体指导，未设置专人专岗。辅导员通常既要关心学生的思政教育、心理健康、生涯指导等方面的问题，也需要在学院兼职一些行政工作以及专项工作，这些繁杂的日常工作使得辅导员难以抽出足够精力去系统性研究党建带团建理论[23]，并且部分辅导员自身专业知识不足也使得他们不能很好地做好顶层设计工作，在实际的工作中表现为工作的创新积极性不足。

2. 活动载体不够丰富

高校基层党组织没有实时把握新时期工作特点并及时调整思路，工作重心仍停留在对青年学生进行单纯的理论知识灌输。此外，基层党委、党组织在开展党建带团建工作时，有时仅限于执行上级部门的政策文件，或者仅限于完成党建考核要求，存在形式主义，未能创造性开展活动。基层团组织在面向青年学生开展相关主题教育活动时，没有切实考虑到不同青年学生的主体特点等多方面因素，使许多青年学生参与团组织活动的积极性不断减弱，影响团组织在青年学生中的吸引力和凝聚力。整体而言，党团活动的形式缺少针对性和吸引力。

3. 党建带团建工作忽视品牌建设

当前，多数高校基层党建带团建工作缺少连续性和系统性，面广点散，在全面铺开的同时，未能及时总结凝练，形成特色品牌。院系应结合自身实际，将党建、团建工作与各学院专业教育教学相融合，突出学院特色，做到"围绕青年学生、关照青年学生、服务青年学生"，在构建德智体美劳"五育"并举发展体系过程中，坚持党建引领、团建赋能，实现党建带团建。

综上，高校基层党建带团建工作载体有待创新，表现为组织载体较为单

一、活动载体不够丰富以及品牌建设未得到重视。

三、"全国党建工作标杆院系"党建带团建的工作探索

（一）坚持思想驱动，从价值引领上实现党建带团建

高校基层党建、团建工作者应认识到党建带团建工作一直以来都是党的优良传统，也是加强与基层组织建设密切关系的重要途径。党建和团建工作二者是相互成就的关系，二者缺一不可。

1. 要认识到党建引领团建的内涵和要求

党建引领团建，意味着高校基层党支部在加强党建的同时，要把加强共青团建设作为提升党建质量的重要环节和重要内容，在继续严格落实一系列从严治党要求的同时，要把党在政治、组织、思想等方面的优势融入团的建设中。例如，由党支部的老党员、关工委的同志们来为年轻团员们上一场生动活泼的党史、近现代史的教育课，让众多的大学生能够更加形象贴切地感受今日幸福生活的来之不易，这样无疑可以更好地提升广大团员的使命感、责任感，为今后的奋发图强打下坚实的基础。

2. 要意识到团建赋能党建的内涵和要求

共青团的成员们年轻富有朝气，他们虽然有着心智发展不太成熟的弱点，但他们敢想敢干，有改革创新的精神。因此，在高校基层团建工作中，应充分发挥年轻团员的创造能力，带动他们融入高校党建攻坚克难的任务中，起到推动团建和党建共同发展的作用。高校基层党建、团建工作者应充分认识到党建和团建工作二者之间的辩证关系，才能在高校基层党建带动团建的过程中不失偏颇，有序推进。

结合当前各单位正在开展的学习贯彻习近平新时代中国特色社会主义思想主题教育工作，通过师生支部共建、校企支部共建、党团共建等推行"四个一计划"，充分发挥党支部战斗堡垒作用，实现高质量党建引领高质量发展。建立"一个学生支部+一个教师支部+一个校外支部+一位校外导师"的协同模式，推动联合支部开展"一次党课学习+一次交流研讨+一次参观实践+一

件实事好事"等党支部组织生活,围绕课程思政、专业建设、实践育人、社会服务四大板块内容开展内容丰富形式多样的活动,将党建与育人工作紧密结合。

进一步地,党组织和团组织是高校开展思政教育的主要阵地。高校的党组织应作为政治引领核心,通过加强政治理论学习、宣扬党员先进事迹、培养发展优秀党员,从思想政治方面带领好团组织。团组织应该在紧跟党组织开展好团员主题教育和团推优入党等工作基础上,通过落实《高校共青团改革实施方案》要求,抓好"第二课堂",鼓励学生参加学术科研论坛、创新创业竞赛、社会实践、志愿活动等,全面提升学生综合素质。基层党组织应在党建带团建工作中发挥组织、领导作用,扎实做好基层党团组织建设工作。共青团组织应充分发挥和体现作为党的助手和后备军的作用、地位,基层团组织要接受基层党组织和上级团组织的双重领导,以基层党组织领导为主,在党组织的指导和帮助下开展好团的各项工作。如果二者能紧密结合协同发展,构建"党建引领团建、团建赋能党建"的工作格局,则有望实现1+1>2的育人成效。

(二)深化政治统领,完善党建带团建工作机制

高校基层党建带团建工作时应明确"带什么""如何带"的问题。党建带团建工作,党建引领是关键。

1. 完善党建带团建工作组织领导体系

院系党委应高度重视党建以及党建带团建工作,明确学院党委对党建工作负主体责任。学院党委书记是学院党建工作第一责任人,其他党政班子成员按照"党政同责""一岗双责"要求,建立健全党委统一领导、党政分工合作、党支部具体落实的工作机制,形成"党委全面领导、党政齐抓共管、系所中心各负其责、师生全体参与"的大党建工作格局(图1)。学院党委及时修订完善并严格执行党委会会议制度、党政联席会议议事规则,坚持民主集中制原则,对"三重一大"事项进行集体决策;在保证党委把握方向的前提下,充分发挥战略咨询委员会、学术委员会、学位委员会、教授委员会等学术机构以及教代会、工会、团委等组织所代表群体的作用，推动实现学院治理能力的民主化、制度化、现代化。

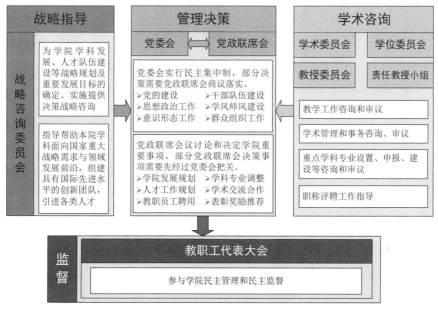

图1 学院决策管理体制

2. 强化党建工作体制机制

学院党委每学期制订学院理论中心组学习计划，按月开展专题学习，党委书记领学，党政班子成员重点发言。每年年初制订学院全面从严治党工作计划和任务分解，定期开展党建工作专题研究，做到党建工作有规划、有部署、有检查、有落实。组织申报党建研究课题，开展党建实地调研，提升党建工作科学化水平。建立学院党委委员联系教师党支部与党外人士制度；建立党建指导老师指导学生党支部制度，选派优秀教师党员担任学生支部党建辅导老师，定期组织党建思政相关活动。通过"六抓六促"，即"抓支部建设促基层活力""抓支委培训促履职能力""抓党员发展促质量把关""抓教育管理促党性修养""抓党建引领促融合发展""抓督导考评促比学赶超"，形成党建常态化长效化工作机制。

3. 加强党风廉政制度建设

建立学院党委领导下的全局工作系统推进、专项工作快速响应的多级联动机制，严格监督上级重要精神和部署的及时传达和贯彻落实。结合学院在人才培养、师德师风建设、教学管理、科研管理、财务管理、国际交流、对外合作、评奖评优工作实际，加强院级制度建设，出台系列实施办法，并定期梳理制定学院职权清单，规范工作开展，约束监督权力运行。积极推动党风廉政建设，开展经常性警示教育。

4. 配强党建团建工作队伍

积极推进教工党支部书记"双带头人"培育工程。按照选优配强党支部书记的原则，把符合条件的青年骨干教师安排在党支部书记岗位上锻炼，一线教师党支部书记100%"双带头人"覆盖，极大地提升党支部的战斗力。

定期组织党支部书记、团支部书记集中培训学习、赴红色实践基地开展实践研学。每月通过党支部书记工作坊、团支书圆桌会议等落实例会制度，布置推进工作和分享交流经验，每年年底进行党支部书记抓党建述职评议考核、团支书抓团建述职评议考核，党、团支部书记党建履职能力不断提升。

实施"学院专兼职党建思政骨干队伍建设项目"。加强与党建标杆院系、"三全育人"综合改革试点院校的工作经验交流调研，不断提升党建服务人才培养科学化水平。建设学习型专兼职党建思政工作队伍，鼓励参加各类思政培训和同行经验交流分享，赴红色教育基地开展实践研学，落实"育人先育己"。

5. 建立健全学生党员、团员教育管理闭环机制

学院探索"立体化"构建学生党员、团员教育管理闭环机制，提升学生党员、团员党性修养，促进大学生思政教育中的党建引领、团建赋能作用。通过开展党员承诺书的签订仪式，使党员在自身理论学习、认真钻研专业知识、积极参加组织生活、积极参加实践活动、自觉接受群众监督等方面，严格对照党员标准承诺践诺，有效提升党员争先创优的思想自觉和行动自觉；运用互联网技术和信息化手段，通过微信读书群、青年大学习、学习强国等新媒体平台，开展学习读书交流，提升党员学习效率；结合主题教育，通过录制和观看党课、组建宣讲团，提升党员理论水平、丰富支部学习内容。通过设置党员先锋岗帮扶学业指导、争做朋辈导师、参与志愿服务、与街道社

区开展实践联动等"我为群众办实事"活动,开展实践志愿服务,提升党员奉献精神;通过微信公众号等互联网新媒体对在专业学习、学术科研、双创竞赛、社会工作等方面做出表率的学生党员进行宣传报道,发挥榜样示范引领作用,营造向"身边党员学习"的积极氛围。针对团支部和团员,建立健全"青马工程"工作机制,逐步形成日常教育—团校—党校的青年马克思主义者三级培训体系。

6. 加强党员发展质量和政治把关

通过细化党员发展各环节要求,针对学生党员发展工作,在入党申请人、积极分子、发展对象等环节推行三次谈话制度;在发展对象、预备党员接收、预备党员转正等环节推行三次汇报答辩制度,严把发展党员质量关。强化思想入党,承诺践诺,实施预备党员"思想汇报分享汇""我为群众办实事"岗位实践制度,在分享中提升理论学习深度,在实践中牢记入党的初心使命。

(三)创新工作载体,在"五育"并举中实现党建带团建有效路径创新

在高校基层党建带团建的创新中,难点和重点都在于工作载体的创新,有了合适的载体,两者的融合才能实现真正深度有效融合并产出成果,反之则会长期陷入停滞不前的状态中。学院要将党建带团建工作与课堂教学、课后学生综合素质拓展等有机结合起来,让青年学子在"五育"并举中出彩。

1. 坚持德育为先,用党的思想铸魂育人

学院党委应将"德育"放在人才培养首位,全员全过程全方位为学生思想政治教育和学生德智体美劳全面发展提供支持。开展"德育答辩"系列活动、"担复兴大任,做时代新人"主题教育、"百家大讲堂"名家讲座、书记院长讲党课等活动,构建爱国荣校的理想信念教育体系,在党、团支部和班级中,开展"使命在肩、奋斗有我""共学回信精神、同担复兴大任"等主题党日、团日活动。深入开展爱国主义教育、中华民族共同体意识教育、道德品质教育、劳动教育和心理健康教育等,动员广大团员青年加入"四史"领学宣讲团,积极推进网上共青团建设,开展正面舆论宣传、创新网络

舆论斗争,不断提升思想引领力。

2. 注重智育转型,培养拔尖创新人才

通过推进"双创领航训练营""教授面对面""学术体验营""创业领导力培训""生涯辅导"等系列活动,打造注重优势转化的双创能力培养体系,逐步提升学生创新思维和创新能力,培养拔尖创新人才。

3. 秉承"以体强身、以美塑心、以劳砺志"的育人理念,充分挖掘体、美、劳育人价值

通过校园体育活动、美育课堂、心理健康节、宿舍文化月、五四舞蹈展演等活动,打造兼顾身心素养的文化教育活动体系。突出体育素养,促进学生全面健康成长;坚持美育润心,提高学生审美和人文素养;加强劳动教育,倡导知行合一。通过实施涵盖"社会实践—生产实习—专业实践"的阶梯式育人模式,打造力求知行合一的实践育人支持体系,全方位提高学生实践能力。创新开展宿舍、驿站、社区卫生打扫等活动,鼓励广大团员青年积极投身劳动教育,以身体力行有效历练乐观向上、艰苦奋斗的良好品性。

四、结论

新时期,高校党建和团建工作所面临的环境、对象、工作内容等都发生了较大变化,在此情况下亟待进行各自工作模式的创新。

本文在分析高校党建带动团建工作特点及必要性的基础上,以全国某个党建工作标杆院系的探索为例,梳理了党建带动团建的具体创新路径,主要包括:第一,坚持思想驱动,从价值引领上实现党建带团建;第二,深化政治统领,完善党建带团建工作机制;第三,创新工作载体,在"五育"并举中实现党建带团建有效路径创新。

未来,高校在加强党建引领的过程中应当进一步强化团建工作,将党建和团建工作结合起来,进一步夯实党建带动团建的创新基础,不断发展和巩固具体的带动效果,进而更好地推动党建引领、团建赋能,以及党建带团建工作更健康、更高质量的发展。

参考文献

[1] 宋辉, 廉欢, 张良. 新时代高校党建带团建工作的创新 [J]. 高校辅导员学刊, 2019, 11 (5): 61–67.

[2] 杨臣, 聂锐. 新时代高校党建带团建研究 [J]. 学校党建与思想教育, 2018 (17): 90–91.

[3] 雷铮. 新时代高校党建带团建的内涵及路径研究 [J]. 浙江海洋大学学报(人文科学版), 2022, 39 (5): 105–111.

[4] 杨臣, 聂锐. 新时代高校党建带团建研究 [J]. 学校党建与思想教育, 2018 (17): 94.

[5] 康琪. 新时期下高校学生党支部党建带团建有效性研究 [J]. 教育教学论坛, 2017 (19): 50–51.

[6] 安亚萍, 赵睿. 新时代高校党建带团建的理论构建和实践路径 [J]. 湖北开放职业学院学报, 2023, 36 (1): 125–126+129.

[7] 何丹丹. 建党初期上海党团关系研究(1921—1923) [D]. 上海: 华东师范大学, 2010.

[8] 唐正芒, 孙映. 党章发展与党团关系的变化 [J]. 重庆社会科学, 2010 (8): 42–43.

[9] 胡献忠. 现代化进程中共青团的政治定位、功能开发与组织重构 [J]. 中国青年研究, 2017 (7): 32–38+101.

[10] 刘佳, 韩迎春. 关于新时代高校党建带团建工作调研及分析 [J]. 天津教育, 2021 (16): 21–22.

[11] 崔恒良, 刘莹. 新时代高校党建带团建工作研究 [J]. 中国共青团, 2019 (3): 65–67.

[12] 刘玉刚. "互联网+"背景下新时代高校党建带团建创新探索与思考 [J]. 智库时代, 2020 (9): 19–20.

[13] 李静, 胡术恒. 论新时代"大思政"格局下高校党建带团建的新路径 [J]. 北京教育(高教), 2022 (4): 85–88.

[14] 张振华. 高校"党建带团建"工作刍议 [J]. 现代教育科学, 2002 (5): 73–75.

[15] 静欣, 高凯. 新时代高校党建带团建工作的调查与分析 [J]. 高教论坛, 2020 (11): 5-9.

[16] 练波, 蒋姗姗, 孟惠妮. 高校党建带团建工作的现实逻辑 [J]. 青少年研究与实践, 2021, 36 (4): 104-108.

[17] 陈晓哲. 新时代加强和改进高校党建带团建工作路径研究 [D]. 广州: 中共广东省委党校, 2021.

[18] 赵丹, 刘博. 新时代高校党建带团建工作路径研究 [J]. 北京教育 (德育), 2020 (Z1): 5-8.

[19] 郑芬, 徐满成, 黄成铃. 以微博为载体的高校党建带团建工作研究 [J]. 高教学刊, 2019 (13): 194-196.

[20] 孙琪, 胡刚. 新时代背景下高校党建带团建的理论与实践研究 [J]. 高校共青团研究, 2019 (Z1): 40-45.

[21] 郑芬. 党建带团建视野下的高校青年理想信念教育 [J]. 教育观察, 2019, 8 (16): 21-23.

[22] 陈绍珍, 程璐, 董昆, 等. 党建带团建视域下高校党员志愿服务探析——以江西省N大学为例 [J]. 南昌航空大学学报 (社会科学版), 2022, 24 (4): 11-19.

新形势下提升高校党建带团建工作路径研究
——以北京理工大学为例

郭佳琛[*]

（北京理工大学先进结构技术研究院，北京 100081）

摘　要：高校党建带团建工作是高校党组织建设的重要内容，是加强青年思想政治教育的政治保障，是夯实青年思想建设的制度保障，也是加强党团建设的组织保障。面对新时代、新形势，高校党建带团建工作面临着新的挑战，存在着思想认识有待提高、组织设置有待完善、工作机制有待健全等问题，应从提高党建带团建工作思想认识、完善党建带团建组织设置、建全党建带团建工作机制几方面提升工作成效。

关键词：新形势；高校；党建带团建；路径

引　言

党建带团建是中国共产党长期以来坚持的一项重要工作原则，也是新形势下促进高校共青团事业发展的重要政治保障。党的十八大以来，习近平总书记高度重视并大力推进青年工作，明确了必须加强党对青年工作的指导。在中国共青团成立100周年大会上，习近平总书记指出：过去、现在、将来青年工作都是党的工作中一项战略性工作，各级党组织要大力抓青年工作，落实党建带团建制度机制[1]。

高校党建带团建既是加强高校党组织建设的重要内容之一，也是推进高

---

[*] 郭佳琛，硕士，北京理工大学先进结构技术研究院，助教，研究方向：高校思想政治教育。

校共青团改革创新的一项基本原则,要在加强基层党组织建设的基础上,根据广大青年的特点和需要,领导、带动和支持基层团组织富于创造性地开展工作,充分发挥团组织联系广大青年的桥梁作用,引导、推动大学生思政教育进一步取得实效。加强高校党建带团建,要根据新形势下大学生的特点和需要,不断创新大学生思想政治教育载体,在实践中探索新路径。提升高校党建带团建工作路径,能够增强高校团组织凝聚力和战斗力,有效加强大学生思想政治教育举措,促进团员青年全面发展。党的二十大报告指出:全党要把青年工作作为战略性工作来抓,用党的科学理论武装青年,用党的初心使命感召青年[2]。这为新时代高校做好党建带团建工作指明了方向,提供了重要遵循。

一、高校党建带团建的重要意义

高校党建带团建,是指高校基层党组织在加强自身建设的同时,加强对基层团组织的领导,用党的组织性、纪律性和先进性指导基层团组织的建设,同时团组织的发展和壮大,反过来为党组织提供新鲜血液和后备力量,达到党建带团建、团建促党建的良性循环,实现党、团组织同频共振、共同发展。

(一)党建带团建是加强青年思想政治教育的政治保障

党团组织既是高校组织中的先锋队伍,也是思想政治教育的重要力量。在思想政治教育中,党组织可以充分发挥政治优势,用党的先进理论和最新成果来教育影响广大青年,引导广大团员坚定政治信仰,服从党的领导,坚定不移地维护党中央的领导权威,听从党组织的安排,认真落实党组织的决策部署和各项工作安排,提高政治站位,提升政治意识。同时,结合党组织的战斗历史和经验,进一步教育广大团员增强政治鉴别力,提高风险意识。引导团员青年善于识别西方意识形态的渗透,做坚定的马克思主义的信仰者和传播者,积极传播主流思想,勇于与敌对势力做斗争。激发团组织青年战斗堡垒的积极作用,指导广大团员夯实群众基础,凝聚群众力量,在群众中宣传党的先进思想和先进理论，成为党组织联系群众的桥梁与纽带。

（二）党建带团建是夯实青年思想建设的制度保障

中国共产党和中国共产主义青年团都高度重视学习，把学习作为党建和团建的必要环节和重要内容，始终坚持以马克思主义理论体系为主线，结合时代发展和客观实际，不断创新和丰富学习内容。通过加强党建团建，实现党团联动。一方面，使党员学生和团员学生在党团组织的建设中充分认知党团历史、熟悉党务团务，接受最为直接的思想政治教育；另一方面，能够更加科学地统筹安排政治理论学习，使大学生团员成长为共产党员这一过程的学习更加规范化、系统化，使大学生党员的理想信念更加坚定、思想基础更加牢固、政治意识更加强烈，进一步带动和提升大学生思想政治教育质量。

（三）党建带团建是加强党、团建设的组织保障

团组织建设是共青团稳定的前提和基础，是共青团发展的制度保障。在组织建设工作中，要充分发挥党组织的组织性和先进性，指导基层团组织加强建设，如完善"三会两课一制"、规范团员发展的程序、严明团组织纪律等。一方面，党建带团建进一步加强了干部队伍建设。在党组织的带领和栽培下，锻炼和培养了一支让党放心、让青年满意的团干部队伍，团干部综合素质高、服务意识强，既保障了团组织各项职能顺利运转，也提高了共青团工作的成效。另一方面，党建带团建推动了团组织机构的创新。在党组织的领导和优秀党员的带领下，根据学校的总体部署和重点要求，以多种模式、多种思路建团，如建设功能性团支部、社区团支部等，扩大共青团组织在团员青年中的影响力和覆盖面，巩固和发展基层团组织，充分发挥团组织的育人功能。党组织带领基层团组织加强建设的同时也为自身的组织建设夯实了基础。通过发展优秀团员入党，把政治坚定、积极上进、作风优良的团员推荐到党组织中去，使团员成为党组织发展青年党员的主要来源，保证党组织的后备军力量充足、质量可靠，保障高校党建工作的有效开展。

二、当前高校党建带团建工作存在的不足

自高校共青团深化改革以来,高校共青团主动适应新的变化,不断进行探索和实践,在党的领导下取得了一定的进步。目前来看,高校党建带团建也面临新的风险与挑战,主要存在以下几方面的问题:

(一)党建带团建思想认识有待提高

目前,大部分高校对党建带团建工作都比较重视,但是对基层党组织和团组织的关系问题认识不够到位。在具体工作中,党建与团建工作尚未实现有机结合,党组织对团组织的指导作用没有得到充分发挥。例如,在实际工作中,基层团组织很少与党组织联系沟通,没有及时向党组织汇报工作的意识,党员同志在团组织中未能充分发挥模范带头作用;基层党组织对团组织的意见不够重视,对基层团组织缺乏具体的工作指导,不能及时解决团组织遇到的困难。这导致二者在工作上割裂开来,党建工作未能以团组织为依托,激发团员的积极性和主动性;团建工作也未能以党组织为指导,充分利用党组织的资源和优势。

(二)党建带团建组织设置有待完善

当前,党支部和团支部建设存在覆盖不够全面、对接不够完善的情况。由于党支部与团支部横向设置、纵向设置有所交叉,功能性党支部和功能性团支部偶有存在,党支部与团支部未能形成完善的对接制度,导致部分团支部未能与党支部进行长期共建,不能得到党支部的有效指导。

(三)党建带团建工作机制有待健全

当前,高校党建带团建的工作机制不够健全,体现在:一是团员"推优"入党作为新时代党建带团建工作的重要组成部分,在推优过程中还存在程序不规范、标准不清晰、制度不完善等问题,"推优"更多地表现在形式上的推荐,考核指标不够全面,忽略了团员思想状况的考核和发展过程的考

察,党建带团建工作缺乏衔接性和连贯性。二是党团干部的选拔、培养、管理、使用机制不够完善,高校缺乏明确的选拔标准和从上到下的制度保障,导致有些干部理想信念不够坚定、业务水平不够精湛,影响了党团工作的健康开展。

三、提升高校党建带团建工作的路径

面对新时代新形势,高校党建带团建工作也面临着新挑战和新机遇。针对目前高校党建带团建工作中存在的问题,要结合时代特点和青年思想发展规律,提升思想政治教育实效性,为党建带团建工作注入新动力,实施新举措。

(一)提升对党建带团建工作的思想认识

思想认识是高校党建带团建工作开展的前提和基础,只有从根本上认识高校党建带团建工作的重要性,才能推动高校党建带团建工作有效开展,取得实效。

加强理论学习,明确新时代高校党建带团建的目标任务。《中长期青年发展规划(2016—2025年)》中指出,必须"坚持党管青年的原则"[3]。2018年7月,习近平总书记在同团中央新一届领导班子成员集体谈话时强调,"共青团是党的助手和后备军,这体现了我们党对共青团的高度信任和殷切期望。团的所有工作,归结到一点,就是要当好这个助手和后备军[4]。"高校党建带团建是高校开展思想政治教育必须长期坚持的一项工作举措。做好党建带团建工作,既是落实习近平总书记重要指示批示精神和党中央要求的重要任务,也是确保党的事业薪火相传、后继有人,永葆共青团政治本色的重要举措。充分利用党建带团建工作平台,深入贯彻学习党的二十大精神,以习近平新时代中国特色社会主义思想为指导,引导广大青年厚植对党的信赖、对中国特色社会主义的信心、对马克思主义的信仰,听党话、跟党走,培养政治素质过硬、专业素质过强的优秀人才。

北京理工大学高度重视党建带团建工作开展情况,结合学校发展目标和

实际情况，不断探索、完善党团协同工作方法。2017年发布《学生党支部、团支部、班委会协同工作机制（试行）的通知》，提出了：规范设置学生党支部、团支部、班委会，加强学生干部教育；创新学生工作制度，完善学生基层组织建设；提升育人工作实效、促进学生全面发展的总体要求，明确了党支部、团支部、班委会的组织职责，为党、团、班的规范建设和协同发展提供了制度支撑和有力保障。2022年，为深入贯彻落实全国教育大会精神、全国高校思想政治工作会议精神，贯彻落实《中国共产党普通高等学校基层组织工作条例》《教育部等八部门关于加快构建高校思想政治工作体系的意见》《关于新时代加强和改进思想政治工作的意见》《北京普通高等学校党建和思想政治工作基本标准》等要求，进一步强化组织育人，发布《北京理工大学学生党支部、团支部、班级协同工作方法》，突出强调要以党建为核心构建大学生思想政治教育工作体系，提出要加强党建引领、强化配合协同、激发组织活力的总体要求，进一步明确要从组织协同、机制协同、实践协同、培育协同四个方面加强党团班协同建设，做到"党建带团建、团建促班建"，明确了党建带团建工作制度的重要性和必要性，指明了协同建设的具体方法和路径。

（二）完善党建带团建组织设置

合理的组织设置和架构，有利于维护组织工作目标的统一性和一致性，在保证各组织机构发挥自身职能的同时将组织效能发挥至最大化。完善党建带团建组织设置，首先要优化党组织、团组织的设置模式，提高组织力，进一步扩大党团组织对青年党员和团员的覆盖面，充分发挥党团支部的政治功能。此外，要完善党团组织的对接模式，保证每一个团组织都能得到对应党支部的指导，为高校党建带团建的有效运转提供组织保障。

优化党团支部设置模式，拓宽高校党团组织覆盖面。要坚持"哪里有党员，哪里就要有党组织；哪里有党团工作，党组织就要覆盖到哪里"的原则，拓宽党组织的工作覆盖面，不断探索优化党组织设置的新模式。在院系中改变传统的党支部设置模式，探索建立以课题组、专业、社区或者学生社团等为依托的党支部，加强党支部成员的沟通交流，发挥高年级党员的"传帮带"作用，激发党支部活力，推动党支部活动创新，使支部活动的开展更加灵活、更接地气，潜移默化加强对团员和群众的思想引领。此外，还可以根据高校专项工作等情况，适时建立临时党支部，充分发挥党建的引领作用，推动高校工作的开展。

建立"1+N"党团支部对接模式，加强党团支部联动。对于高校党团等基层组织设置，要秉承"党团建设一盘棋"思想，围绕党支部建设开展团支部建设，实现1个党支部对应N个团支部布局，在组织上形成党建带团建的常态化帮扶模式，保障各团支部与党支部实现互动和对接。同时，要建立党团支部联系人制度，党支部在做好自身建设与工作的同时，加强对团支部的指导。通过党团互动，将党日活动和团日活动有机结合，通过支部大会、主题党团日活动、专题研讨、社会实践等活动，进一步加强团支部的建设，引导广大团员积极向党组织靠拢，提升青年团员和群众的党性修养和理论水平，为党组织储备培养优秀后备军。

（三）建立党建带团建工作机制

科学有效的工作机制，能够规范工作流程和工作标准，提高组织的工作效率和工作质量。党建带团建，是高校需要长期坚持并与时俱进、实时更新的一项重要工作，尤其是在团推优入党制度、干部选育制度、党团共建模式等关乎党团组织建设根基的工作中，只有形成稳定、规范的工作制度，才能保证党建带团建工作顺利开展，在长久工作中取得实效。

完善党建带团建推优入党制度。团组织推荐优秀团员成为入党积极分子是高校党组织发展吸收青年中共党员的主要途径，是党组织赋予共青团的一项光荣任务，它关系到党的后备队伍是否完备，关系到党的事业是否后继有人。完善团推优入党制度，严把党员发展入口关，是保障党组织茁壮成长的一项重要举措。党支部要全过程、全方位参与团员培养，指导团支部在团员培养过程中设置一人一册的"团员成长档案"，全面、全程记录反映团员的考察和培养情况。在推优过程中，制定全面、科学的推优标准，明确和规范推优程序，做到认真考察、严格把关、择优发展，推动推优程序规范化、民主化、科学化。推优过程中不仅要参考团员的综合素质，更要注重团员的政治素养和思想状况，要将指导团员"从思想上入党"作为党建带团建工作的首要目标，从源头上提高党员队伍的整体素质，进一步增强党组织的活力与战斗力。

加强党建带团建干部选育制度。团员干部是青年团员的先锋力量，发挥着领头羊的模范带头作用，也是党组织建设的有生力量和主力军。加强党建带团建工作，要把团干部的培养作为党员干部培养计划的组成部分，通过教育培训、挂职锻炼、轮岗交流等方式，拓宽干部视野，提升干部素质和综合能力，培养一支"信念坚、政治强、本领高、作风硬"的团员干部队伍。同时，通过组织竞选、择优推荐、自荐等多种渠道多种方式，选培政治素养好、工作能力强的学生党员干部担任团组织干部，领导团组织开展各项工作，带领团组织向好发展，有效配置党团资源，由党建带团建，由团建促党建，实现党团组织的有效互动和良性流动。

创新党建带团建工作模式。面对新时代、新形势、新挑战，党建带团建工作也要结合时代特点，常用常新。要善于利用互联网平台和新媒体技术，结合新时代青年喜闻乐见的方式，开展网络思政教育。通过"微党课"、"短视频"、微博、微信公众号等平台，综合运用文字、图片、视频等形式，生动、有趣地宣传党的先进理论和最新政策，及时、有效地宣传党团活动，增强活动的感染力和亲和力。要创新社会实践开展模式，将课堂搬到红色教育基地等展厅展馆，利用重大节日的时间节点，开展内容丰富、形式多样的主题实践教育，加强大学生思想政治教育，寓教于学，增强党建带团建工作实效。

四、结语

高校党建带团建工作是高校工作的重要组成部分，只有紧紧围绕党组织的领导，共青团事业才能取得长足发展；只有加强团组织建设，发挥广大共青团员的有生力量，党建工作才能稳步提升。坚持党建带团建工作，是一项长期性的系统工程，要从提高思想认识、完善组织建设、建立工作机制等方面协同推进，确保党组织充分发挥引领作用，形成党建带团建、团建促党建的良性互动，形成党建带团建提质增效工作新局面。

参考文献

[1] 习近平. 在庆祝中国共产主义青年团成立100周年大会上的讲话[M]，北京：人民出版社，2022.

[2] 习近平. 高举中国特色社会主义伟大旗帜 为全面建成社会主义现代化国家而团结奋斗——在中国共产党第二十次全国代表大会上的报告[M]. 北京：人民出版社，2022.

[3] 中华人民共和国中央人民政府. 中长期青年发展规划（2016—2025年）. [EB/OL]．[2017-04-13]．https：//www. gov. cn/zheng-ce/2017-04/13/content_5185555. htm#1.

[4] 新华社. 习近平同团中央新一届领导班子成员集体谈话并发表重要讲话[EB/OL]．[2018-07-02]．http：//www. gov. cn/xinwen/2018/07/02/content_5303003. htm.

高校党建带团建工作的品牌建设路径研究

韩晓敏*，崔遵康，葛幸，王浩

（北京理工大学材料学院，北京 100081）

摘 要：党建带团建是学习贯彻党的二十大精神，落实习近平新时代中国特色社会主义思想的重要措施，是新时期进一步加强和改进党对青年工作领导的时代要求，是高校思政教育的重要组成部分。目前，高校党建带团建工作仍面临着团支部功能弱化、制度机制不完善、党建单向带动团建、缺乏足够的重视和有效制度引导等问题。本文从目前高校中"党建带团建"和"团建促党建"中存在的各项问题出发，结合北京理工大学材料学院的具体工作实践，系统化地研究与考察党支部在党建带团建过程中具体的工作内容与实施方式，进而为高校研究生党支部党建带团建工作提供方案与指引。以打造党团共建的三大品牌作引领，即活动建设品牌、宣传建设品牌和组织建设品牌，探索和完善具体的工作机制，进一步提升党组织对团组织的指导和支持力度，实现党建与团建各展所长、优势互补。党支部落实持续关心青年发展的重要任务，从理论和实践多维度开展党团共建活动。由党支部负责完善推优入党的机制，团组织在发展党员工作中负责培养与考察，实现为党组织输送新鲜血脉的持续性路径。提升党建带团建的驱动力、感染力、协同力、向心力，持续推进高校人才培养。

关键词：高校；党建带团建；品牌建设；路径探究

---

* 韩晓敏，博士，北京理工大学材料学院，研究方向：材料科学与工程、学生德育与党团建设。

引 言

习近平总书记在党的二十大报告中指出："全党要把青年工作作为战略性工作来抓，用党的科学理论武装青年，用党的初心使命感召青年。"党建带团建是指以党的建设带动团的全面建设，使团的建设成为党建设的一部分。党建带团建不仅是加强和改进党对青年培育与树立新时代青年观的要求，也是提高团建工作水平的根本保证和落实党的方针政策的有效途径。

目前国内已经有很多研究团队和基层支部在广泛开展党建带团建的系列工作研究，根据所在的不同性质和不同组成的基层单位，提出实现"党建带团建"工作中可实施的路径。例如，从新时代国企工作的角度出发，邵博文提出了党建带团建的实现路径，即建立健全党建带团建工作机制、不断夯实团的基层组织建设、持续推进团干部与团员队伍的建设工作等；从团组织的角度出发，实施该路径着力于增强创造力、凝聚力、战斗力；从企业的角度，奠定人才基础以助推企业快速发展[1]。以高职院校党建带团建为研究切入点，胡洪志等认为党建带团建的工作内容必须进一步细化和创新，结合在高职院校中的工作经验，探索了培养合格青年学生团员的有效路径[2]。部分市委、集团支部同样以本市、本单位为试点，归纳了党团共建的工作经验。例如，临海团市委规划了"四位一体"的工作布局来推动党、团、队一体化建设。在思想引领、组织建设、队伍建设、阵地建设四个方面构建广覆盖、有活力的团队组织网络体系[3]。中国石化镇海炼化公司团委探索了"123"党建带团建工作体系，锚定一个"目标"、聚焦两个"群体"、突出三个"有利于"，压实各级党组织党建带团建领导责任[4]。

一、高校党建带团建工作的必要性

党建是党抓好各项工作的根本，是党的组织建设的重要环节，是各单位可以较好地完成各项任务、实现全面建设的重要保证。共青团事业隶属于党的事业，具有重要意义，好的共青团事业才能实现为党的根本任务奋斗的凝聚力。加入共青团是培育优秀青年的必由之路，不断启迪和锻炼青年的民族观念和社会责任感，具有为党组织培育生力军和突击队的重要战略地位，也是形成凝聚力强的基层战斗堡垒的必备条件。党建与团建工作，两手都要抓，两手都要硬。高校作为党团衔接的重要阵地和党团共建的有利着陆点，是党建带团建和团建促党建工作中极为重要的环节。

（一）团组织向党组织输送新鲜血液，从源头保证发展党员质量

时代在蓬勃发展，社会在长足进步，需要富有核心素养和创新精神的青年为实现党的第二个百年奋斗目标努力奋斗。对标党的标准和遵循党的逻辑的先进团支部不断为党组织队伍汇聚青年力量，输送新鲜血液，提高党员队伍质量，优化党员结构，保持党的年轻健康、朝气蓬勃、勇立潮头。形成完备的党带团的建设链条，有助于完成党的各项任务，扩大党的影响力和覆盖面，激发基层党组织的活力。

（二）强化理想信念教育，引导青年树立正确的人生观、世界观、价值观

党建引领助力共青团队伍建设，深化思政教育，强化党性修养，鼓励党内成员发挥先锋模范作用，筑牢党团组织为核心的战斗堡垒。在党中央的正确领导下，高度重视共青团的理论学习，明晰当代青年的使命感和责任感。党支部必须以高标准严要求开展"三会两制一课"，以党团共建为抓手，抓实党团支部内成员的政治理论、道德教育、廉政意识等方面的学习，在复杂形势下使得广大青年将马克思主义和习近平新时代中国特色社会主义思想内化于心、外化于行、行之有效，夯实理论学习，强化思想自觉。

（三）践行使命担当，永葆初心本色，提升青年精神素养

新时代青年肩负着时代发展的重任，是国家实现伟大复兴的中坚力量，是志存高远、忠于祖国的爱国者。在党建规范化引领的过程中，人人思进、个个争先，积极向党组织靠拢。坚定理想信念，落实学思践悟，牢记初心使命，主动担当作为，引导广大青年赓续红色血脉。用党的科学理论武装团组织，用党的初心使命感召团组织。

二、高校党建带团建工作存在的主要问题

高校是党团共建工作的主阵地,党建带团建工作尚未得到足够的重视,结合已有调研和实际党建带团建经验,从党支部、团支部以及高校的层面归纳了以下几个问题:

(一)党建带团建"带"得不够,多停留在单向带动阶段

党建带团建,团支部建设的提升结果与反馈建议又在促进党支部的建设与完善,二者缺一不可,相辅相成。部分党团支部没有实现党团组织的高频互动和同频交流,双方没有形成紧密的依存关系,缺乏沟通和交流,在党团共建的制度上存在空缺和漏洞,工作机制不完善。在具体落实制度和实际工作的过程中,党支部和团支部相互分离的现象屡见不鲜,在举办活动时的活动议题和活动内容大多不相关且不连贯,团组织往往不能深入了解党组织会议的精髓[5]。这类问题在党团建设的过程中属于常见问题,源于党组织和团组织在协同观念思想上的不统一。

(二)团支部功能弱化,团支部管理制度不完善

1. 团支部内成员对团组织的认识不到位

高校依托学院和书院制教学模式,通过细化班级进行管理,研究生则多以课题组为单位形成纵向团体。部分学生对团支部的认识是团支书和团日活动,以及每周要完成"青年大学习"的学习任务,对于团支部的思想阵地作用、支部内团委的成员构成和职责分工等团内事务并没有太多认识,很多同学生甚至出现分不清党支书和团支书的情况。

2. 团支部管理时缺乏有效制度,任务落实不够,统筹协调机制不足

团支部团日活动的参与程度取决于支部成员的凝聚力和向心力,部分学生出现消极应对集中学习和团日活动的情况,对这部分学生缺乏管理制度约束其不当行为。

3.团支书自我认知不足

部分团支书存在对自己的工作职能认识不到位，认为自己只是负责团日活动以及辅助班长处理班级的日常事务，或每周提醒大家完成"青年大学习"，其他团支部主要成员也都普遍模糊职责，从事多为班级管理而非与团支部相关职能。

（三）重视程度有待提高，缺乏有效的引导机制

从学校层面来看，缺乏具体的工作指导。由于党团组织人数存在差异，少数党组织对团组织的认识不到位，团组织的界限被模糊成和班级画等号的组织，这是明显错误的认知。部分党支部认为只要搞好自身建设就可以，活动只面向支部内的成员进行，团建工作常处于疏忽的状态。团组织的主动性、积极性也欠缺，没有向党组织积极靠拢，没有高度重视党建带团建工作。团组织的主要成员自身觉悟较低，没有意识到党组织的带动对团组织的具体作用，团建在接受党建的过程中存在不足，没有得到党组织的关心和重视，同时在反向促进党支部建设上也缺乏动力和决心，长期存在这样的情况会导致党团主要负责成员缺乏工作热情，不利于形成良好的互动氛围[6]。

（四）支部建设缺少创新和活力，学习内容与活动形式的吸引力不足

高校党建带团建在工作载体和工作方式上亟须进行理论和技术创新。党建带团建经常通过党支书带头讲党课的途径实现，要求党支部与团支部内成员共同参与，但团支部成员由于缺乏对党史和党的基本知识的了解，导致形式较为枯燥，效果略显逊色。团组织自身在进行团建工作，特别是开展涉及思想政治教育的工作时，主要采用召集支部内成员在教室中学习的方法。以单一的方式开展学习，带来较差的学习效果，与当代大学生的思想特点存在较大的偏差，缺乏先进的信息传播方式，导致团组织的凝聚力不足。由于党组织开展学习与组织活动时通知传达的方式通常较团组织更为严肃，部分团组织的干部接收到通知后只是转达，并未思考团支部的适用性与改进建议，缺失了党组织与团组织沟通的重要一环，使团员与党组织产生距离感。

（五）支部内成员联系不够紧密，组织意识较为淡薄

例如，研究生培养主要以课题组为学习单位，同年级甚至同专业的同学往往存在多样的研究方向。少数研究生党员科研压力较大，对参与党支部和团支部的工作积极性都不高。研究生党员的理论知识丰富，通常具有较高的文化素养和民主参与意识，还具有较强的自我管理和自主学习能力，这一部分优秀人才正是兴国强国的重要人才，加强管理与理论学习也是重中之重。研究生党员较高的党性修养和综合素养拓展了党支部工作开展的空间，党员教育的效果呈现显著的提升，但是对党支部的组织生活形式和内容也提出了更高要求。

三、品牌建设主要内容及实施路径优化

新时代迎来各种机遇与挑战，原来的工作内容、手段和方法不能满足正在经历着深刻变革的高校内部的党团发展关系，实现党团关系双向提升和重视学习机制创新是当前党团共建的工作重心。高校党建带团建在工作方法和工作载体上缺乏创新意识。品牌建设在"党建带团建"和"团建促党建"的工作中起到重要作用，既是"承载者"，也是"助推器"。打造"党建带团建"品牌，从目标的党支部和团支部而言，一是所属党团支部建设的工作目标，是党团关系中有效的关系纽带和沟通桥梁，目标导向促使形成完备的工作体系；二是其他支部建设的风向标，品牌培育、创建与提升后，成果放大和辐射不仅实现引领其他支部建设、构筑牢不可破基层战斗堡垒，还能起到品牌赋能树先锋的实际作用，党建工作走"实"，党员团员好"干"，党员素质增"强"，推动高校党建带团建工作高质量发展。以创建党建品牌为抓手，推动团建向党建对标看齐，助力高校学生支部党建工作和共青团工作深度融合。围绕活动品牌、宣传品牌和组织品牌的三大品牌建设，促进形成高校内"党建带团建、团建促党建"的良好局面和互动关系。

（一）活动品牌建设

党组织在党建带团建的工作中具有不可撼动的核心地位，落实党建带团建工作是党组织年度建设工作要点，党组织必须要根据党团组织的特点，找准建和带的切入点和结合点。通过科学设计载体来提升活动质效，激发党员的先锋模范带头意识，引导团员在日常科研工作以及学校、学院的各项活动中积极表现，展现支部的精神与风采。党支部将责任落实到位，精心策划学习活动，并将活动设计过程在支委会上进行反复讨论，以保证其达到良好效果。

1. 每月度一次党团"共学·共思·共论"理论学习活动

按照党支部与团支部的实际人数，将支部内成员均分成几个小组，学习活动开始时以小组为单位围圈就坐，小组内党员同志带头讨论活动中的感想，鼓励团员积极发言，小组成员轮番作记录员。学习内容入心入脑，党团联系更加紧密。持续加强对团员的思想理论建设，补足"精神之钙"，保持团组织在思想上的先进性。活动形式必须创新，结合红色影片、纪录片以及小组舞台剧等形式展开。

2. 每季度一次党团"共行·共观·共悟"参观互动活动

可以参观当地的红色场馆，用好用活本土红色资源，以爱国教育为主线，筑牢"红色阵地"，打造红色党建品牌，让党建更富亮度。以红色为主题引领，加强对党员队伍、爱国教育、志愿服务的建设，让党组织的战斗堡垒和党员的先锋模范作用得到进一步发挥，党员的爱国主义情怀得到进一步升华。

（二）宣传品牌建设

拓宽宣传渠道，把握思想脉搏，深化党建平台的"线上+线下"双线程的宣传品牌建设。结合网络新媒体的使用工具与评议体系，提高党团建设工作的质量与效率。发布学习内容后，开放发表评论与感想环节，把握党团成员的思想与行为动态，及时获取全体成员的反馈与建议，以多渠道的信息传播途径优化各项工作，运用新媒体建立党建带团建阵地，化被动为主动，在新媒体技术的支持下凝聚主流，坚持服务大局。建立党支部的微博、微信公众号作为宣传根据地，安排党员轮流供稿，积极学习党的路线、方针与政策，稿件中要求配以相应的图片、文字、视频等资料，生动形象地展现思想政治学习资料信息，促进团组织在开展各项活动时，通过微博、微信公众号等平台开展深入学习，从而深入认识做好团建工作对党建工作的重要影响。

（三）组织品牌建设

以加强政治建设、发挥整体合力为着力点，优化支委的结构和配置，推动基层党支部落实党建工作主体责任，党支部书记落实"第一责任"，提升党建工作水平。树立"大党建"意识，在熟知党建工作的同时，掌握本支部总体工作情况和存在的主要问题，支部书记讲党课活动要紧密围绕专业，深挖"微党课""微课堂"和"微信群"的作用，让宣传阵地成为加强党性教育的阵地和培育优秀人才的平台。以突出政治功能、提升组织力为着力点，完善党建带团建的组织体系建设。此外，党团共建最大的优点在于提升入党积极分子的政治素质和理论水平，把好党员发展入口关。党团共同教育不仅提高了党员的思想水平，同时也会提高团员的思想觉悟，党支部内支委成员对入党积极分子的思想有了明确清晰的认识，便于在后续推优中更好地选拔优秀人才。党团建设依托"三抓三促"的行动规范，全力打造组织品牌建设，推动党建带团建工作走深走实，党团员高举红旗担重任，凝心聚力开新局。

1. 抓细党员和团员教育，促进青年学子能力提升

党员和团员在必修的学习内容上存在差异，从学习内容与学习平台来看，党员在"量"与"质"都领先团员，按时间段规划的集中学习次数较多。倘若将党团建设剥离开来，二者学习内容会逐渐拉开距离，必须强化党引导团集中学习的模式与次数，深化"青年大学习"，开展"集中学+自学""线上+线下"同步学，参考品牌建设中活动品牌的每月线下一次集中学习机会，召开党员扩大会议或党团共建活动，支部书记线下为全体成员讲授专题党课，推动党史学习教育落细落实。持续组织团员青年学习习近平新时代中国特色社会主义思想，围绕党委"第一议题"学习内容同步宣贯、同步研讨、同频共振，引导团员青年用党的创新理论武装头脑、指导实践、推动工作。

2. 抓好党团共建队伍建设，促进党团支部规范管理

在前文的问题中提到，部分团支部只设置团支书的职位，且团支书工作性质有"班长助手"倾向化，组织委员、宣传委员等团支部职位模糊工作性质。党团共建工作有效开展需要党内组织委员、宣传委员和团内两位干部相互密切合作，学习内容及时跟进，会议精神及时传达。明确党总支对团支部建设的直接领导责任，合理调整团的基层组织设置；明确分管团组织工作领导的主体责任，加强对团支部工作的指导和监督，把"党建带团建"活动纳入团组织建设规划和目标管理考核。党支书了解团支部内总体情况并组织好每次学习会议，团支书了解团支部成员每次参加共建活动后的思想动态与接受程度并及时反馈。此外，党支部与团支部内部都设置一位共建员，做好每次活动前的通知与跟进、活动中的维护及活动后的总结工作，及时收集汇总团员和群众学用需求以及关于党团共建工作的意见建议，并有针对性地进行整改。专职专干，压实工作责任。

3. 抓实学用结合提质增效，促进健全党建带团建长效机制

充分利用网络平台的资源覆盖面广、受众多、传播快等优势，积极整合各类学习平台资源，打造多样化线上学习模式。定期组织党员和团员观看党的政策理论方针、国家发展变化纪录片、党史记录片等，通过"菜单式""点播式"播放让全体成员看得到、看得懂。设计"共学、自学、研学"学习模式，通过设置严格的考评激励机制使学习成果量化，例如按播放时长与播放内容设置奖励、举行群内知识抢答环节等形式，以评促学。把个人理想追求与党和国家事业结合起来，切实做到学用结合。

四、结论

新时代高校党建带团建工作的核心内容是教育和引导广大青年大学生坚定理想信念，志存高远，脚踏实地，全面提升青年的综合素质，为实现中华

民族伟大复兴输送优质人才。新时代下，团组织的改革和建设必须依靠党组织的力量，团组织的建设工作需要被纳入党的建设工作的总体格局中谋划，全方位带动团的各方面建设。锚定打造党团共建三大品牌为工作目标，提高党组织对团组织的指导和支持力度，不仅有助于提高团组织成员的思想认识，建立长效的党团共建机制，创新工作方式和载体，增强党团组织的吸引力和凝聚力，还可以突出重点，全面带动，贯彻改革创新的精神，把增进党组织的引领力、组织力、服务力和贡献度贯穿基层团建全过程，带领广大青年坚定不移听党话、感党恩、跟党走，以新时代好青年的姿态在实现中华民族伟大复兴之路上书写精彩篇章。

● **参考文献**

[1] 邵博文. 浅谈新时代国企党建带团建工作的实现路径 [J]. 城市公共交通, 2020 (12)：8-9.

[2] 胡洪志, 李晓华. 高职院校"党建带团建"的有效路径研究 [J]. 科教导刊, 2021 (17)：78-80.

[3] 临海团市委. "四位一体"构建基层党建带团建、队建工作格局 [J]. 中国共青团, 2022 (5)：62-63.

[4] 中国石化镇海炼化公司团委. 构建"123"党建带团建工作体系 推动高质量团建政治优势转化为企业发展优势 [J]. 中国共青团, 2022 (19)：34-35.

[5] 董桂伶, 董骐远, 郭雪冬. 浅析高校党建带团建面临的困难与应对策略 [J]. 决策探索 (中), 2021 (12)：33-34.

[6] 王熙. 浅谈新时代高校党建带团建工作 [J]. 公关世界, 2020 (10)：134-135.

探索党建带团建的有效路径，构建研究生共青团工作新生态

郑舟[*]

（北京理工大学信息与电子学院，北京 100081）

摘　要：近年来，高校研究生教育规模不断扩大，研究生共青团工作作为高校思想政治工作的重要组成部分，发挥着重要的作用。党建带团建作为高校思想政治教育中一种切实可行的办法，是在团的建设实践中探索和总结出来的成功经验。信息与电子学院一直重视共青团工作，尤其在书院制发展的变化下共青团工作主要面向对象转变为研究生群体，本文从研究生的实际出发，针对研究生青年群体的特点和现状，发现研究生共青团工作中的若干问题，分析原因并解决问题，探索以党建带团建的有效途径，并将研究生工青团工作融入"大思政"格局，逐步形成研究生共青团建设的新生态，推进新时代研究生共青团工作的创新与发展，争取为我校研究生共青团工作提供参考。

关键字：党建；研究生；共青团工作

一、高校研究生共青团工作的重要性

首先，研究生共青团工作是高校共青团工作的重要组成部分。研究生是高校共青团建设的中坚力量，重视并加强研究生共青团建设工作是高校共青团发展与创新的需要。随着社会不断发展进步，社会意识形态多元化，高校中研究生不断扩招，受疫情等多方面因素影响，就业压力、学业压力、科研

---

[*] 郑舟，硕士，北京理工大学信息与电子学院，讲师，研究方向：学生思想政治教育。

压力增大,研究生的思想状况也呈现出复杂性和变动性,因此,进一步通过完善共青团组织建设工作,加强共青团阵地建设,具有十分重要的意义[1]。

其次,高校研究生共青团工作也是高校思想政治工作的重要组成部分。教育部《关于进一步加强和改进研究生思想政治教育的若干意见》明确指出,要大力加强研究生团学组织建设,发挥团学组织在研究生思想政治教育中的主体作用,为研究生成长成才服务。

最后,重视并加强研究生共青团工作也是加强学校党建工作的需要。党的二十大报告中明确指出要深化共青团组织改革和建设,有效发挥桥梁纽带作用。共青团是党的预备队,培养优秀共产党员是其义不容辞的责任,也在为党输送人才过程中发挥着重要的作用,做好研究生共青团建设工作可以更好地为党的各项工作服务,不断巩固党的基础[3]。

因此,各高校都高度重视高校研究生的团建工作,积极改进和完善研究生团组织建设,扩大团组织的覆盖面,加强高校研究生的思想政治教育工作,培养和提高研究生综合素质,服务于研究生的健康成长与成才,为学校的建设、改革与发展做贡献。

二、高校研究生群体的特点

高校研究生不同于本科生,其人员构成复杂,思想相对成熟。在开展研究生共青团工作的过程中,必须充分认识到研究生群体独有的特点,即平均年龄较大、独立性较强、导师负责制等。

(一)研究生群体结构相对复杂

研究生群体组成结构多元化,平均年龄较大且年龄跨度较大,社会身份、经历、背景等方面不尽相同,与本科生相比差异性、复杂性更大。群体结构的复杂性给共青团工作带来不便,也是研究生共青团工作较难开展的原因之一。

（二）研究生的独立性强

研究生经历了本科四年的学习，知识较为丰富，思维的独立性较强并且处理问题较为独立。一些研究生是先工作后读研，因此他们有一定的社会阅历，人生观、世界观、价值观均已成熟，容易排斥传统形式的思想道德教育。

（三）研究生的培养采取导师负责制

我国研究生培养模式实行的是导师负责制，研究生在校期间的大部分时间，是在导师的指导下进行专业学习和科研活动，班、系的概念较为模糊。导师在研究生的培养方面发挥着主导作用，对研究生的影响颇大[2]。

（四）研究生的学业、科研和就业压力较大

研究生的主要任务是开展学术研究，即使参加一些活动也是跟就业或者学术相关，且大多数研究生毕业后将进入工作岗位，研究生在读期间的目的性也更加明显。而且由于研究生数量的增加导致就业压力越来越大，所以研究生阶段学生的关注点基本在学术和未来发展方面。

三、当前高校研究生共青团工作现状分析

项目组通过在北京理工大学信息与电子学院研究生（包括硕士生、博士生）团员中发放调查问卷、开展座谈会、个别访谈等方式进行调研，本次调研发放问卷300份，收回问卷210份，其中有效问卷210份。对回收的调查问卷进行分析，结果显示：32.4%的研究生团员日常根本没有意识到自己的团员身份；60.3%的团员表示记得要主动交团费；74.7%的研究生团员表示在过去的一年里没有佩戴过团徽；53.8%的研究生表示主动参加过研究生团组织活动；28.6%的研究生团员不知道退团的年龄是28岁；近半数的研究生团员没有意识去关心团组织的现状和发展。该调研在一定程度上反映出目前高校研究生团建面临的普遍困境，如研究生团组织尚不完善，团组织生活没有正常开展，团组织的功能未能与研究生的需求有机结合，在研究生中的认可度与影响力

低。以上问题的出现,一是因为管理体制冲突;二是因为研究生团组织自身建设不够,不能根据当前教育形式的发展和研究生的特点需要及时调整研究生团建的指导思想、运行机制和方式方法等。

从图1可以看到,研究生群体中党员的比重较高,约为65%,相比较而言,研究生团员人数比较少,比重为30%。所以,团支部如果只针对共青团员开展工作,则面临成员数量较少、开展活动比较困难的情况。在这种情况下,团支部的影响力和号召力日益减弱。

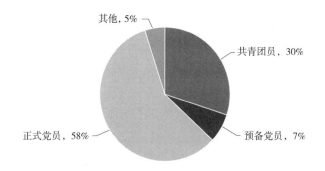

图1 研究生政治面貌统计情况

调查显示,超过50%的研究生对所在团组织的发展情况仅仅是偶尔关注,30%左右的研究生对团组织活动的发展情况偶尔关注,仅有不到20%的研究生能够做到经常关注团组织的活动。

从图2可以看到,30%的团支部和同级党支部偶尔交流,但是很少,20%的团支部和同级党支部之间基本没有交流,50%的团支部和同级党支部之间经常交流。

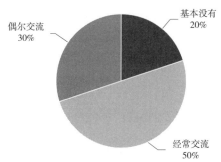

图2 所在团支部和同级党支部的活动交流情况

从以上的统计结果可以得出，当前高校研究生团组织中出现的问题颇多，具体可以概括为以下五点：

一是研究生团员缺乏参与团组织工作和活动的热情，团员意识淡薄。在调查中发现，绝大多数的研究生团员没有意识去关心团组织的现状和发展，没有意识到自己团员的身份，更没有主动地去行使团员权利、履行团员义务。

二是现行研究生团组织的影响力、号召力弱，研究生团员"大散淡"。研究生以专业为阵营，人数少、学习生活更具独立性，在他们中间缺乏一种作为团体的凝聚力量，集体观念、组织观念淡薄。不管是怎样的机构设置，大多数高校及其院系的主要精力都集中在本专科学生身上，对研究生及其共青团工作的重视不够，在日常工作中很少针对研究生共青团工作专门研究。

三是组织不健全、团干部力量严重不足。一方面，研究生共青团工作投入少、环境差、人手少的现象普遍存在，使得研究生团组织开展日常工作及完成上级团委布置的任务都感到疲惫不堪，更谈不上积极主动地去开展具有创新型的活动；另一方面，研究生的基层团支部没有成立，研究生团员的组织生活、日常活动几乎处于停滞状态，活动开展困难，开展活动数量少，活动质量不高。

四是团干部流动性大。每年干部换届选举，都会产生干部的更换。而研究生团干部主要集中在一、二年级，当新的干部熟悉并掌握了工作方法之后，一年的时间基本过去，又一批新的干部走上岗位。很多干部刚开始工作热情高，等到有了一定经验之后，又无法保持原有的工作热情。

五是研究生的团组织不健全，没有现成的依据来开展活动。研究生的团建工作启动比较晚，各项配套制度没有完善，在这种情况下，团组织工作很难开展，学生参加的积极性不高。

四、研究生共青团工作的难点分析

近年来，我国高校研究生招生人数逐年递增，适龄团员占高校研究生的比例达63.2%，且有逐年递增的趋势。研究生团员已经成为新时期高校团建工作中不可忽视的群体，高校研究生团建工作逐渐成为高校思想政治工作的重要组成部分。许多高校套用本科生团建模式，虽然在研究生中设立了团的组织机构，但多数发挥作用不理想。

同时，随着高校教育改革的深入推进，高校共青团工作面临前所未有的挑战。具体表现为：

1. 管理体制改革的挑战

学分制的实行，使得传统的班级体系概念淡化，以团支部书记为核心的班集体应有的政治属性、组织功能得不到充分发挥。后勤社会化的推进，让学生生活社区的管理更趋向于企业化管理。管理者在生活区发挥影响力的作用较以前增强，管理的行政化色彩浓厚，但缺乏系统的针对学生进行思想政治教育工作内容。因而在管理上面临新的挑战。

2. 激发政治热情与凸显集体归属的挑战

高校招生规模的扩大与网上大学的兴起，为大学生自主性求学提供了更为便捷的条件，缴费上学和毕业时的自主择业，使大学生对政治理论的学习和集体活动失去了往日的兴趣，集体观念也越来越淡漠。高校共青团面临如何调动大学生的政治热情以及参加集体活动的积极性挑战。

3. 引导"网络新一代"的挑战

科技进步使得网络覆盖了整个校园，信息化时代的大学生，兴趣由传统的集体活动转移到了网络集结，成为"网络新一代"。如何利用网络这一门现代技术更好地引导与教育青年学生是共青团工作面临的挑战。

4. 青年学生社会化的挑战

高等教育由精英教育转向大众教育，大学生在逐渐失去往日天之骄子光环的同时，还面临日益加剧的学习、就业压力。

在新时期新形势下，高校共青团工作存在诸多难点，可以说机遇与挑战并存。因此，高校共青团工作亟待拓展出一条新的道路，这也是高校共青团工作者的义务和责任。

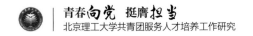

五、研究生团组织建设路径探究

调查数据显示，现阶段我国高校校级研究生组织机构的设立模式中，设置在学院党委和学院团委双重领导下的研究生团委，在高校中大约占36%。目前高校研究生团建主要采取以下几种模式：

横向组织模式：以宿舍、班级、年级为单位组建团支部。这是广大高校构建团组织的主要模式。其最大的优点是管理方便，简单易行。但是这种组织模式使得主体之间存在很强的相似性，组织活动也具有很强的相似性。并且各团支部之间交流较少，大大削弱了基层团组织工作的实际作用。

纵向组织模式：以专业为单位组建团支部，团支部成员在构成上年级跨度大。这种组织模式加强了学院内部同一专业不同年级学生之间的交流，便于新老生之间信息的传递和情感的交流。比如北京大学外国语学院，就采用这种组织模式。

党建带团建组织模式：以同级党支部带动同级团支部发展为主要工作模式，由同级党支部委员担任同级团支部书记。这种组织模式将团建工作切实纳入党建工作中，以党员的先进性来激励共青团员的发展，以党支部的成熟来带动团支部的壮大。

可以看到，无论是横向组织模式，还是颇具创新性的纵向组织模式，都有其不足之处。在庆祝中国共产主义青年团成立100周年大会上，习近平总书记谈到新时代青年工作时提出明确要求，各级党组织要落实党建带团建制度机制，"党建带团建"根本在建，关键在带，党建与团建二者各有不同的侧重点。要搞好团建必须先搞好党建，努力提高党员队伍的素质，积极发挥基层党组织的战斗堡垒作用与党员的先锋模范带头作用。要从思想、组织、作风等几个方面，以实际行动实践习近平新时代中国特色社会主义思想，发挥政治指导作用。高校各级党组织要切实加强对研究生团建工作的领导和支持，把研究生团建工作纳入党建工作中、纳入研究生管理的整体工作中、纳入全面推进素质教育的整体过程中，把研究生团建工作的质量作为考核党建工作的重要指标，进一步理顺研究生团建工作的体制和机制，不断改进研究生基层团组织的工作内容和工作方式。

党建带团建的组织模式，可以加强同级党支部和团支部之间的交流沟通，可以通过发挥学生党员的先锋模范作用，建立和完善共青团干部成长的培养机制。这种模式可以为广大团员的成长成才创造更好的平台。与此同时，同级党支部和团支部应建立有效的工作评价体系。对党建带团建工作进行准确、客观的评价不仅可以突出高校党建工作的目的性，还可以为高校团组织的自身建设明确努力的方向。高校党建带团建工作的重视程度，正如以上问卷结果显示的一样，大多仅体现在口头上，在实际的工作中目标并不是很明确，考核和评价体系并未建立。所以，用可以量化的指标来考核党建带团建的工作模式，是提高研究生团建工作的基础。

六、研究生党建带团建特色路径探索

1. 凝聚思想共识，抓政治建设

政治性是群团组织的灵魂，是第一位的。共青团工作坚持以习近平新时代中国特色社会主义思想为指导，毫不动摇坚持党的全面领导，坚定不移走中国特色社会主义群团发展道路，始终恪守"党旗所指就是团旗所向"，坚持与党同心、跟党奋斗，切实履行党赋予的政治使命。一是加强网络共青团建设，要提高对利用新媒体的运用能力，建设以微信公众号、微博、B站等为主体的新媒体矩阵，占领网络主战场，打造"致信"特色宣传产品，构建与青年学生沟通的平台；二是注重"青马工程"，以研究生关心的选调生、公务员为切入点，完善青年骨干培训课程，加强实践锻炼环节，增强参与培训的积极性；三是将学习习近平新时代中国特色社会主义思想贯穿团内所有工作，提升青年学生的理想信念和使命担当。

2. 优化体制机制，抓组织建设

以信息与电子学院为例，学院积极贯彻党建带团建的指导思想，针对研究生群体的现状，开创了一条"党领导团、团补充党"的新模式——"党建带团建组织模式"，由同级党支部委员担任同级团支部书记，强化党支部和团支部之间的联系，切实加强党对团的领导作用（图3）。此种做法，有利于研究生团组织凝聚力的提高，有利于团组织更好地团结在党组织的周围，有利于党组织加强对基层团组织的领导。

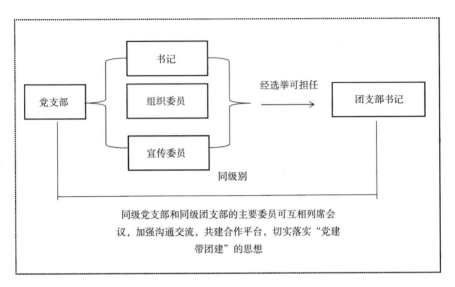

图3　党建带团建组织模式

北京理工大学信息与电子学院针对研究生团组织影响力度较弱、成员较少、活动贫乏不易开展的现状，采用同级党支部委员担任同级团支部书记的做法，切实贯彻党建带动团建的指导思想。该方法采用以来，取得了显著成效：

（1）团组织向党组织靠拢程度加强，团员普遍反映和党员的距离更近，更加强了对党组织的向往。

（2）团组织主要委员作为同级党支部成员，可以参加同级党组织例会，更加熟悉党组织工作要求，用来完善团组织的工作。

（3）团组织可以参加同级党组织举办的活动，更好地融入党组织当中。

（4）团日活动在党组织的指导下，内容更丰富、形式更多样、频率更好、大家的参与度更好，取得了很好的效果。

自该方法采用以来，研究生中入党积极分子数量显著增加，思想汇报完成质量提高，党课参与度更好。党建带团建的组织模式优势突出，但同时也存在一定的弊端。在研究生团组织建设中应防止以下问题的发生：

（1）避免同级党组织、团组织之间覆盖面的重叠。党建带团建的组织模式虽然能够起到带动团组织发展、加强团组织向党组织靠拢的作用，但是容易造成党、团组织在日常活动中界限模糊、覆盖面重叠等问题。双重覆盖会产生人力、物力的浪费，影响组织的发展。

（2）避免团组织独立性的丧失。研究生团组织作为独立的组织存在，在党建带团建的过程中，党组织应避免包揽团组织工作，团组织应坚持自身独立性。在日常工作中团组织积极和党组织交流，但仍要做到自己的工作自己开展，自己的活动自己做主。

（3）避免党组织对团组织工作的过度干预。党组织和团组织在日常工作过程中，应该明确各自的权限和责任，避免过度干预。

3. 加强教育管理，抓团员队伍建设

研究生团员入团年限时间长，且人生阅历丰富，科研学业压力较大，加强团员队伍建设是共青团工作的重中之重。首先应该配齐配强研究生共青团干部，从入学起，就明确团支部的重要地位，选举团支部书记、组织委员和宣传委员，加强共青团干部的培训，尤其适应当下环境，尽可能地拓宽渠道，为研究生提供挂职锻炼的机会，提升工作能力。要加强以评促发展的手段，充分发挥评优评先的激励作用，在"五四评优""奖学金评定"等环节增加共青团干部的比重。其次要抓住需求，凝聚研究生团员。搭建社会平台，整合资源，结合专业特点，根据就业方向，开展相应的活动、培训。增强目的导向，以培养和提升研究生综合竞争力为目标，联合企业开展主题团日、走访参观的学生乐于参加的活动，创新活动形式，丰富活动内容，凝聚团员向心力。

高校党建带团建工作，根本在"建"，关键在"带"。党建带团建包括思想建设、组织建设、队伍建设、作风建设、机制建设等五个方面。具体来说，要坚持把深入学习贯彻习近平新时代中国特色社会主义思想和党的二十大精神作为理论武装的重中之重，深入领会党的创新理论的道理学理哲理，增强"四个意识"、坚定"四个自信"、做到"两个维护"，深刻领悟"两个确立"的决定性意义，将坚决做到"两个维护"作为最高政治原则和根本

政治责任。要在高校党委的统一领导下，以基层党组织坚强的凝聚力和战斗力，带动基层团组织建设，增强团组织的生机和活力，从而促进基层党组织的建设和发展。

新形势下，为切实做好高校研究生团建工作，我们要认真汲取历史的经验教训，努力克服现实中存在的困难，以改革创新的精神全面推进党建带团建工作，确保高校长期稳定发展，为党和国家培养更多合格的建设者和接班人。

● **参考文献**

[1] 余文明. 新形势下高校加强党建带团建工作研究[J]. 学校党建与思想教育, 2010(7): 25–27.

[2] 高瑞春. 高校党建带团建工作的内容及方法[J]. 曲靖师范学院学报, 2004(4): 122–126.

[3] 王恩蔚. 新时期"党建带团建"工作意义探略[J]. 中国青年政治学院学报, 2003(4): 27–31.

新时代高校"学社衔接"工作探究
——基于北京理工大学的调研分析

张程,刘渊,董学敏,杨青萌*

(北京理工大学团委,北京 100081)

摘　要:新时代高校"学社衔接"工作既是一项基础团务工作,也是一项服务广大团员青年的工作,但每年高校"学社衔接"工作都较难推进。本文基于北京理工大学"学社衔接"工作现状调研,分析了"学社衔接"工作困境的原因,并从思想引领、体制机制构建、政策支持保障等方面提出了有益对策和可行性建议。

关键词:新时代;高校;毕业生团员;学社衔接;调研分析

为深入贯彻习近平总书记关于青年工作的重要思想,贯彻落实团十八大、团十八届二中全会精神,深化新时代共青团改革,推进基层团组织规范化建设,解决学校学生团员毕业后"失联"问题,2019年团中央开始在"智慧团建"系统上集中开展高校毕业学生团员团组织关系转接工作,"学社衔接"工作应运而生。但每年高校毕业生团组织关系实现完全转接仍然存在一定困难。目前鲜有学者对高校的"学社衔接"工作开展调研分析,本文基于北京理工大学"学社衔接"工作现状调研,创新性地从构建一体化工作模式方面提出改进高校"学社衔接"工作的途径。

---

* 张程,硕士,北京理工大学团委,助理研究员,研究方向:教育管理;刘渊(1988—),男,研究生,助理研究员,E-mail: liuyuan@bit.edu.cn;董学敏(1989—),女,研究生,助理研究员,E-mail: dongxuemin@bit.edu.cn;杨青萌(1990—),女,研究生,讲师,E-mail: yangqingmeng@bit.edu.cn。

一、"学社衔接"的重要性

团员组织关系管理是团员管理的一项重要制度安排。《中国共产主义青年团章程》明确规定：团员由一个基层组织转移到另一个基层组织，必须及时办理组织关系转接手续。如果不及时转接团组织关系，容易造成团员与组织失去联系，无法参加组织生活、行使团员权利、履行团员义务；可能导致团员身份难以核实，在申请入党、参加公务员或事业单位、国有企业招考、参军入伍等方面受到影响；无法参加团内荣誉表彰。

二、"学社衔接"工作现状

高校"学社衔接"工作一般在每年5月份启动，10月底基本完成各类团组织关系转接工作。工作贯穿5月至10月，时间跨度比较大。面对毕业生团组织关系转接工作较难推进、无法实现完全转接问题，笔者对北京理工大学各个学院（书院、研究院）通过问卷调查、电话联系、走访座谈等方式，了解北京理工大学"学社衔接"工作现状。

（一）团干部工作现状

一是负责"学社衔接"工作的团干部流动性较大。根据调研统计，各学院（书院、研究院）均有团干部负责"学社衔接"工作，但是30%做相关工作的团干部会在一年内更换。

二是部分离职或毕业的学生团干部没有做"学社衔接"工作交接、没有工作台账，新的团干部对"学社衔接"工作不熟悉。

（二）团员"学社衔接"现状

一是不愿转接。根据调研，主要有以下五种情况：已经入党的团员毕业生，认为已经是党员了，就不需要团组织关系转接了；认为团组织关系转接和毕业没有什么关系，对将来也不会有什么影响；已经快超龄的团员毕业生，如果就业单位无法直接转团组织关系，学生大概率会不转，直至自动退团；工作单位对团组织关系转接无要求，团员毕业生不关心团组织关系转接；认为转接麻烦，不愿意进行系统操作。

二是忘记转接。团员忘记转接团组织关系。

三是不会转接。部分毕业生团员不会自行在"智慧团建"系统上进行转出操作，对系统不熟悉，需等待团支部书记帮忙转接。

四是转接不了。主要有三种情况：工作单位没有团组织；户籍或单位所在街道没有团组织或不愿接收流动团员团组织关系；对接单位联系困难。

三、"学社衔接"工作困境原因分析

根据调研所了解到的北京理工大学"学社衔接"工作现状，分析"学社衔接"工作难推进的原因如下：

（一）思想认识薄弱

团干部对"学社衔接"工作的重视程度和责任心还有提升空间。团干部在岗期间没有做好工作台账，一方面导致对未转出团关系的团员提醒不到位，部分团员忘记转接团组织关系；另一方面导致有些团组织关系暂时放在学院（书院、研究院）团支部的毕业生团员后续转出联系困难。团干部离岗或毕业后没有交接相关工作，导致新来团干部不熟悉"学社衔接"工作，仅转发相关工作通知，而不能指导当年毕业生进行团组织关系转接。

团员对"学社衔接"的重要性需要进一步了解。尽管在相关微信公众号、校内网等平台发布了高校毕业生团员团组织关系转接的通知，但团员对"学社衔接"仍然不够重视。

接收单位不重视团组织关系转接。转入单位没有专职团组织关系转接工作人员，导致无法联系上对方工作人员，或毕业生申请转入后，迟迟不被接收。

（二）团支部活力不足

团组织给团员提供的服务不到位，学生团员对团组织的归属感和向心力有待提升。团组织服务青年的路径不够完善、内容不够丰富、形式不够多样，导致团员平时不积极参加团的活动，对团的了解不多，和团组织的黏合度不高，导致信息接收不及时。

（三）系统操作不熟悉

部分团干部对"智慧团建"系统不熟悉，无法组织毕业班做专题培训，导致一些毕业生团员不会自行在"智慧团建"系统上进行操作，只能等待团支部书记帮忙转接。尤其是有些毕业生团员团关系转出时间较晚，而团支部书记已经毕业了，无法取得联系，自己不熟悉操作系统，导致团组织关系无法转接。

接收单位相关工作人员对系统操作不熟悉，导致团组织关系转接困难。

（四）团组织覆盖及管理服务不完善

就业于私营单位的毕业生团员团组织关系无法转到工作单位，主要原因是一些私营单位还没有团组织覆盖。这类毕业生如果将团组织关系转到工作单位所在街道或者户籍地街道，可能又面临部分街道没有团组织或不愿接收流动团员，或毕业生团员很难联系上街道的团组织的问题。尚未落实就业或者从事新兴自由职业的毕业生团员，也会遇到类似问题。因而，导致团员团组织关系"转不了"的主要原因是团组织覆盖还不足，街道或接收单位对于团员的团组织关系管理还不够完善，服务还不到位。

四、高校"学社衔接"工作改进途径

通过对北京理工大学"学社衔接"工作的调研分析，笔者初步探索出以下对策和建议，以期有益于高校"学社衔接"工作的改进。

（一）深化思想政治引领，发挥美育作用

高校要加强对团员思想引领，根据新时代大学生特点，持续开展主题教育活动，让青年了解党和国家的前进方向，培养团员青年的家国情怀。

1. 开展理论学习

持续开展组织化学习，用青年喜欢的语言、形式和载体，展现青年、感染青年、引领青年。例如：以支部为单位，或几个（不同学科）支部联合邀请相关指导老师开展理论学习；制作推出系列理论学习产品，邀请先进集体或个人进行主题宣讲，形成品牌；开设新媒体专栏进行主题宣传。

2. 发挥美育在团日活动中的作用

以习近平新时代中国特色社会主义思想为指导，通过开展内容丰富、形式多样的团日活动，加强团员理想信念教育，使团员群体永不失联；积极推出重点文化产品，增强团员对党的情感认同。

在活动中引入美育，多"走出去"，提升青年体验感，增强教育感染力。2022年11月教育部印发了《高等学校公共艺术课程指导纲要》，提出把美育纳入高等学校人才培养全过程，促进大学生自觉增强文化主体意识，强化文化担当。鼓励高等学校与地方共建共享剧院、音乐厅、美术馆、书法馆、博物馆等。高校主题团日活动可以充分利用这些室内场馆开展中华优秀传统文化、革命文化、社会主义先进文化宣传活动，例如欣赏红色音乐剧、舞台剧、艺术展等；同时，可以通过走访爱国主义教育基地、改革开放前沿阵地、乡村振兴基层等实地开展宣传教育活动，提升青年的沉浸式体验，提高青年对团支部活动的参与度、喜爱度。在入团、毕业季等各类互动仪式活动中，通过思想引领，提高青年情感体验，坚定对共产主义的信仰。例如：指导推动基层团组织在"五四"前后集中规范开展入团仪式，组织团员重温入团誓词；在毕业季推出形式多样的系列主题教育活动。

今年北京理工大学创排并首演《大道更光》舞台剧，作为重点文化产品，学校在排演《大道更光》过程中，将舞台剧的创排过程与学习宣传贯彻党的二十大精神深度融合。用青年听得懂、记得住、受鼓舞的平实话语和生动故事展现了我国国防科技工业体系从无到有、从小到大、从弱到强的沧桑巨变，增强了青年对党的二十大精神的政治认同、理论认同、情感认同。

开展主题教育活动是深化青年思想政治引领的重要工作载体。以青年为主体，鼓励基层结合实际，创新方式方法开展组织化理论学习和团日活动，

充分发挥美育作用，增强宣传教育的感染力，有助于增强团员青年身份认同感，提高自身素质，增强和组织的黏合度，有利于后续"学社衔接"工作的开展。

（二）加强体制机制构建，增强服务引领

高校要创新思想，探索解决问题的新途径。通过构建工作体系，形成管理机制，加强体制机制构建；联动就业办，指导服务青年，不断提高服务水平，形成一体化管理模式。

1. 构建工作体系，形成管理机制

就调研中的问题，笔者进行了初步探索实践，面向各学院（书院、研究院）的团干部开展了第一期"学社衔接"专题工作培训。经过实践，初步构建了"学社衔接"分层分类推进工作体系，建立了"学校—学院（书院、研究院）—团支部"三级管理机制，通过点对点工作对接，实现"学社衔接"在全体团员中全覆盖，在实际工作中取得了积极成效，同时起草了《北京理工大学"学社衔接"工作管理办法（试行）》。

通过三级管理机制的构建，可以解决团干部流动性比较大的问题，即使零基础的团干部，也可以应对"学社衔接"工作。管理办法的制定，为"学社衔接"工作提供了制度保障，使相关工作更加规范化，可以更好地服务青年。

2. 联动就业办，指导服务青年

党的二十大报告提出，"实施就业优先战略""促进高质量充分就业""完善重点群体就业支持体系"。教育部2022年11月印发的《关于做好2023届全国普通高校毕业生就业创业工作的通知》（以下简称《通知》）指出，建设高质量就业指导服务体系。全面加强就业指导，健全完善分阶段、全覆盖的大学生生涯规划与就业指导体系，为学生提供个性化就业指导和服务。深入推进就业育人，引导高校毕业生从实际出发选择职业和工作岗位。

《通知》强调，精准开展重点群体就业帮扶。因此，高校要有组织、有计划地为低收入家庭学生提供多样化的实习实践机会。同时，全面推进实施大学生实习"扬帆计划",更大规模地开展"三下乡""返家乡"社会实践,通过"第二课堂"引导低收入家庭学生广泛、多次参与活动,在躬身实践中不断提高社会化能力和就业能力,为更充分、更高质量就业打牢基础。

尚未落实就业和到城镇私营单位就业的毕业生团员团组织关系转接是"学社衔接"工作的难点之一,加强和就业办的联动,一方面可以为学生提供个性化就业指导和服务,引导团员青年积极就业;另一方面,从2023年起,教育部门建立高校毕业生毕业去向登记制度,作为高校为毕业生办理离校手续的必要环节。通过全国高校毕业生毕业去向登记系统,根据毕业去向登记,可以及时掌握学生就业动态,保持和对方单位的沟通联络,及时做好团组织关系转接工作,解决团员毕业生"失联"问题。

(三)提供政策支持保障,增强服务意识

根据调研,"学社衔接"工作难推进还存在一些客观原因,如团组织覆盖率不足、工作人员系统操作不熟练、系统衔接问题等。

因此,相关管理部门要提供相应政策支持鼓励私营单位建立基层团组织,提高私营单位团组织覆盖率;提供政策支持乡镇街道团组织建设,积极搭建阵地平台、做好精准服务。同时,街道团组织要提高服务意识,不拒绝任何一位团员。目前"智慧团建"系统包含团中央智慧团建、北京共青团系统、广东智慧团建、福建智慧团建四个系统,在衔接上还存在延迟、对接不上等问题,因此相关部门要不断完善"智慧团建"系统衔接问题,进行规范管理。基层团组织工作人员在系统操作上还存在问题,相关部门要定期组织相关培训,不断提高工作人员的业务能力和服务意识。解决好这些客观问题,将有助于"学社衔接"工作更好地推进。

"学社衔接"问题,究其主要原因,一方面是团员、团干部等对团组织关系转接的重要性不够了解,思想认识比较薄弱;另一方面是团组织为团员提供的服务还不到位。根据调研分析,本文从三方面提出了解决"学社衔接"问题的对策。一是,高校通过深化思想政治引领,根据新时代青年的特点,充分发挥美育在思想引领中的作用,让团员增强身份认同感,提高自身

素质，更加了解、热爱团组织；二是，加强体制机制构建，做好团服务引领工作，让团时刻想到团组织，和团组织继续保持联系，不舍离团；三是，相关部门在政策上给予支持保障，提高私营企业团组织覆盖率，社会基层团组织尤其是乡镇街道团组织，要不断提升业务水平、增强服务意识。这三方面相结合，形成一体化工作模式，打通各个阻碍团联系团组织的堵点，做好团的各项服务工作，团员才能不"失联"，才能充分发挥团模范带头作用，在全面建设社会主义现代化国家新征程中继续建功立业。

参考文献

[1] 陆桂英. 抓好"一平台双举措"探索新时代"学社衔接"新路径 [J]. 中国共青团, 2019 (6)：57-58.

[2] 贾飞祥, 张天雪. 共青团"学社衔接"互动仪式模型构建及实施路径——从情感治理的视角 [J]. 中国青年社会科学, 2021, 40 (4)：45-53.

[3] 共青团长春市委. 做好"学社衔接"，为大学生就业创业开辟团属路径 [J]. 中国共青团, 2021 (9)：46-47.

[4] 李文琪, 胡存豪, 朱文莉, 等. 基于大学生需求的高校智慧团建工作研究——以"学社衔接"为例 [J]. 魅力中国, 2021 (13)：274-275.

[5] 刘溯, 曹瑜虹. 浅析高校毕业生团员"学社衔接"工作 [J]. 青春岁月, 2021 (8)：167.

基于"一站式"社区的基层团组织引领青年学生综合素质提升研究

王硕*，史腾腾

（北京理工大学求是书院，北京 102488）

摘　要：本文旨在研究基于"一站式"社区的基层团组织如何引领青年学生的综合素质提升。通过文献研究和实证分析，研究发现基层团组织通过丰富的活动和项目为青年学生提供学习、实践和社交的机会，从而促进其综合素质的培养。同时，引入"一站式"社区为基层团组织提供更多支持和资源，进一步提升了青年学生的综合素质水平。本文为基层团组织和社区教育提供了有益的启示和建议。

关键词：基层团组织；青年学生；综合素质；"一站式"社区；引领；提升

引　言

（一）研究背景和意义

随着社会的发展和变化，青年学生的综合素质成为教育领域的重要关注点。传统的学校教育虽然在学术知识的传授方面取得了一定成果，但在培养学生的综合素质方面存在一定的局限性。因此，需要探索更多的途径和机制来引领青年学生的综合素质提升。

同时，社区在青年学生成长中也起着重要作用。作为学生日常生活的一

---

* 王硕，博士，北京理工大学求是书院，讲师，研究方向：书院制学生党建。

部分，社区为他们提供了学习、实践和社交的机会。基层团组织作为社区教育的重要组成部分，具有组织力量和资源优势，能够有效地引导和培养青年学生的综合素质。而"一站式"社区作为一种综合服务平台，为基层团组织的工作提供了更多的便利和资源，进一步促进了青年学生的综合素质提升。

本研究的意义在于深入探讨基于"一站式"社区的基层团组织在引领青年学生综合素质提升方面的作用和机制。具体而言，它可以为以下几个方面提供有益的启示：

教育实践指导：研究结果可以为基层团组织和社区教育提供指导，帮助他们更好地开展青年学生的综合素质培养工作。通过了解"一站式"社区的应用和效果，可以推动基层团组织与社区的合作，提升教育实践的质量和效果。

教育政策制定：研究结果可以为教育政策制定者提供参考，促进基层团组织在引领青年学生综合素质提升方面的发展。通过了解基层团组织的作用和机制，可以制定相应的政策和措施，提供更好的支持和资源。

学术研究拓展：本研究对于相关领域的学术研究也具有重要意义。它可以为教育学、社会学、社区发展等领域的研究者提供新的研究视角和理论支持，丰富相关研究领域研究成果。

（二）目的和研究问题

本研究旨在探究基于"一站式"社区的基层团组织如何引领青年学生的综合素质提升。通过深入研究基层团组织在青年学生综合素质培养中的作用和机制，并分析"一站式"社区在基层团组织工作中的应用与效果，旨在为基层团组织和社区教育提供有益的启示和建议。

在探究基于"一站式"社区的基层团组织引领青年学生综合素质提升的过程中，本研究将关注以下问题：

基层团组织如何通过活动和项目提供学习、实践和社交机会，促进青年学生的综合素质培养？

"一站式"社区在基层团组织中的应用和效果如何，对青年学生的综合素质提升有何影响？

基层团组织与"一站式"社区如何合作与发展，以更好地引领青年学生的综合素质提升？

在实际案例中，基于"一站式"社区的基层团组织如何通过特定策略和措施，有效引领青年学生的综合素质提升？

通过回答上述问题，本研究旨在揭示基于"一站式"社区的基层团组织在引领青年学生综合素质提升中的具体作用、机制和影响因素，为教育实践和政策制定提供科学依据和参考。

一、青年学生综合素质的重要性

（一）综合素质的定义和构成要素

综合素质是指一个人在各个方面的能力、素养和品质的综合表现。它强调个体的全面发展和多方面能力的培养，不仅包括学术知识和技能，还包括思维能力、创新能力、社交能力、道德品质等方面。[1]

综合素质的构成要素可以从多个角度进行划分和分类，以下是一些常见的维度和要素：

学术素质：包括学科知识和学习能力，如对学科基本概念和原理的理解、运用和扩展能力，信息获取和处理能力，学习方法和自主学习能力等。

思维能力：包括逻辑思维、创造性思维、批判性思维等，涵盖问题解决能力、分析能力、判断能力、推理能力等。

社交能力：包括与他人交往、合作和沟通的能力，如团队合作能力、人际关系管理能力、口头和书面表达能力等。

创新能力：包括独立思考、创造性问题解决、创新意识和实践等，强调个体的创新思维、创新方法和实际创新成果。

实践能力：包括实际操作、应用知识和技能的能力，如实验操作能力、实际问题解决能力、实习实训能力等。

道德品质：包括道德观念、道德判断和道德行为等，如诚信、责任感、公正、关爱他人等。

情感态度：包括积极的情感态度、良好的心理素质和自我管理能力，如自信心、适应能力、情绪管理能力等。

综合素质的构成要素可以因人而异，也会受到社会文化背景和教育目标的影响。综合素质的培养需要综合的教育和培养方式，注重个体全面发展，培养学生的多方面能力和素质，以适应现代社会的需求和挑战。

（二）青年学生综合素质对个人发展和社会需求的影响

对于个人发展而言，具备良好的综合素质能够带来以下影响：

全面发展：综合素质的培养促使青年学生在学术、思维、社交、创新等方面全面发展，使他们能够具备多样化的能力和技能。

竞争优势：拥有较高的综合素质可以增加个人在学业和职业发展中的竞争力。在面对激烈的竞争环境时，具备多方面的素质能够使个人更具吸引力和适应性。

适应能力：综合素质的培养使青年学生具备更强的适应能力和应变能力，能够灵活应对不同的环境和挑战。

自主学习：具备综合素质的青年学生更具有自主学习的能力，他们具备主动获取知识的意愿和能力，能够持续学习和成长。

在社会层面上，青年学生的综合素质对社会需求产生重要影响：

人力资源：具备高综合素质的青年学生是社会宝贵的人力资源，他们具备多样化的能力，能够适应不同行业和岗位的需求，为社会提供各种专业和技术支持。

创新创业：综合素质的培养有助于培养青年学生的创新思维和创业精神，推动社会创新和创业发展，为社会经济注入新的活力。

社会责任感：具备综合素质的青年学生更有可能具备较高的社会责任感和公民意识，积极参与社会公益事业和社会发展，为社会稳定和进步做出贡献。

领导能力：综合素质的培养能够培养青年学生的领导能力和团队合作

精神，他们能够在社会组织和公共事务中发挥积极作用，推动社会发展和变革。

因此，青年学生综合素质的提升不仅对个人自身的发展有益，也对社会的需求和发展产生积极的影响。

二、基层团组织在引领青年学生综合素质提升中的作用

（一）基层团组织的概念和特点

基层团组织是中国共产主义青年团在基层单位中的组织形式，旨在团结、教育和引导青年学生参与社会主义建设事业。基层团组织是面向青年学生的组织形式，团员主要是在校大、中学生以及其他青年群体。它们是中国共青团的基础单位，通过组织和引导青年学生参与各种活动，培养他们的党性觉悟和社会责任感。[2]它们根据所在单位的特点和任务，开展团员教育、组织活动和社会服务等工作，是共青团的基础力量。基层团组织通过开展各种形式的教育和培训活动，引导团员学习和宣传党的理论和路线方针政策，培养他们的思想品德、学术知识和社会责任感，促进个人全面发展。基层团组织组织丰富多样的活动，如文体比赛、志愿者服务、社会实践等，旨在增强团员的团结协作意识、实践能力和社会参与意识，推动他们在实际工作中锻炼和成长。它们组织关注社会发展和青年学生的实际需求，通过组织各种社会服务活动，为社会和他人提供帮助和支持，这些服务可以涉及教育支持、环境保护、扶贫助困等多个领域。基层团组织注重团干部的培养和选拔，通过选拔培训有潜力的团员担任组织干部，给他们提供锻炼和成长的机会，培养青年干部队伍的建设。

（二）基层团组织对青年学生综合素质培养的重要性

基层团组织在青年学生综合素质培养中起着重要的作用。基层团组织通过组织各类学习活动、座谈交流和主题讨论等形式，引导青年学生深入了解党的理论和路线方针政策，培养正确的世界观、人生观和价值观。这有助于

青年学生树立正确的思想意识，明确自己的责任和使命，发展积极向上的精神面貌。基层团组织组织各种实践活动，如社会实践、志愿者服务、文化活动等，为青年学生提供实践锻炼的机会。通过实际参与和实践活动，青年学生能够提高自身的动手能力、合作能力和创新能力，增强综合素质。基层团组织注重为社会提供服务和支持，通过组织志愿者活动、社区服务等形式，培养青年学生的社会责任感和公益意识。通过参与社会服务和公益事业，青年学生能够关注社会问题、关爱他人，培养社会意识和人文关怀，提升综合素质。

基层团组织注重团干部的选拔和培养，通过团组织的工作，培养青年学生的组织能力、领导能力和团队合作精神。青年学生通过担任团组织的干部职务，能够锻炼自己的领导才能和管理能力，提升综合素质。基层团组织组织各类培训和学习活动，为青年学生提供知识学习和技能培养的机会。通过学习和培训，青年学生能够不断提升自己的学术能力、专业素养和实践技能，增加综合素质的基础。

（三）基层团组织提供的学习、实践和社交机会

基层团组织为青年学生提供了丰富多样的学习、实践和社交机会。它组织各类学习活动，包括讲座、培训、研讨会等，为青年学生提供了学习的平台。这些学习机会可以涉及党的理论、社会科学、科技知识等多个领域，帮助青年学生提升专业知识和综合素养。

基层团组织通过组织各种实践活动，如社会实践、志愿者服务、文化创作等，为青年学生提供了实践锻炼的机会。青年学生可以参与到具体的项目和活动中，实际动手解决问题，培养实践能力和创新能力。同时，让青年学生能够与其他团员和社区学生建立联系和交流。通过参与团组织的活动和项目，青年学生可以结识志同道合的朋友，扩大社交圈子，培养合作意识和团队精神。青年学生可以参与到团组织的管理和决策中，担任干部职务，锻炼领导才能和组织能力，这有助于培养青年学生的领导潜能和团队合作精神。

基层团组织通常组织各种文化艺术活动，如演出、展览、比赛等，为青

年学生提供展示自己才华和兴趣爱好的舞台,这些活动丰富了青年学生的文化生活,促进了审美情趣和创造力的发展。

通过这些学习、实践和社交机会,基层团组织帮助青年学生全面发展,提高综合素质,并培养他们成为有责任感、有创造力、有社会意识的新时代青年。

(四)基层团组织对青年学生的影响机制

基层团组织对青年学生产生影响的机制主要包括以下几个方面:

引导和教育机制:基层共青团组织通过组织各类学习活动、培训和教育,引导青年学生接受正确的思想教育和党的理论指导。这种机制通过提供正面的思想引导和教育,帮助青年学生形成正确的价值观和世界观,塑造积极向上的人生态度。

实践锻炼机制:基层团组织提供各种实践机会,如社会实践、志愿者服务、文化创作等,使青年学生能够在实际工作和社会实践中锻炼自己的能力。通过实践锻炼,青年学生能够增强实践能力、解决问题的能力和创新能力。

社交互动机制:基层团组织为青年学生提供了社交互动的平台,让他们与其他团员和社区学生进行交流和互动。这种机制促进了青年学生之间的交流、合作和分享,培养了他们的团队合作意识和沟通能力。

干部培养机制:基层团组织注重对团干部的培养和选拔,通过选拔有潜力的团员担任组织干部,为他们提供领导和管理的机会。这种机制能够激发青年学生的领导潜能和组织能力,培养他们成为未来的社会骨干。

社会责任机制:基层团组织通过组织各类社会服务和公益活动,引导青年学生关注社会问题、承担社会责任。这种机制培养了青年学生的社会意识和公民意识,让他们意识到自己在社会发展中的重要作用,并积极参与社会建设。

通过以上机制的作用,基层团组织能够对青年学生产生积极的影响,推动他们的思想成长、综合素质提升和社会责任感的培养。

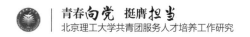

三、书院制下"一站式"社区在基层团组织中的应用与效果

(一)"一站式"社区的概念和特点

书院制"一站式"社区是一种将传统书院理念与现代社区服务相结合的社区模式。它是以书院制度为基础,集成多元化服务和资源的社区。它以传统书院的教育理念和人文关怀为核心,通过提供综合性的服务和培养学习氛围,营造一个全面发展和共同成长的社区环境。[3-4]

书院制"一站式"社区将教育与文化融合在社区生活中。它不仅提供传统的学习和教育资源,还注重培养学生的人文素养、审美情趣和思辨能力。社区内的文化活动、艺术展览、讲座等都成为学生学习和交流的平台。注重学生的全人发展。除了教育和学习,它还提供各类健身、体育、艺术、社交等活动,以满足学生身心健康和兴趣爱好的需求。社区内的资源和服务综合,关注学生的多元需求和综合素质提升。

书院制"一站式"社区强调学习与实践的结合。除了提供学习资源和学术指导,它还鼓励学生参与社区项目、实践活动和志愿者服务,将学习知识与实际应用相结合,促进学生的实践能力和社会责任感的培养。鼓励学生之间的互动和共享。社区内的书院、学习空间、公共设施等资源是共享的,学生可以相互交流学习、分享经验和资源。同时,社区组织各类活动和座谈会,促进学生之间的交流、合作和共同成长。

书院制"一站式"社区鼓励学生的积极参与和自治精神。学生可以参与社区决策、规划和管理,共同打造一个和谐、宜居的社区环境。社区内的自治机制和学生组织促进学生之间的互助和合作。

书院制"一站式"社区将教育、文化、社区服务等要素有机融合,为学生提供全面、多元化的服务和学习机会,旨在营造一个学习型、成长型的社区环境,促进学生的全面发展和社区的共同进步。

(二)"一站式"社区为基层团组织提供的支持和资源

书院制"一站式"社区提供了丰富的学习资源，包括图书馆、学习中心、多媒体设备等，为基层团组织提供了便捷的学习场所和丰富的学习资料。基层团组织可以利用这些资源组织各类学习活动、培训课程，提高团员的知识水平和综合素质。

社区内通常设有共享的活动场地，如会议室、多功能厅、户外广场等。这些场地可以供基层团组织举办各类团队活动、会议、座谈会等，提供了一个便捷的集会和交流场所。

书院制"一站式"社区通常设有专业的培训和指导机构，如培训中心、导师团队等。基层团组织可以借助这些机构的支持，接受专业的培训和指导，提升组织能力和管理水平。

社区内形成了一个庞大的社区网络，包括各类社团、组织、学生群体等。基层团组织可以通过社区网络建立联系、宣传活动、拓展资源，并与其他社团组织进行合作和交流。

书院制"一站式"社区内存在多种合作机会。基层团组织可以与社区内的学院、文化机构、企业等建立合作关系，共同开展各类项目、活动，共享资源和经验，提高组织的影响力和活动质量。

"一站式"社区注重学生参与和自治，支持基层团组织的发展和活动。社区管理机构可以提供咨询、协助、宣传等支持，帮助基层团组织更好地开展工作。

书院制"一站式"社区为基层团组织提供了丰富的支持和资源，使其能够更好地开展教育、培训、活动和社区服务，促进青年学生的综合素质提升和社区的发展。

(三)"一站式"社区在青年学生综合素质提升中的作用与效果

"一站式"社区在青年学生综合素质提升中发挥着重要的作用，具有以下效果：

综合素质培养："一站式"社区提供了多样化的学习和培养机会，涵盖了知识、技能、品德、社交等多个方面。青年学生可以在社区内接触到丰富的教育资源和活动，通过学习、实践和社交互动，全面提升自身的综合素质。

多元发展："一站式"社区提供了各种兴趣爱好和特长培养的机会。青年学生可以参与艺术、体育、科技、志愿服务等多个领域的活动，培养多元化的兴趣和技能，丰富个人的发展路径，全面展现个人才能。

社交与合作能力：在"一站式"社区中，青年学生有机会与其他学生、社区学生和专业人士进行交流和合作。通过参与各类团队活动、社区项目和志愿服务，他们可以提升社交能力、团队合作能力和领导才能，培养积极的人际关系和合作意识。

实践经验积累："一站式"社区提供了实践机会，使青年学生能够将所学知识应用于实际情境中。他们可以参与社区项目的策划与执行，解决实际问题，培养解决问题的能力和创新思维，积累宝贵的实践经验。

自我认知与发展：通过参与"一站式"社区的学习和活动，青年学生有机会深入了解自己的兴趣、优势和发展方向。他们可以通过自我反思和探索，发现自己的潜力和价值观，形成积极的自我认知，并为未来的发展做出明智的选择。

总体而言，"一站式"社区为青年学生提供了一个全面、综合的成长环境，通过丰富的学习资源、多样的活动和社交机会，促进青年学生的学术、技能、人格和社会适应能力的综合提升。这种综合素质的培养将为青年学生的个人发展和未来的社会参与奠定坚实基础。

四、基层团组织与"一站式"社区的合作与发展

（一）合作模式与机制

基层团组织与"一站式"社区可以建立合作模式和机制，以实现优势互补、资源共享和共同发展。以下是一些常见的合作模式和机制：

联合活动：基层团组织与"一站式"社区可以联合举办各类活动，如主题讲座、志愿服务活动、文化艺术展览等。基层团组织可以为社区提供专业的组织和引导，而"一站式"社区可以提供活动场地、宣传渠道和资源支持。

人才培养：基层团组织可以与"一站式"社区合作，开展青年学生的培训和人才培养项目。基层团组织可以提供专业的培训师资和课程资源，而"一站式"社区可以为学生提供实践机会、学习资源和社会支持。

项目合作：基层团组织与"一站式"社区可以共同策划和实施项目，解决社区内的问题和需求。例如，基层团组织可以组织青年志愿者参与社区服务项目，提供劳动力和专业支持；"一站式"社区可以提供项目场地、物资和社区资源支持。

信息共享：基层团组织和"一站式"社区可以建立信息共享机制，互相了解各自的需求和资源。基层团组织可以将青年学生的需求和问题反馈给社区，为社区提供青年人才和智力支持；"一站式"社区可以将社区资源和服务信息提供给基层团组织，为其开展活动和项目提供支持。

社区参与与治理：基层团组织可以积极参与"一站式"社区的治理和决策过程，为社区提供年轻人的声音和建议。基层团组织可以组织青年代表参与社区会议、座谈会等，提出青年学生的需求和意见，并参与社区规划、项目评估等工作。

通过建立合作模式和机制，基层团组织和"一站式"社区可以相互支持、共同发展，促进青年学生的综合素质提升和社区的进步。这种合作模式将为青年学生提供更丰富的成长环境和学习机会，同时也将增强社区的凝聚力和发展活力。

（二）发展策略与措施

基层团组织与"一站式"社区的合作发展可以采取以下策略和措施：

建立合作机制：基层团组织与"一站式"社区可以建立定期沟通和合作的机制，例如召开联席会议、签署合作协议或设立合作工作组。这样可以确立合作目标、明确责任分工,并及时解决合作中的问题和困难。

共享资源:基层团组织和"一站式"社区可以相互共享资源,实现互利共赢。基层团组织可以提供专业的青年培训、活动策划和组织能力,而"一站式"社区可以提供场地、设施、知识资源等支持。双方可以通过资源共享,提高合作效果和成果。

创新合作方式:基层团组织和"一站式"社区可以探索创新的合作方式,适应时代变化和青年需求。可以开展联合项目、合作培训、共同举办活动等,提供更多元化和有针对性的服务,满足青年学生的需求。

强化社区参与:基层团组织可以积极参与"一站式"社区的治理和决策过程,为青年学生争取更多的发展机会和资源支持。可以组织青年代表参与社区会议、座谈会,提出建议和意见,推动青年学生的权益和需求得到重视。

拓展合作伙伴:基层团组织和"一站式"社区可以寻求更多的合作伙伴,拓展合作的广度和深度。可以与学校、企业、社会组织等建立合作关系,共同推动青年学生的综合素质提升和社区的发展。

宣传推广:基层团组织和"一站式"社区可以加强宣传推广,提高知名度和影响力。可以通过社交媒体、宣传栏、线下活动等方式,宣传合作成果和优势,吸引更多的青年学生参与基层团组织和"一站式"社区的活动。

通过以上策略和措施的实施,可以促进基层团组织与"一站式"社区的合作发展,为青年学生提供更全面、多样化的发展机会,推动青年学生综合素质的提升和社区的繁荣。

● 参考文献

[1] 郑弘. 国际综合素质评估框架的比较研究及启示 [J]. 上海教育科研, 2023 (4): 35-40.

[2] 张晓婷. 基层共青团组织的组织力研究——以H市为例 [D]. 太原: 山西师范大学, 2022.

[3] 胡加成. 高校"一站式"社区服务管理模式的构建［J］. 黑龙江教育（理论与实践），2023（2）：70-73.

[4] 李玥，周颖. "高水平人才交叉培养计划"的育人模式研究——以北京理工大学北京书院"一站式"社区建设为例［J］. 北京教育（高教），2023（3）：91-93.

高校基层团课创新路径研究

张静瑶[*]，崔遵康，刘晓雪，李文俊

（北京理工大学材料学院，北京 100081）

摘　要：高校基层团课的德育功能决定了其目的在于培养学生对共青团的认识，使学生树立终身共产主义信仰。然而，目前高校存在着重视团课形式而忽视团课情感培养的倾向。要解决这一问题，使高校基层团课教学回归培养担当民族复兴大任的青年这一目标，高校基层团课教学人员必须把团课的政治性这一目标放在首位进行创新变革。本文旨在为高校基层团课的模式形式、内容机制、执行宣传三方面提出一系列创新路径，在高校基层团课教学中引入线上线下混合学习模式这一条创新之路，内容机制上把握政治性的同时与学生自身职业生涯发展相结合，执行宣传上创新多种传播渠道和传播策略。通过以上三方面创新，找出高校基层团课政治情感教学的成功路径，为高校基层团课教学的有效性提供有价值的建议。

关键词：高校；团课；团员教育；团课创新；教学模式

引　言

团课作为高校思想政治教育和共青团的基本知识教育的重要途径，对青年学生的思想引领、发展实践指导起到重要作用。然而高校基层团课研究作为共青团研究当中一个具体而微的方面，目前现存研究较少，且高校基层团课目前存在学习形式较为单一、教育内容内涵不足、学习效果不够明显等一系列问题。本研究主要从模式形式、内容机制、执行宣传三方面提出创新路

---

[*] 张静瑶，硕士，北京理工大学材料学院，研究方向：材料科学与工程、学生德育与党团建设。

径，进一步推进高校基层团课研究。

一、高校基层团课的地位与意义

高校基层团课教育在培养核心价值观、培养社会责任感、培养公民意识、提高沟通能力、培养创新思维、促进文化建设等方面具有十分重要的意义。高校共青团高度重视精品团课的制作打磨，将精品团课作为基层团组织建设、团支部思想引领和团员日常教育的重要抓手。青年阶段是思想意识稳定和成熟的关键。当前高校中的青年学生处于信息爆炸时代，获取知识的途径日益增多，各种良莠不齐的思想也纷至沓来[1]，面对复杂的信息，高校学生的独立性、差异性、选择性、多变性明显增强[2]，正确人生观、世界观、价值观的树立也成为重中之重。团课作为对高校青年学生进行思想政治教育的主要渠道，可以帮助高校学生形成正确的价值观、增强政治责任感和道德感。

团课是共青团组织对团员进行思想政治教育和团的基本知识教育的主要形式，简言之，是指通过上课来教育团员。团课作为"三会两制一课"的关键"一课"，在增强团员政治性、思想性、先进性方面发挥着重要作用，是培养全面发展的人才的基石。它旨在塑造学生的世界观、人生观和价值观，同时增强他们的社会责任感和公民意识，对学生个人和社会发展有深远的影响，为学生奠定了坚实的核心价值观基础[3]。它帮助学生建立健全的道德指南针。这种教育框架使学生明辨是非，培养健康的人格，养成坚强的道德品质。团课同时在培养学生的民族认同感中起着举足轻重的作用。通过学习国家的历史、文化遗产和国家成就，学生会对自己的国家产生归属感和自豪感。这种国家认同感促使学生为国家的发展做出贡献，维护国家的价值观，为国家的繁荣而努力。

二、高校基层团课的研究现状与存在问题

（一）团课研究的回顾与总体情况

团课是团组织对团员进行全面、系统的思想政治教育和团的基本知识教

育的主要形式，是提高团员思想水平、政治意识的重要手段。与党课、思想政治理论课一样，团课也是马克思主义和中国特色社会主义理论知识教育的基本形式，其主要任务是提升团员的思想意识、政治素养，以此推进国家的思想理论建设青年化，党的理论成果时代化。

目前在知网上以"团课"作为主题词进行检索，共有184篇论文被收录，其中2001年至2003年每年均只有1篇论文发表，在2016年之后，论文每年发表20篇以上，呈现增长态势；以"团课"作为关键词进行检索，仅有42篇，并且多数论文发表时间为2015年以后；以"团员教育"为主题词进行检索，共有300篇文章；以"高校思想政治教育"为主题词进行检索，共有6.02万篇论文，涵盖爱国主义教育、情感教育、传统文化教育等多个方面。

由此可见，团课研究作为共青团研究当中一个具体而微的方面，属于研究的"冷门"。但随着党和国家对团中央工作的高度重视，相关政策的不断出台，团课研究对于高校思想政治教育具有重要意义。

（二）团课研究的建设和发展态势

高校共青团工作受到高校传统管理理念、管理方式的限制，传统的团课形式过于强调宣讲与说教，常常使学生提不起兴趣，更无法产生思想、情感共鸣[4]。随着科技的进步、新媒体的不断发展，新型团课应运而生。

新型微团课是新型团课的主要形式，其授课时间短、内容丰富、表现形式多样。在新媒体平台上，微团课的传播速度快、影响范围广，更容易让青年团员接受[5]。高校新媒体资源的整合为微团课的推广宣传提供了传播渠道，让常规的团课增强了科技感与时代感，丰富了教学手段，微团课"微"在内容，官微、网站等新媒体平台都能够作为它的传播途径传达到受众手里，只需要一个移动互联网终端，便可方便快捷地接收到课程资源。

相较于传统团课形式，微团课虽然形式新颖活泼、内容浅显易懂，但作为一种新生事物，其内容表述良莠不齐，课程体系还不完整，相应管理机制也不健全，需要继续探索和深入研究。

（三）团课研究建设存在的问题

1. 学习形式较为单一

团课形式过于强调宣讲与说教，把学生当成管教的对象，这种单向度的教学方式，忽视了学生认知的主体作用，影响了学生对团课的学习兴趣，影响了团课教育的传播效果。

2. 教育内容内涵不足

在学习内容的安排上，部分团课内容较空泛，不能与学生的思想生活实际紧密联系，缺乏针对性和吸引力，影响了团课的教育效果。

3. 学习效果不够明显

由于团课学习目的不明确，学生对团课学习重视程度不够，在学习过程中不注意思考，使团课学习只停留在表面，没有深入学生思想深处，达不到预期的学习效果。

因此，团课内容上要与学生的理想信念相融合，做到理论上有逻辑，内容上有深度。团课模式要做到线上线下双线结合，让学生"内化于心，外践于形"，让学生在党课学习中不再枯燥乏味。此外，还要建立良好的团课反馈机制，注重团课吸收效果，从而实现对学生的思想引领，提升学生对团组织的认同感和归属感。

三、高校基层团课的创新路径与可行性

（一）团课模式和形式研究

创新高校基层团课教育模式，是适应学生不断变化的需求和愿望的必然要求。高校思想政治教育采用线上线下结合的方式，可以增强学生的灵活性、参与性和可及性。

以下是一些高校基层团课的创新策略：

1. 线上学习方面

利用在线学习平台：如学习强国、青年大学习，提供课程材料、阅读材

料和多媒体资源。学生可以自主学习，复习讲课录音，并在网上获取补充材料。这使得访问教育内容更加灵活和方便。

虚拟讲座和网络研讨会：进行虚拟讲座和网络研讨会，就意识形态和政治主题进行现场讲座或演示，学生可以远程参与，并通过聊天或论坛进行互动。还可以邀请客座演讲者或专家进行在线演讲，扩大学生接触不同视角的机会。

开发论坛与在线辩论：促进在线讨论论坛，学生可以参与辩论，分享他们的想法，交换意见。这些平台可用于结构化辩论、小组讨论或点对点交互。有节制的在线讨论鼓励积极参与、批判性思维和对不同观点的探索。

创建在线合作项目：分配在线协作项目，要求学生虚拟地一起工作。学生可以使用协作工具和平台来集思广益，进行研究，并完成小组作业。这促进了团队合作、沟通技巧和跨文化合作。

进行多媒体简报及互动内容：开发多媒体演示和互动内容，如视频、动画、测验和模拟，以提高学生的参与度。这些资源可以在网上提供，供学生按照自己的进度访问。互动内容鼓励主动学习，激发批判性思维，并帮助学生可视化复杂的概念。

利用虚拟现实（VR）和增强现实（AR）：探索使用虚拟现实和增强现实技术来创造身临其境的学习体验。VR和AR可以用来模拟历史事件、政治进程或社会场景，让学生以更有吸引力的体验方式探索和互动。

在线评估和测验：实施在线评估和测验，以衡量学生的理解和进步。在线平台可以根据学生的表现提供即时反馈和个性化推荐，及时评估和改进学习方法。

社交媒体参与：利用社交媒体平台促进思想政治教育相关的参与和讨论。创建专门的小组或频道，学生可以在那里分享文章、视频和观点。社交媒体还可以用于现场讨论，与专家进行问答，或分享相关新闻和事件。

2. 线下学习方面

工作坊及嘉宾讲座：组织线下工作坊、研讨会和客座讲座，让学生可以聚在一起参与互动活动、讨论和建立网络。这些活动提供了面对面互动的机会、更深入的参与，并在学生之间建立合作意识。

实地考察和体验式学习：安排实地考察或体验式学习的机会，学生可以参观相关机构、组织或历史遗迹。这些离线体验补充了在线学习的不足，并允许学生将理论知识应用于现实世界。

体验式学习机会：提供体验式学习机会，让学生将理论知识应用于实践。组织与思想政治主题相关的实地考察、从业人员客座讲座、实习和社会实践项目。这些经验为学生提供了实践学习的经验，将他们与现实世界的问题联系起来，并帮助他们看到教育的实际意义。

通过线上线下结合，高校可以为思想政治教育提供灵活、互动的学习环境。线上线下结合可以适应不同的学习环境，促进学生的参与，并最大限度地发挥两种模式的教育影响。

（二）团课内容和机制研究

始终要抓住"团课姓团、团课是课"这一核心。在团课内容设置上，政治性是共青团的灵魂，团课内容始终要与党的方针、政策同向同行。政治性、先进性、群众性是团课应有的本质属性。高校学生处于思想价值观念形成的成熟期，已经有了自我价值判断的能力。在内容设置上必须要高举社会主义的大旗、明确高校大多数团员的政治定位，找准问题关键点，使他们担负起共青团员应有的政治责任。建立团课反馈机制，注重团课教学反馈，倾听学生的真实心声，让团课更贴近学生生活，走进学生心灵深处。

团课内容是吸引学生对高校思想政治教育兴趣的关键，下面是一些创新高校基础团课内容的策略：

与学生的生活相关：强调团课与学生生活的关联性。将团课主题与时事、社会问题和个人经历联系起来，展示在思想政治教育中获得的知识和技能如何帮助学生应对现实世界的挑战，做出明智的决定，并积极为社会做出贡献。

纳入学生意见：让学生参与思想政治教育内容的形成和实施。寻求他们对感兴趣的话题、教学方法和课堂活动的意见。鼓励学生主导的讨论和演

讲，让他们探索与他们的关注和观点产生共鸣的问题，培养主人翁意识，使学生在自己的学习中发挥积极作用。

与流行文化接轨：将大众文化元素融入思想政治教育。将概念、理论和历史事件与学生熟悉的电影、文学、音乐、社交媒体趋势和其他形式的流行文化联系起来，这弥合了学术内容和学生兴趣之间的差距，使主题更加相关和吸引人。

邀请演讲嘉宾及专家：邀请各领域的演讲嘉宾、专家和实践者分享他们在思想政治教育方面的经验和见解。这些外部视角可以提供不同的观点，激励学生，并将现实世界的相关性带到课堂上。演讲嘉宾可以包括院士学者、马克思主义学院教师或直接参与政治和社会问题的专业人士。

营造包容的环境：创造一个包容和尊重的环境，重视和鼓励不同的意见和观点。鼓励公开对话和辩论，让学生自由表达自己的观点，同时促进相互尊重和建设性的讨论。鼓励探索不同文化环境，营造尊重和欣赏多样性的环境。

突出职业机会：突出与思想政治教育相关的职业机会和路径。展示在这一领域获得的知识和技能如何引导学生应用于各种学科以及职业，如公共管理、外交、政策分析、新闻等，说明对意识形态和政治概念有深刻理解的个人对塑造社会的影响。

展示成功故事：分享在思想政治教育相关领域追求事业或做出重大贡献的团员的成功故事，例如杰出校友、专业人士或公众人物利用他们在思想政治教育方面的知识和技能推动积极变革的成就和影响。利用这些故事启发学生，展示他们所受教育的实用价值。

通过实施这些团课内容创新策略，高校可以吸引学生对团课教育的兴趣，培养学生对团课主题更深层次的参与和理解，这将最终使高校学生成为堪当民族复兴重任的时代新人。

（三）团课执行和宣传研究

首先，落实团课的监督执行、沟通反馈和宣传工作。提升责任意识，把认真自觉执行"三会两制一课"制度的责任意识教育作为支部书记和委员培训的必修课。其次，根据学生反馈效果，定期开展对团课的内部自查、自纠、自省工作。注重团课的宣传效果，结合新媒体矩阵将团课的学习结合党建热点工作，开辟不同专题板块。加强党建微信公众平台的运营管理，规范党建宣传审核程序，保障内容精良，宣传到位[6]。

要有效地宣传高校基础团课的重要性，可以运用多种传播渠道和传播策略：

利用大学交流平台：利用学校的交流平台，如官方网站、通信、社交媒体账号和校园公告栏，突出思想政治教育的重要性。发表文章、博客文章和成功故事，展示这种教育对学生个人和职业发展的影响。定期更新有关思想政治教育的新闻、事件和举措。

参与学生组织：与学生组织和社团合作，提高对思想政治教育重要性的认识。为学生主导的促进公民参与、政治讨论和社会意识的活动提供支持和资源。鼓励学生组织组织相关主题的活动和小组讨论，以促进学生对团课精神的理解。

举办公开讲座及研讨会：邀请中国青年五四奖章获得者等知名讲者、学者、专家参加公开讲座、研讨会和会议。邀请有影响力的人物、政治家和活动家分享他们对这种教育在塑造个人和社会方面的重要性的经验和见解。通过大学网络、当地媒体和社交媒体平台推广这些活动，以吸引广泛的受众。

与媒体合作：与当地印刷和数字媒体合作，发表强调思想政治教育重要性的文章、评论和采访。提供教师、校友和学生对当前相关问题的专家观点。通过媒体合作接触到更广泛的受众，可以广泛传播这种教育的重要性。

学生大使及感言：招募学生优秀榜样，让他们分享个人经历，以及团课对他们智力成长和公民参与的影响。鼓励他们参与演讲，录制视频，或参加小组讨论，阐明团课教育的价值。学生的声音在向他们的同龄人传达团课的重要性方面是强有力的。

与父母和家庭接触：认识到家长和家庭在学生教育中的作用。专门为家长和家庭组织信息会议、研讨会或网络研讨会，教育他们思想政治教育的重要性，提供他们可以用来支持孩子参与这种教育的资源和材料。

通过实施创新策略，高校可以有效地宣传团课的重要性，加快构建团课宣传思想工作大格局。

四、结语

高校基层团课在新形势下有新的内容与特色，团课教育工作者应与时俱进，积极探索新形势下思想政治工作的特点与规律，结合高校大学生的思想实际，有针对性地开展思想政治工作。一堂好的团课就是一次心灵的净化与洗礼，应把上好团课作为一项重要的政治责任，提高政治站位，克服"完任务，走过场"的错误认识，融理论、融实践、融经历、融体会于团课中，切实增强团课的吸引力与感召力。在模式形式、内容机制、执行宣传等方面落实一系列创新活动，通过高质量的团课引导广大青年学生听党话、跟党走，更好做到"党有号召，团有行动"。

● 参考文献

[1] 刘飞. 新形势下大学生思想政治教育工作途径探析 [J]. 高教探索, 2017 (S1) : 165–166.

[2] 王辉. 高校宣传思想工作面临的挑战 [EB/OL] . [2023-05-21] . https: //china.chinadaily.com.cn/2015-02/09/content_19531534.htm.

[3] 刘红. 新媒体矩阵下打造精品微团课的对策研究 [J]. 公关世界, 2021 (18) : 73–74.

[4] 袁玥, 朱尉. 以团课为抓手的研究生思想引领模式探究 [A]. 全国学校共青团2019年学术年会优秀论文集 [C]. 全国学校共青团研究中心, 中国青少年研究会. 2019: 367–375.

[5] 刘宏森. 微团课：理论与实践的新课题 [J]. 中国青年研究, 2021 (10) : 39–45+84.

[6] 朱国栋, 张炜. 借力信息化, 深化新形势下党建工作创新的思考与研究 [J]. 企业管理, 2018 (S1) : 334–335.

围绕中心服务大局
组织青年投身中国式现代化建设

青春向党 挺膺担当
北京理工大学共青团服务人才培养工作研究

奋斗是青春最亮丽的底色，行动是青年最有效的磨砺。党和人民事业发展离不开一代又一代有志青年的拼搏奉献。只有当青春同党和人民事业高度契合时，青春的光谱才会更广阔，青春的能量才能充分迸发。党的奋斗主题就是团的行动方向。习近平总书记指出，共青团要坚持围绕中心、服务大局，主动对接国家重大战略和重大任务，组织动员广大青年立足本职岗位，积极投身中国式现代化建设。党的二十大擘画了强国建设、民族复兴伟业的宏伟蓝图，为广大青年实现梦想描绘了光明前景、施展才干搭建了广阔舞台。共青团要在实践中磨砺青年，高度聚焦中国青年运动的时代主题，团结带领广大青年勇做新时代的弄潮儿，自觉听从党和人民召唤，胸怀"国之大者"，担当使命任务，在科技创新、乡村振兴、绿色发展、社会服务、卫国戍边等各领域各方面工作中争当排头兵和生力军，发挥聪明才智、挥洒青春汗水，追逐人生梦想、创造青春业绩，充分展现青春的朝气锐气，让青年人在奉献社会、服务人民的过程中茁壮成长。

早在北京理工大学延安办学时期，老院长徐特立就提出教育、科技和经济"三位一体"的思想，弘扬"理论联系实际"的学风，铸就了学校实践育人的鲜明特色。近年来，学校党委聚焦"延安根、军工魂"文化内核和红色基因特色，上好社会实践"国情大课""思政大课"。建立遍布全国的419个实践创新基地，形成了"观察社会、发现问题、探索创新、成果应用、服务民生"的育人模式，学生年均参与社会实践超过3万人次。建立"第二课堂成绩单"制度和社会实践信息化管理平台，多角度对学生社会实践进行质量评价。实施社会实践重点项目招标与立项，组建"专业化社会实践教学团队"，极大提升了社会实践的质量和深度。实行社会实践学分、积分并行制度，将大学生社会实践纳入教学计划，进一步提升学生参与社会实践的主动性和积极性。实施共青团促进大学生就业行动，每年组织1500人次大学生参加就业实习，连续五年获共青团中央和北京团市委社会实践先进集体表彰。

学校对接国家重大战略开展创新创业实践，建立"全链条、多协同、凸特色、大平台"的一体化创新创业教育体系，将创新创业教育贯穿于人才培养全过程。2018年至今，累计获中国国际"互联网+"大学生创新创业大赛总冠军2次、季军1次、金奖25项；累计获"挑战杯"全国大学生课外学术科技作品竞赛特等奖10项；累计获"挑战杯"中国大学生创业计划竞赛金奖16项。"飞鹰队""机器人队""航模队"在国际双创赛场连续夺魁。学校承办第十三届"挑战杯"中国大学生创业计划竞赛，以总成绩第一问鼎"挑战杯"。竞赛活动吸引全国3011所高校、143万名大学生参与，规模和质量都创历届新高，打出一面"青创报国"旗帜。获评国家大众创业万众创新示范基地，入选首批国家级创新创业学院建设单位。

学校积极完善学生参与志愿服务常态机制，优化志愿服务基地和项目培育机制，培育建立45个学生志愿者组织，近5年累计组织志愿者1.1万人，开展志愿服务活动时长达21万小时。组织优秀志愿者高水平完成北京冬奥会、"一带一路"国际合作高峰论坛、中国国际服务贸易交易会等一系列重大赛会志愿服务任务。选派120余名研究生支教团成员和西部计划志愿者赴山西、广西、新疆、内蒙古等地开展基础教育、基层社会管理等志愿服务工作。学校项目办连续两年在西部计划全国绩效考核中获得"优秀等次"。

智慧赋能高校团学组织实践育人机制研究

——以北理工人才培养模式为例

徐熙焱[1,2*]，赵静[1]，张晓[2]，徐磊[2]，徐枫翔[1]，
甘振坤[1]，董学敏[1]，刘渊[1]

(1.北京理工大学校团委，北京 100081；2. 北京理工大学化学与化工学院，北京 100081)

摘　要：随着中国社会经济的快速发展，各行各业对高素质人才的需求愈发迫切。中国高校教育改革注重培养学生的实践能力和创新精神，实践育人是教育改革的重要措施之一。近年来，随着人工智能、"互联网+"、大数据等技术的发展，教育信息化不断深入，智慧教育概念和技术在高等教育领域的实践和应用获得了空前发展，为拔尖创新人才培养带来了新的机遇和挑战。在智慧教育赋能的新时代背景下，高校团学组织亟须适应时代发展，在高校实践育人过程中更好发挥"基础平台"作用，做好学生参与实践创新的桥梁，形成有效的实践育人机制，为学生成长助力，确保党的实践育人方针的贯彻落实。为此，北京理工大学提出智慧教育视域下的全人化培养模式，而北理工团学组织以此为契机积极创新智慧赋能实践育人机制，取得了一定的有益经验。本文通过考察高校在新时代背景下实践育人机制和智慧教育的发展现状，总结有关经验，结合国内外高校和北京理工大学团学组织在智慧科技快速发展的新时代背景下实践育人的成果与经验，针对性地对智慧赋能实践育人理念建立、方式创新、制度完善及成效评价等方面进行创新探索，为实践育人工作顺利有效开展提供理论支持和机制保障，进而为提升高校人

---

* 徐熙焱，博士，北京理工大学化学与化工学院，特别研究员。

才培养质量提供有益参考。

关键词：智慧教育；实践育人；全人化培养；团学组织；创新创业

引 言

党的二十大报告指出，我国"实施科教兴国战略，强化现代化建设人才支撑"，而"创新是第一动力"，应"着力造就拔尖创新人才"；中共中央、国务院印发的《关于加强和改进新形势下高校思想政治工作的意见》中强调，要把思想价值引领贯穿教育教学全过程和各环节，形成实践育人长效机制。随着中国社会经济的快速发展，各行各业对高素质人才的需求愈发迫切，而高校实践育人旨在培养具有实践能力和创新精神的高素质人才以满足国家和社会的需求。中国高校教育改革注重培养学生的实践能力和创新精神，实践育人是教育改革的重要措施之一。为此，各高校通过建设实习基地、开展实践课程，并鼓励学生参与创新创业、社会实践等方式，提高学生的和创新和实践能力，以及职业素养和就业竞争力。近年来，随着人工智能、"互联网+"、大数据等技术的发展，教育信息化不断深入，智慧教育概念和技术在高等教育领域的实践和应用获得了空前的发展，已经成为全球教育界高度重视的热点，为拔尖创新人才培养带来了新的机遇和挑战。共青团是党和政府联系实践育人主体——青年群众的桥梁和纽带，习近平总书记在庆祝共青团成立100周年大会上殷切嘱托共青团要"坚持为党育人……，始终成为引导中国青年思想进步的政治学校"。因此，在智慧教育赋能的新时代背景下，高校团学组织亟须适应时代的发展，在高校实践育人过程中更好地发挥重要的"基础平台"的作用，做好学生参与实践创新的桥梁，形成有效的实践育人机制，为学生成长助力，确保党的实践育人方针的贯彻落实。

在新一轮的经济增长周期中，实践育人是学校发展驱动和人才竞争最不可或缺的推动力。例如，北京大学吴大庆等表示，当互联网技术不断普及和发展并日益趋于成熟，教育领域的改革也更加朝向信息化发展的方向前进，因此，人工智能技术与教育行业便形成了有机统一。教育的信息化发展主要聚焦在教育数据的挖掘，深化和提高[1]。西安邮电大学王春梅等则以"育人"

为根本，依托"互联网+"智慧教育新生态，遵循OBE工程教育理念，提出课程育人全过程的创新教学理念与思路[2]。近年来，北京理工大学提出在智慧教育新时代背景下全人化培养理念与体系，打造领军领导人才培养的"北理工模式"。其中，实践创新教育强调实践创新、知行合一，是新时代高等教育全人化人才培养能力图谱中的重要一环。

尽管我国高校对实践育人培养方式方法进行了有益的尝试，并为后续相关研究提供了坚实的实践经验和基础，但是共青团组织的高校创新创业实践育人机制尚缺乏系统性的研究，在新时代背景下，智慧赋能实践育人的相关研究仍方兴未艾。本文通过考察高校在新时代背景下实践育人机制的运行现状，总结有关经验，结合国内外高校和北京理工大学团学组织在智慧科技快速发展的新时代背景下实践育人的成果与经验，针对性地对智慧赋能实践育人的理念建立、方式创新、制度完善及成效评价等方面进行创新探索，为实践育人工作顺利有效开展提供理论支持和机制保障，进而为提升高校人才培养质量提供有益参考。

一、国内外高校实践育人现状

（一）实践育人的内涵

马克思主义认为，实践是人类有意识、有目的地改造自然和社会的活动。实践育人能够在实践中影响并塑造大学生的世界观、人生观和价值观，因此进行实践教育对大学生树立社会主义核心价值观具有重要意义。尽管西方在践行实践育人方面已有较为系统的经验，但中国实践育人的有效开展，需要因地制宜，在实践中融入新时代中国特色社会主义理论和思想方针，体现时代性和创造性，强调实践育人的中国模式。

（二）国内外高校实践育人的发展与经验

发达国家大学的实践育人模式主要分为两种：一是以教学为依托的认识实践，二是以教学之外为依托的操作实践。例如，新加坡教育体系注重体验性实践活动，通过参观、访问、考察等途径，让学生产生积极的情感体验，丰富学生的内心世界。日本实践育人体系除了传统的注重体验性实践活动，还有各类英模事迹报告会、学生模拟法庭，以及参加罪犯公审大会等创设情境活动、旨在帮助学生提高道德判断力的情境性实践活动。德国教育体系同样重视实践育人，对于四年制的应用科学大学而言，学生必须进入工地现场，以普通工人的身份参加各工种工作，培养职业意识和职业道德。英国实践教育主要包括下四个方面：一是培养目标兼顾专业技能和综合素质；二是强调与企业的良性合作；三是设置"施工管理与测量项目"和毕业论文，从而实现所学理论知识的集成和能力训练；四是实践教学内容涵盖行业发展前沿技术。美国实践育人目标明确具体，旨在提高学生学业水平、提升学生综合素质、培养参与型公民等，与英国实践教育体系相比，美国实践教育增加了情感方面的培育，在服务学习项目进展过程中提高学生社交能力、分析处理问题能力[3]。

习近平总书记在参加首都义务植树活动时强调："要德智体美劳全面发展，不能忽视'劳'的作用，要从小培养劳动意识、环保意识、节约意识，勿以善小而不为，从一点一滴做起，努力成长为党和人民需要的有用之才。"中国高校实践育人进程，从进入21世纪即有了长足的发展。2008年，中国地质大学提出了"艰苦朴素、求真务实"的实践育人目标，并结合优势学科专场，重点培育学生的地质兴趣和思维。华中农业大学同样在强调优势学科培育的基础上，更加注重创新与实践的结合，提出了"基础+生产实践""基础+研发训练""基础+创新研究"三种实践育人教育模式。此外，北京林业大学秉承"知山知水，树木树人"办学理念，并结合专业所长，相继形成了首都大学生"绿色咨询""绿桥"等品牌，助力学生在实践中培育生态文明建设和可持续发展战略思想观。上海大学则开办家长学校，探索完善家校合作育人体系，有效地统筹课内、课外、校内、校外各种教育资源，构建"大实践"的平台[4]。上述工作的开展，为我国高校实践育人的发展奠定了基础。2012年2月，教育部出台了《教育部等部门关于进一步加强高校实践育人工作的若干意见》（以下简称为《意见》）[5]，就进一步加强高校实践育人工作，全面落实党的教育方针，提出了新的要求。为贯彻落《意见》精神，2012年，北京大学光华管理学院较早开始尝试"沃土计划"本科生挂职锻炼实践，鼓励学生参与乡村管理任务，在实践中锻炼中实践对学生全方位的培育目的；武汉大学为了进一步促进高年级学生更好融入政府管理及完善构建高校与地方政府共同育人体系，于2014年先后在浙江、江苏、广东、广西、湖北、新疆等6省区建成了12个校级研究生挂职锻炼基地，加强了高校与地方政府的育人合作模式[6]。各个高校也积极利用寒暑假期的实践，组织多个学生团队深入全国各个欠发达地区进行志愿服务行动，并完成实践育人目标。同时，高等职业教育院校在推进实践育人工作方面也取得了一定成效。坚持学生创新精神和实践能力的培养为主要任务，湖南城建职业技术学院，注重实践在教学中的比重，开展了一系列以实践育人为主题的活动，构建探索实践、创新、社会等为一体的实践育人模式；河南应用职业学院的志愿者服务活动更是多种多样，以促进学生参与的积极性，在公益服务、社会服务等志愿者服务活动中，结合实践育人的观念更好促进学生个体的发展。

2020年年初的新冠病毒疫情为我国高校实践育人的发展带来重大挑战，也蕴含着前所未有的机遇。借助"互联网+""物联网+"技术的发展，各高校在"战疫"中帮助学生树立正确的三观，用丰富多彩的线上主题团日活动，让我国青年对疫情有正确客观的认识，树立大局观，主动承担防疫责任和切实履行防疫义务，为我国抗疫工作贡献一份力量。例如，清华大学组织近900名志愿者参与了针对疫情防控一线医务工作者和社区工作者子女、疫情重点地区和贫困地区中学生等的线上学业辅导和亲情陪伴。北京大学发布《致全校各基层党组织、各单位的倡议书》，号召全校各单位积极对接燕园街道各社区，主动支援燕园街道疫情防控工作，参与到社区防控一线工作中。优秀的作品通过群众喜闻乐见的形式表现出来，如青年学生在网络媒体上以发布文章、诗歌、漫画、摄影作品、小视频、原创歌曲的方式来传递抗抗疫精神，鼓舞人心，科普防疫知识，众志成城，坚定我们必胜的信心，在群众中传递正能量。

二、智慧教育赋能下实践育人发展概述

(一) 智慧教育的内涵

智慧教育是指在教育领域依托现代信息技术,全面深入地利用物联网、云计算等技术来促进教育的信息化发展。依托信息技术的进步,发展智慧管理、智慧教学,从而培养具有较强思维能力和创新能力的智慧型人才。以教育的信息化,促进教育体系的创新,实现教育资源的共享,能够提高教育教学的质量和效益。《中国智慧教育蓝皮书(2022)》认为,智慧教育是数字时代的教育新形态,与工业时代教育形态有着质的差别[7]。智慧教育能够实现信息技术与学科教学的深度融合、实现教育资源的整合共享,基本特征是智能交互、开放共享。北京理工大学党委书记张军院士指出[8]:"我们期望未来的高等教育,以智慧互联为理念,努力发展以人为中心的智慧教育,实现师生有价值的成长,建设中国特色现代化高校治理体系。"

(二) 国内外智慧教育的发展与经验

国外对于智慧教育的发展,大多起始于2008年全球金融危机之后,教育通过对经济和社会的推动作用,能够提高国家的核心竞争力。智慧学校计划由马来西亚率先尝试,智慧学校是将技术和教育相结合,目的是提高学生的核心竞争力。日本重视教育的信息化工作,在中学阶段开展一系列信息素养选修课,同时重视将教育资源信息化。新加坡于2006年宣布IN2015计划[9],智慧教育是其中的重要组成部分。其重点包括:建设教育基础设施,使学生能够方便地获取所需的数字资源;使用信息技术改变教学方式、开发新型评价方式对学生学习进度及内容掌握程度进行评估;建设未来学校,搭建以学生为中心的个性化学习空间。美国智慧教育的发展[10],包括企业和政府两方面。企业层面代表IBM,率先提出智慧地球概念,并衍生出一系列的行业解决方案,其中包括智慧教育。政府层面发布NETP2010,作为未来五年教育发展的战略规划。在学习方面,该规划要求教育者能够根据学生个性化的学

习需求提供教学服务；在评价方面，要求能够判断学习者的真实能力与发展趋势；在教学方面，要求教师运用信息技术改变教学模式；在设施方面，要求不断改进硬件、系统和管理工具。韩国于2011年发布了《推进智慧教育战略》[11]，其目标是要进行一场智慧教育改革，提升以技术为基础的课堂学习成效，培养出能够在未来信息社会中发挥作用的创新型人才。智慧推进战略包括：建立智慧教育生态环境；升级智慧教育推动体系；开发应用数字教科书；推广在线学习、构建在线评价系统；推动教学资源的公共利用；强化教师的智慧教学能力。

国外各高校在智能教育系统开发方面的研究成果也十分丰富，基于Coursera、edx、ZOOM、Blackboard等网络教学平台，美国南加州大学开发了RIDES教学系统，斯坦福大学开发了MMAP协同式教学系统，加拿大多伦多大学开发了Quercus智能教学系统。在这种新的教学模式中，学生的学习形式也发生了变化。

为了加快我国教育事业的发展，2010年我国政府颁布了《国家中长期教育改革和发展纲要（2010—2020年）》，在加快教育信息化进程一章中明确指出，"信息技术对于教育发展具有革命性的影响，必须予以高度重视"，从国家层面对教育信息化做出了指示。2012年，教育部发布《教育信息化十年发展规划（2011—2020年）》，首次提出"智能化"的概念，这是我国对智能教育的有益尝试。随着国家推动智慧教育变革，各高校纷纷行动。信息化环境是现代教育的基础，智慧教育的发展离不开智慧校园的建设[12]。例如，北京大学以学生为中心，建设智慧教室，营造具有开放性、启发性的氛围。新疆大学通过推进智慧教室的建设，同时开设智慧同步课堂，稳步推进混合式教学。北京师范大学通过交互终端设施和智慧校园信息化平台的建设，实现物理空间和网络空间相融合。中央民族大学通过促进信息技术和教育教学网络深度融合的方式，构建智慧中心。2022年3月，国家智慧教育公共服务平台正式上线启动，该平台提供了丰富的课程资源和教育服务。智慧学习环境的搭建，为从"教师教"到"学生学"教学模式的转变做好了铺垫。智慧教育的发展必定要以学生为中心，充分推动学生的个性化学习[13]。北京科技大学积极推进数字化建设与课程教学深度融合，在构建互动式、智能化、开放性教学环境的基础上，强化线上资源的汇集并搭建智慧教育平台，推进校园文化、办学历史等数字化改造，能够满足学生对于理论知识掌握、生产工艺设定和优化等的需求。全国其他高校在智慧育人方面也进行了广泛的探索。

（三）智慧教育赋能实践育人发展

将信息化技术引入教育，在带来便利的同时，容易产生忽视学生情感的问题。同时，信息化教育不能根据学生不同的特点进行因材施教。因此，智慧教育应该立足于具体的教学实践之上，合理利用技术促进学生创新创业、社会实践的智慧教育发展。清华大学通过举办虚拟仿真创意大赛形式，使学生在双创参赛过程中将虚拟仿真技术与所学学科知识充分结合，培养学生的创造性思维。北京师范大学注重提升学生的实验素养，建设虚拟仿真实验平台满足了学生虚拟实验的需要。北京邮电大学基于校园网搭建虚拟仿真实验平台，包括网上理论课程模块、通信网信息传递过程动态展示模块等，学生可以根据自己的需要快速进入虚拟实验教学平台，通过网上课程、虚拟实验、在线实习等方式满足自己的学习需要。郑州大学搭建了一系列有特色的虚拟模拟实验，包括实习实训、计算化学、高危高害实验等，同时还构建了与实验相结合的基础化学实验、仪器分析实验等虚拟模拟教学平台，为学生提供长期的个性化网络实验学习空间。2020年以来爆发的新冠病毒疫情，给教育系统带了巨大挑战，各高校积极打造线上互联网平台，致力于构建新时代"线上线下双结合"的实践模式[14]。例如，北京石油化工学院打造"仿真教学与实践中心"，与以往的专业课程教学不同，在中心的仿真实验实习车间，许多原本在教室里讲授的专业课程都转到了这里完成，学生可以在与实际生产车间相同的环境中进行实验实习，这解决了学生在真实生产过程中的"只能看不能动"的问题。扬州大学结合自身优势，将智慧教育和实践育人有机结合，其"虚实之间"实践团队带领留守儿童参观生科院虚拟仿真实验室，成员们进行虚拟实验操作，耐心讲解虚拟仿真实践平台的虚拟操作、自助解剖、功能演示、器官复位等模块。北京理工大学党委书记张军院士指出:"北理工智慧教育的总体方案,是以延河课堂为抓手,全面规划、智慧引领,系统推进教育理念、教育模式、教学体系、教育管理的一体化改革"[15]。

三、智慧赋能北京理工大学实践育人经验与机制

在新时代背景下,北京理工大学为提高教育质量、促进学生个性化发展、提高实践能力和技能水平、促进数字化素养教育以及推动创新创业教育,以"融合创新、智慧赋能"为驱动力,构建育人图谱,推动思政"活化"、知识"衍新"、学以"智用",赋智于人、融智于校、强智于国,造就了一批"胸怀壮志、明德精工、创新包容、时代担当"的领军领导人才,使师生都能够得到有价值的发展,建设中国特色现代化高校治理体系,形成了智慧教育的"北理工实践"。

(一)打造沉浸式思政课程

依托VR技术优势,建设"全国思政课虚拟仿真教学体验中心",建成"红色基因文化育人资源库"。通过数字技术赋能,讲好红色故事;依托数字排演技术创新交互体验,搭建"云端舞台"塑造红色文化品牌,采用线上线下相结合的方式制作"云端舞台剧"等。利用虚拟现实技术,将思想政治教育与虚拟现实技术相结合,为学生提供身临其境的思想政治教育课程。该课程采用了北京理工大学自主研发的VR技术,通过VR头盔等设备,将学生带入逼真的虚拟现实场景中。学生可以身临其境地感受历史事件、参观名胜古迹、了解文化知识等。学生还可以与数字还原的老校长徐特立等虚拟人物进行互动,通过交互式体验,加深对知识的理解和记忆。VR思政课程具有身临其境、互动性强、生动形象的特点。VR思政课程还可以根据需要进行定制化,根据课程内容和学生特点,选择合适的场景和交互方式,提高学习效果。北京理工大学推出VR思政课程,是智慧思政建设方面的一项创新举措。

（二）开发线上线下一体化教学平台

开发"乐学"网络教学平台，为学生提供了网上选课、网上师生互动、网上考试和网上自动评分等功能。通过"乐学""云录播"等多种平台的有机结合，构建了教学支撑平台——延河课堂，它是一种线上、线下相结合的教学支持平台[16]。延河课堂还提供了实时的课堂教学和录像回放的功能，以此为基础，使信息技术在教学的各个环节和各个方面都得到了全面的覆盖。该平台包括教学管理系统、在线教学平台、学习管理系统等多个模块，能够实现教师和学生之间的互动、教学资源的共享、学习过程的跟踪和管理等功能。教师可以在平台上发布课程计划、布置作业、开展在线讨论等，同时学生也可以在平台上查看课程资料、参加在线讨论、提交作业等。线上线下一体化教学平台的主要特点是便捷、高效、灵活。教师和学生可以通过平台进行线上互动和在线交流，减少了时间和空间上的限制。同时，平台还能够对学生的学习情况进行跟踪和管理，提供个性化的学习建议和指导，提高学生的学习效果和兴趣。

（三）建设特种仿真实验平台

充分发挥数字仿真技术优势，搭建了车辆数字仿真实验平台，集教学实验及专业学习于一体，为学生探索各自研究方向提供了广阔空间和个性化辅导。特种仿真实验平台采用了北京理工大学自主研发的虚拟现实技术，通过头戴式显示器、手柄等设备，将学生带入逼真的虚拟场景中。在场景中，学生可以身临其境地感受特种装备的操作、运行等。同时，平台还采用了增强现实技术，将虚拟场景与现实世界进行融合，让学生在现实世界中感受到虚拟场景的真实感。特种仿真实验平台的主要特点是逼真、高效、安全。通过平台，学生可以在真实的场景中进行实验和培训，减少了实验成本和风险。同时，平台还能够实现实时数据采集和分析，帮助学生更好地理解实验结果，提高实验效率和精度。

（四）推进智慧赋能实践育人

北京理工大学依托智慧科技优势，在双创办赛和社会实践方面进行丰富多样的创新尝试，积极推进智慧赋能实践育人内涵的不断拓展和方式的持续革新。在这方面，北京理工大学团学组织立足新时代发展特点，切实增强引领力、组织力、服务力，充分发挥好桥梁纽带作用，以教育数字化战略为契机，在智慧赋能实践育人方面进行了有益尝试。

四、北京理工大学团学组织践行智慧赋能实践育人

（一）智慧赋能双创赛场

创新创业是支持经济高质量发展的重要动力之一，它对提高社会投资水平、创造更多的就业机会和财富具有正面的积极作用，同时可以带动其他相关产业的发展。在国际国内错综复杂的大背景下，创业创新成为推动经济增长和应对外部压力的重要方式。通过举办创新创业大赛来促进新兴科技的发展，这对用科技创新来引领新兴产业、推动产业升级是有利的，同时还可以促进大数据、人工智能、科技文化艺术、科技公益慈善等前沿新兴科技与互联网+实体经济的深度融合。北京理工大学团学组织依托学校承办第十三届"挑战杯"中国大学生创业计划竞赛全国决赛契机，将人工智能、互联网+、大数据等智慧科技全方位应用于创新创业赛场。

一是构建"挑战杯·元宇宙"的大规模、高质量、沉浸式的数字交互空间，让线上参赛者能够身临其境地感受到总决赛的气氛，从而达到"破屏"的效果。"元宇宙交互空间"通过数字孪生技术1:1构建了超过10平方千米的北京理工大学数字校园和数以千计的数字模型资产，集合了2600余件大学生创新创业作品，能够满足10万人同时登录漫游。"挑战杯·元宇宙"成为"挑战杯"办赛史上首个"元宇宙赛场"，也是教育领域中元宇宙技术的第一次大规模应用。

二是运用多种技术手段构建的数字仿真人——"灵"，成为"挑战杯"

赛场上第一位数字仿真参赛选手。北京理工大学数字表演与仿真技术北京市重点实验室团队采用基于分片面部基模型的重投射误差优化算法，对人脸三维空间点坐标进行最优捕获；采用Blendshape+骨架的驱动方式，对"灵"人脸模型进行数据处理，对其进行精确定位；聘请专业主持人佩戴动捕设备，对播报动作进行真人演绎，并利用光学标记点反射得到相应骨骼的位移，利用OptiTrack动作捕捉系统对专业主持人的动作进行采集，构建出主持动作库，最大限度地还原了专业主持人的播报动作。在"灵"的号召与见证下，全国各大高校的参赛人员，将挑战宣言传送到了第十三届"挑战杯"的现场，这是对元宇宙技术的一次大胆探索。

三是探索数字化办赛的融媒体传播、信息化升级。竞赛组委会搭建了第十三届"挑战杯"会务系统，包括赛事指南、电子报到、数字空间、全景浏览、赛事直播、活动报名、留言抽奖、酒店查询八个板块，提供集会务组织、线上体验、信息集散功能于一体的一站式服务，参赛和观摩人员可通过线上系统获得需要的服务和信息，以高效便捷的方式，充分展示"挑战杯"竞赛魅力。

（二）智慧赋能社会实践

习近平总书记强调，从中华民族伟大复兴战略全局看，民族要复兴，乡村必振兴。大学生社会实践活动是引导青年学生走出校门，深入社会的各个层面，在亲身实践中认识国情、了解社会、加深对书本知识的理解、巩固专业知识，并运用专业知识到生产实践中去，把书本理论与实际生产生活结合起来的良好方式。尤其是要深入我国的广大农村地区进行创新实践，使理论与实践相结合、知识分子与工农群众相结合，这有助于大学生树立正确的世界观、人生观、价值观。在智能化技术高速发展的背景下，北京理工大学团学组织积极推进通过广泛的社会实践促进智慧科技成果转化。

一是智慧赋能助农增产。北京理工大学"虫口夺粮"社会实践团利用专业知识开展昆虫雷达实时监测害虫系列实验，为智慧农业和美丽乡村建设贡献青春力量。实践团依托高分辨相控阵雷达与三部多频段全极化昆虫雷达进行"1+3"协同联动监测，利用相控阵雷达大空域扫描搜索虫群目标，将探测到的虫群信息下发给多频全极化雷达，从而提前发现与识别迁飞性害虫，诱捕害虫，实现了化学农药使用减量化。

二是智慧赋能乡村基础学科夏令营。"乡村π计划"是北京理工大学数学与统计学院的品牌实践团队，疫情期间搭建线上数学冬令营平台，面向乡村青少年开设数学先导课等课程，帮助学生深入理解高中知识，点燃学生对数学的兴趣，助力学生提高数理能力，培养学生的数学思考能力。目前已有多名学生通过"乡村π计划"立志学习数学以强基报国，更有学生考入北理工、加入"乡村π计划"来继续影响后续学生。

三是智慧赋能提升乡村民生。"太阳能采暖项目"团队是一支以北京理工大学信息与电子学院本科生为主的"北理少年团"，同学们在学院老师指导下开发了"基于物联网的智能太阳能高效采暖及热水管理平台"，致力于改变西北乡村用电采暖、电费贵的问题，并实现清洁能源采暖，减少碳排放。该实践团队已将技术在山西吕梁胡堡村进行实际应用，取得了可观的经济效益。

五、智慧教育视角下高校团学组织实践育人机制

北京理工大学团学组织作为连接党和高校学生的桥梁和纽带，在智慧赋能实践育人方面已经做了一系列有益尝试、获得了一定成效。然而，智慧赋能实践育人是一项全国高校团学组织共同参与的重要任务，当前其深度和广度尚有待进一步提升，因此高校团学组织需要建立起行之有效的系统机制，以保障智慧赋能实践育人的持续推进。

（一）牢固树立智慧赋能实践育人理念

智慧赋能实践育人的持续推进的根本在于智慧赋能实践育人理念的树立。高校团学组织要打破传统实践育人理念，从立德树人的高度深刻认识智慧赋能实践育人的重要意义；同时，团学组织应当积极引领青年学生树立智慧赋能实践育人理念，使学生在参与创新创业、社会实践等实践过程中积极

主动使用智慧科技,从而为实现智慧赋能实践育人的持续推进奠定牢固的思想基础。

一是强化教育宣传。团学组织可通过校园广播、电视、宣传栏、校园活动等各种途径,加强对实践育人理念的宣传和教育,让学生充分了解智慧科技在实践育人的重要性,提高学生对的思想认识。

二是加强教育培训。团学组织可开展智慧科技培训、实践项目管理培训等相关的培训和教育,提高学生的创新创业、社会实践等实践能力和水平。

三是明确地位作用。团学组织应促进智慧科技在实践类课程中的重要地位的树立,从而规范实践教学的内容和方法,提高实践教学的针对性和实效性。

四是倡导知行合一。团学组织应积极倡导和实践知行合一的教育理念,让学生将所学知识和智慧赋能实践项目相结合,不断提高自己的实践能力和综合素质。

树立智慧赋能实践育人理念需要高校团学组织的多方面支持和努力,树立和实践智慧赋能实践育人理念,提高实践育人的质量。

(二)积极创新智慧赋能实践育人方式

智慧赋能实践育人方式的创新推进,为实践育人的实现提供源源不断的动力。高校团学组织要积极学习智慧科技,提升智慧育人技能,在实践育人过程中不断增加智慧科技的应用,持续创新基于智慧科技的实践育人方式方法;同时,团学组织应充分发挥桥梁纽带作用,努力推动智慧科技在教育实践过程中的创新和应用,不仅能提升青年学生对于创新创业、社会实践等实践的兴趣,还能切实提高实践育人效率。

一是引入人工智能、大数据、虚拟现实等智慧赋能的新技术和新工具,有助于创新智慧赋能实践的方式和方法,提高实践的效率和质量。

二是开展定制化智慧赋能实践项目。针对学生的不同特点和需求,开展定制化智慧赋能实践项目,可以更好地激发学生的学习兴趣和创造力。

三是促进建立智慧赋能实践社区和网络平台,以促进学生之间的交流和

合作，提高学生的实践能力和团队协作能力，更加充分地发挥智慧赋能成效。

四是强化智慧赋能实践育人的文化氛围。通过教育宣传、文化引领、榜样激励等方式营造浓厚的实践育人文化氛围，激发学生的学习兴趣和创造力，提高学生的实践能力和综合素质。

创新智慧赋能实践育人方式需要从多个方面入手，创新智慧赋能实践育人方式，提高实践育人的成效。

（三）持续完善智慧赋能实践育人制度

高校团学组织应在智慧赋能实践育人理念树立和方式创新的基础上，逐渐形成智慧赋能实践育人的系统化制度。

一是加强学生自主管理能力。智慧赋能实践项目实施过程需要学生具备计划、组织、协调、沟通、总结等自主管理的能力，团学组织要注意引导学生加强自主管理能力，提高学生的自我管理和解决问题的能力。

二是建立明确的目标和标准。在制定智慧赋能实践育人制度时，需要明确具体和可量化的目标和标准，以便能够跟踪和评估制度的效果。

三是促进提高指导教师的智慧科技专业水平。指导教师是智慧赋能实践的主要提供者，必须通过培训、进修和课程设计等方式以提高教师的专业水平，使其能够更好地教授和实践智慧科技。

四是鼓励学生的积极参与。学生是智慧赋能实践项目的重要参与者，需要鼓励学生的积极参与，并通过组织各类活动、提供智慧科技专项指导以及鼓励学生参与智慧赋能实践项目，为其提供实验室、设备、工具和设施等所需资源和支持。

建立和完善智慧赋能实践育人制度需要各方面的努力和措施，从而确保智慧赋能实践的有效性。

（四）全面评价智慧赋能实践育人成效

全面评价智慧赋能实践育人成效是一项复杂的任务，需要综合考虑多个方面的因素。

一是评价学生表现。通过测量学生的实践成果、技能水平、创造力和解决问题的能力等方式，综合评估学生在智慧赋能实践中的表现情况。

二是评价指导教师的专业能力发展情况。指导教师的专业水平和教学效果对实践成效有着重要的影响，通过评估教师的智慧科技水平、相关知识储备、教学效果和成果等方式，评估指导教师的发展状况。

三是评价智慧赋能实践项目的质量，通过评估实践项目的完成度、成果质量和资源利用效率等方式评估实践的质量。

四是评估学生的参与度和满意度。通过调查学生的意见和反馈、评估学生的参与程度和满意度等方式来评估学生的参与度和满意度。

通过以上几种方式综合评价，可以得出全面、客观、准确的评价结果，从而更好地指导智慧赋能实践育人的发展和改进。

六、结论

从十八大以来，随着中国特色社会主义建设不断深化，理论不断完善，其中关于高等教育改革方面的内容也有了不少新的部署和建设。习近平总书记对高等教育改革提出了一系列重要论述，激发了广大高等教育工作者对中国教育事业内涵发展进行系统性思考。其中习近平总书记关于立德树人的重要论述成为当前教育工作者的根本性任务，对我国高等院校实践育人提出了新的要求[17]。国内外高校积极探索实践育人的途径和方法，通过培养学生的实践能力和综合素质，提高其创新能力和竞争力。

近年来，随着智慧科技的发展，在教育教学过程中运用信息技术等手段，可以提高学生的创新和实践能力，有助于促进高校实践育人成效的提升。在新时代背景下，北京理工大学在高等教育实践中提出"知识驱动的智慧教育赋能全人化培养"理念与体系，是基于马克思主义教育基本观点和习近平新时代中国特色社会主义思想铸魂育人观点的高等教育理论创新[15, 18]。北京理工大学团学组织以此为契机，充分发挥桥梁和纽带作用，在智慧赋能实践育人方面取得了有益经验，在牢固树立智慧赋能实践育人理念、积极创新智慧赋能实践育人方式、持续完善智慧赋能实践育人制度和全面评价智慧赋能实践育人成效方面积极探索智慧赋能实践育人机制。

当前新时代背景下，我国各产业结构尤其是农村地区的生产生活特点正在发生更为深刻的变革，同时人工智能、"互联网+"及大数据等智慧科技仍在高速发展，这对智慧赋能下实践育人的重点和方式提出了更高的要求。高校及团学组织应持续完善实践育人的运行机制，将智慧赋能实践育人持续推向深入。

参考文献

[1] 吴大庆，郭向阳，马尽文. 文本挖掘与智慧教育 [J].数字教育，2020 (6)：1–8.

[2] 王春梅，王曙燕，孙家泽，等. 智慧教育新生态下课程育人混合式创新教学探索与实践 [J].计算机教育，2022 (2)：158–163.

[3] 史明涛，徐丽曼，张利国. 国外高校实践育人的经验及启示 [J].中南民族大学学报（人文社会科学版），2013 (33)：178–180.

[4] 李雪林. 上海大学首开"家长学校" [N].文汇报，2007-08-29 (06).

[5] 教育部等部门关于进一步加强高校实践育人工作的若干意见（摘录）[J].实验室研究与探索，2012 (31)：4.

[6] 安利利，宋健，熊艺钧. 高校研究生挂职锻炼实践模式的问题探究 [J].当代教育实践与教学研究，2017 (2)：16–18.

[7] 智慧教育蓝皮书与发展指数报告发布 [J].新西部，2023 (2)：176.

[8] 张军. 构建中国特色智慧教育体系的思考与实践 [J].中国高等教育，2022 ()：9–12.

[9] 孙杰贤. 新加坡"iN2015"计划完全解读 [J].通讯世界，2007 (7)：50–53.

[10] 卢长亮. 大思政视野下高职思想政治教育实践育人的内涵 [J].大学，2022 (36)：86–89.

[11] 周琴，徐蕊玥，梁昊楠. 韩国智慧教育战略及其启示 [J].教师教育学报，2021 (8)：109–116.

[12] 冯华. 探索教育信息化建设 助推智慧校园发展 [J].河南教育（基教版），2020 (5)：51–52.

[13] 黄珊珊. 依托智慧教室环境, 推进学生个性化学习 [J]. 新教师, 2020 (12): 54-55.

[14] 张珂, 王泽华. "互联网+"与虚拟仿真融合式实践教学模式的构建探索 [J]. 管理工程师, 2022 (27): 54-60.

[15] 张军. 智慧教育视域下的全人化人才培养 [J]. 中国高教研究, 2022 (7): 3-7.

[16] 张军. 红色基因育英才 服务战略创一流 [J]. 中国高等教育, 2021 ( ): 10-11.

[17] 于洋, 周洪宇. 习近平关于实践育人重要论述的主要内涵与鲜明特色 [J]. 海南大学学报 (人文社会科学版), 1-7.

[18] 包丽颖. 牢记"国之大者"育可堪大任之才 [N]. 人民日报, 2021 (5): 2-12.

新时代高校共青团组织实践育人研究

杨昕钰*，金枭雨，郑龙鸿，孙秋红，张龙泽，刘晓雪

（北京理工大学材料学院，北京 100081）

摘　要：青年的思想政治素质，不仅关系到个人的人生走向，更关系到"为谁培养人、培养什么样的人、怎样培养人"的根本问题。实践育人是新时代高校共青团工作的重要任务，是进一步完善学生思想政治教育工作的重要体现，是培养学生成长成才的有效途径。针对高校共青团组织进行实践育人工作综合改革创新路径研究，将红色精神融入共青团实践育人中，构建全过程贯穿、全方位协同的红色精神实践育人格局，以理论武装为青年铸魂、以创新引领为青年立本、以文化浸润为青年润心、以实践担当为青年树基，多管齐下、多措并举，使实践育人工作真正落地见效，发挥高校共青团组织在学生思想政治工作中的生力军作用，对于培养和造就能够堪当大任的时代新人赋能增效。本文通过重点关注新时代环境下共青团实践育人国内外研究现状及面临问题，创新性地探索红色精神实践育人对培养新时代青年的具体意义和创新路径，形成了具有前瞻性和创新性的观点建议，针对具体问题提出了切实可行的解决举措，丰富和完善高校共青团实践育人价值体系研究。

关键词：高校共青团；实践育人；思想政治；新时代；红色精神

引　言

实践育人是基于实践的观点而形成的一种育人理念，它是以学生在课堂上获得的理论知识和间接经验为基础，激发学生课外自我教育和实践学习的

---

* 杨昕钰，硕士，北京理工大学材料学院，研究方向：材料科学与工程、学生德育与党团建设。

热情和兴趣，开展与学生健康成长和成才密切相关的各种综合性、导向性的实践活动的新型育人模式[1-2]。实践育人是高校共青团组织按照"两个全体青年"的要求，加强对大学生思想教育和价值引领的主要形式，是组织服务大学生成长成才的基本途径。实践的磨炼和体验在学生成长成才中发挥着课堂教学无法替代的作用[3]。通过深入挖掘共青团思想引领功能，建构红色精神实践育人阵地和平台建设，打造品牌的、系统的、科学的红色精神实践育人模式，是推进团组织蓬勃发展的有效举措，是大学生加强与社会广泛联系的重要途径。

现如今，世界范围内政治、科技以及经济的外部竞争日益凸显，高校大学生综合素质在综合国力中占据越来越重要的地位。但是，资本主义消费社会的拜物教引发的享乐主义、拜金主义、投机主义、个人主义等社会思潮冲击着大学生的政治信仰、理想信念和价值取向。高校作为教书育人的主渠道、主阵地和主课堂，作为有目的、有计划、有组织的专门教育机构，成为大学生思政教育的重要组成部分和主要责任主体。共青团组织因其具有长期的实践基础和良好的育人氛围，已经成为高校育人工作的重要组成部分。

本文将深入分析高校共青团实践育人工作的现状，结合党的二十大精神和习近平总书记在庆祝中国共青团成立100周年大会上的重要讲话内容，围绕服务国家的重大战略，探究红色精神背景下共青团实践育人的基本特征、现状和影响因素、存在的问题及原因，最终以我校红色精神传承为实例，结合日常生活、社会实践、志愿服务、创新创业等方面，总结归纳出红色精神实践育人的新方法、新模式并实现可广泛推广性。

一、高校共青团实践育人国内外研究现状及面临困境

（一）国内外研究现状

2020年10月，中共中央、国务院印发《深化新时代教育评价改革总体方案》，明确提出要坚决克服唯分数、唯升学、唯文凭、唯论文、唯帽子的顽瘴痼疾（即破"五维"）。不难发现，在过往的大学生教育培养评价体系

中,"五维"问题存在于大学生培养的方方面面。现如今,破"五维"更加看重大学生的综合素质与实践能力,这对高校实践育人工作提出了更高的要求。何为实践育人?袁帅将其概括为"通过实践教育与理论教育相结合来共同完成对学生的培养和教学"。为实现学生教育培养实践育人功效,学者们做了很多研究工作[4]。何云峰认为,在教育学的视角中高校应该通过搭建实践育人平台,培养实践育人师资力量,开发实践育人校本课程,来使学生从"从做中学"[5]。宋俊良提出以科技创新为排头兵,探索"科技创新+"的创新人才培养途径,优化和打造"一专业""一社团""一赛事""一基地"的"四个一"大学生科技创新实践育人体系。以上相关研究更多地关注实践育人的运行过程,忽略了实践育人中思政教育的思想引领作用[6]。而通过构建思政教育实践育人模式,可以使思政教育与实践教育充分融合,对于提高学生的综合素质具有十分重要的意义。

高校共青团作为党的青年工作的重要力量,在高校思政教育实践育人中做了大量的工作,国内外学者均对其进行了深刻的研究和探索。邢菁提出,高校共青团要积极从实践主体、客体和载体等方面探索实践育人路径,通过更新教育理念、优化第二课堂、推进社会实践、建设校园文化以及推动新媒体实践育人的方式,进一步提升高校共青团实践育人实效[7]。王姣姣探析了"三全育人"视域下高校共青团的实践育人路径,表示可以从通过构建家、校、企、社会实践育人共同体、强化高校共青团组织管理、充分发挥第二课堂作用、形成"互联网+实践"新动能的方式,开展多主体、多阵地、多空间的育人实践。国外虽无共青团相关组织架构,也无思政教育相关概念,但是其意识形态管控手段仍然将实践育人渗透于高等教育中[8]。如德国的"双元制"模式、新加坡的"教学工厂"模式、美国的"服务学习"、日本的《学习指导要领》和英国的"三明治"教育等,都重视理论与实践的结合,将实践作为教育的最主要载体。

(二)所面临的困境

目前共青团实践育人还存在着思想引领功能不突出、过程存在短板效应、育人成果反馈机制不科学的问题。

1. 实践育人的思想引领功能不突出

部分高校对广大团员青年开展实践育人的思想引领功能不突出。高校共青团的实践育人方式大多停留在表面和形式上。有的只用文件宣传或硬性要求，不注重细化落实和后期考核，忽视发挥更好运用和把握思想引领在实践育人中的主观能动和客观影响作用，主要表现为高校共青团在组织和开展社会实践中倾向于向学院团委放权。高校共青团更多停留在提出要求、转发通知、中期考核、组织验收等方面，依托学院团委的工作程度达到组织社会实践的效果。由于学院团委对社会实践活动的重视程度、组织指导情况参差不齐，导致高校共青团社会实践活动的组织作用发挥不强，社会实践活动所蕴含的思想引领功能不突出，特别是在社会实践活动的组织方向和内容指导方面，涉及红色社会实践的相对较少，且流于表面停留在对红色资源的研究。有的学院团委甚至认为思想引领只是理论书本知识的传输。他们通过抽象的红色文化理论教学和对红色精神的简单列举来达到思想引领的目的，而忽视了实践的必要性，出现了"重理论轻实践"的现象。

2. 实践育人的过程存在短板效应

近年来，结合共青团改革的相关要求，高校共青团要求低年级的团员必须开展社会实践活动，并将其作为实践育人的重要环节。但是，部分高校共青团在实践活动中往往重形式轻内容，陷入"定基调""审计划""听报告"的固化模式。高校团员青年存在个体差异，对红色社会实践的理解和认知存在差异，部分高校往往面向全体学生开展类似的红色社会实践活动，这种做法缺乏针对性和层次性，容易导致部分青年学生对社会实践主题的盲从、对过程的陌生、对问题的困惑、对报告的迷茫。社会实践活动容易陷入"过程随意、报告抄袭"的形式主义，学生参与红色社会实践活动的兴趣和积极性受损，红色实践活动的教育效果大打折扣，对新时代团员青年缺乏组织吸引力。实践育人缺乏有力的监督保障机制和纳入教学体系的要求，没有形成从上至下重视实践育人的风气，实践育人的宏观架构不完善。此外，身处网络时代的大学生还有可能沉迷网络或者受到网络思潮的冲击，时间和精力多被挤占，对实践课程和环节的学习兴趣不高。

3. 实践育人的成果反馈机制不科学

受传统课堂教学观念的影响，部分高校共青团认为实践育人活动的育人效果缓慢且不明显。例如，红色社会实践活动的开展涉及多个方面，存在应付性和功利性的情况，"短、平、快"的运动式红色社会实践项目，未能真正开展符合青年学生兴趣的活动形式和内容，部分团员青年尚未充分认识到实践育人活动的价值[9]。高校共青团对实践育人成效的考量，仅仅基于实践报告和宣传报道，不利于发挥团员青年的思想引领作用，实践育人的成果反馈机制不科学，实践育人实效有待进一步提高。对于大学生而言，高校是其进入社会前的缓冲场所，实践育人实效性的发挥最终也将落实到社会中去，但是社会实践教育难以形成规模化和体系化，单纯依靠社会实践对大学生进行教育力度较小、成效较弱。

二、新时代高校共青团实践育人的工作机制探索

站在"两个一百年"交汇点的全新发展阶段，高校共青团在履行组织、引导和服务青年等职能中，实践育人的内涵更加丰富，外延也更加广泛，在大学生思想信念引领、实践发展锻炼、人文精神塑造、创新创业拓展、社会认知参与等方面都大有可为。红色精神是中国共产党在不断的革命与实践中形成的伟大精神，是我国社会主义思想文化建设的重要组成部分，同时也是我国大学生思想文化建设的动力与源泉。将红色精神融入共青团实践育人中不仅有助于培育学生党员、团员的政治认同的核心素养，还有助于优化育人环境，强化红色精神育人质效。高校共青团如果系统地、有目的地、有组织地将红色精神融入实践育人中，有助于引导学生坚定理想信念，开拓进取，艰苦奋斗，牢固树立共产主义远大理想和中国特色社会主义远大理想，为实现伟大中国梦不懈奋斗。

具体而言，就是将共青团实践育人模式与社会实践活动、专业学习就业和创新创业相结合，并有目的、有组织地将红色精神融入实践育人中，提出多元性和多样化的实践育人形式。立足学生专业学习，紧密结合学科特色和

青年特点，在实践育人工作中融入实践技能培养和科研素养塑造，为强化学生职业技能，夯实就业能力奠定基础，以素质拓展训练、成功经验分享、科技创新技能比赛等活动，锤炼专业素养。在社会实践活动中主张加强思想引领性和主题多元性，不断探究活动形式的创新多元性，真正促使学生在学思践悟中磨砺奋斗心智，拓宽实践足迹。坚持教育育人与生产劳动相结合，发展社会实践教育活动基地，深度融合产学研。

1. 坚持正确指引，确保红色精神在共青团实践育人中贯彻到底

近年来，频频出现的抹黑、攻击革命英雄的事件充分表明，在思想文化领域正确指引的淡化、边缘甚至是缺位的结果是十分危险的，会造成"低级红，高级黑"的现象。因此，在弘扬和践行红色精神在共青团实践育人的过程中，要把坚持正确指引放在头等重要的位置。坚持正确指引就一定要始终坚持党的领导，增强"四个意识"，坚定"四个自信"，做到"两个维护"。中国问题的关键在于党，弘扬和践行红色精神实践育人也必须依靠党。坚持正确指引就一定要坚持以习近平新时代中国特色社会主义思想为指导，通过学习贯彻习近平新时代中国特色社会主义思想来深刻领会红色精神的内涵，并在共青团实践育人中不断发展和丰富红色精神。

2. 强化共青团组织建设，增强共青团组织的吸引力、凝聚力和战斗力

共青团要引导团员青年坚定不移跟党走中国特色社会主义道路的理想信念，始终弘扬爱党爱国精神，筑牢信仰之基，补足精神之钙，始终刻苦学习、敢于斗争，引导青年用脚丈量责任、用心体悟真理；着力讲好党的故事、革命的故事、英雄的故事，厚植爱党、爱国、爱社会主义的情感，让红色基因、革命薪火代代传承，让新时代青年人在新的征程上更加坚定、更加自觉地牢记初心使命。通过线上参观、线下聚谈、课外实践等形式，鼓励学生分享自身或身边红色精神榜样故事，让红色精神发扬光大加强。

3. 强化理论阵地建设，加强红色精神在共青团实践育人中的引领性

积极探索红色精神在融媒体等新兴媒介中的传播方式，引领学生学习习近平新时代中国特色社会主义思想，成立北京理工大学社会主义核心价值观新媒体传播工作室——"材"华横溢工作室，推出"甄材实学""原文原著""材苑习语"系列栏目，连续性、常态化地进行思政宣传，统筹推进政治形势、理想信念教育；拓宽党员、团员培养路径，丰富组织活动体系，把控共青团实践育人与传统红色精神的融合点，开展多期主题党日团日教育活动、党团接力活动、厉行节约反对浪费实践活动、爱国卫生运动实践活动等；总结、研讨和凝练学校和学院发展建设的光辉历史和成功经验，在优秀教师和学生榜样风采下，学习矢志军工科研报国红色育人故事。

4. 丰富红色教育活动，发挥红色精神在共青团实践育人中的驱动性

挖掘传统节日、纪念日红色精神内涵，充分利用高校共青团实践育人+思政教育的双育人功效，通过举办各类红色精神讲座、红色教育汇报、红色歌曲传唱、红色戏剧表演、红色戏剧论坛等，使学生在活动中感悟红色精神，在潜移默化中开展共青团实践育人，体现活动育人功效；以赛促学，以赛促教，举办"党史大擂台""党风廉政知识竞赛""牢记领袖教导 分享青春感悟"等学习竞技活动，在红色精神感召下学习红色文化下的劳动精神。

5. 构建多维实践平台，彰显红色精神在共青团实践育人中的实践性

整合院内外资源，引导学生走出校门，通过红色参观、红色调研、红色访谈等社会实践活动，在实践中体悟革命先烈为国家做出的伟大贡献，以红色精神规范自身的言行；依托志愿服务和勤工助学开展共青团实践育人活动，在校内设立公益劳动志愿服务岗位，多渠道开展勤工助学活动，在志愿服务和勤工助学中发挥党员、团员的先锋模范作用，以实际实践感悟红色文化。

三、结语

开展形式多样的实践教育活动是高校思政教育的新形式，越来越多的高校开始把实践育人作为学生德育工作的重要内容。共青团组织因其具有长期的实践基础和良好的育人氛围，已经成为高校育人工作的重要组成部分。站在"两个一百年"交汇点的全新发展阶段，高校共青团在履行组织、引导和服务青年等职能中，实践育人的内涵更加丰富，外延也更加广泛，在大学生思想信念引领、实践发展锻炼、人文精神塑造、创新创业拓展、社会认知参与等方面都大有可为。红色精神是中国共产党在不断地革命与实践中形成的伟大精神,是我国社会主义思想文化建设的重要组成部分,同时也是我国大学生思想文化建设的动力与源泉。将红色精神融入共青团实践育人中不仅有助于培育学生党员、团员的政治认同的核心素养,还有助于优化育人环境,强化红色精神育人质效。

努力推进共青团实践育人工作的理论研究和实践创新,构建适应新时期要求的高校共青团实践育人体系,是发挥高校共青团思想引领和成才服务作用的重要途径,具有积极的社会意义和时代价值,事关党和国家事业发展全局。本文通过重点关注新时代环境下共青团实践育人国内外研究现状及面临问题,创新性地探索红色精神实践育人对培养新时代青年的具体意义和创新路径,形成了具有前瞻性和创新性的观点建议,针对具体问题提出了切实可行的解决举措,丰富和完善高校共青团实践育人价值体系研究。

参考文献

[1] 彭译萱. 基于"共青团+"的高校新媒体实践育人平台搭建模式探索[J]. 产业与科技论坛, 2019, 18(13): 274–275.

[2] 王紫麒, 李威燃, 刘培垟. 高校团学文化育人路径研究[J]. 科技资讯, 2020, 18(17): 221–223.

[3] 彭立平. "三全育人"视域下高校实践育人工作路径探究[J]. 学校党建与思想教育, 2022, 685(22): 78–80.

[4] 袁帅. 大学生实践育人现状与途径探析[J]. 科学咨询(科技·管理), 2022, 787(7): 130–132.

[5] 何云峰, 王宁, 毛荟. 多学科视角下"实践育人"的观照与释读[J]. 教学与管理, 2018, 724(3): 16–18.

[6] 宋俊良. "四个一"大学生科技创新育人体系的构建与探索——以山东理工大学计算机学院大学生科技创新体系建设为例[J]. 创新创业理论研究与实践, 2022, 5(19): 65–67.

[7] 邢菁, 刘成斌. 新时代高校共青团实践育人路径探析[J]. 三晋基层治理, 2022,

11(2):71-74.

[8] 王姣姣,孙静赟,韩猛."三全育人"视域下高校共青团实践育人路径探析[J].教育研究,2022,160-162.

[9] 郭威利,刘英睿,郭天予.构建"党建引领+团建赋能"特色工作模式的实践研究[J].经济研究导刊,2022,511(17):153-155.

创新性实践活动在高校大学生党员培养教育中的意义探索

——以北京理工大学睿信书院为例

李田田*，秦奎伟

（北京理工大学外国语学院，北京 100081）

摘　要：大学生党员培养教育在高校思想政治工作中有着重要作用，了解书院制背景下"00后"大学生入党积极分子思想状况特点，打造创新性实践活动，使得党员教育培养工作更具有针对性和时代性。本文将结合新时代大学生思想发展规律，以北京理工大学睿信书院为例，探索创新性实践平台和载体，将学生亲身参与的实践育人方式融入党员发展和培养的全过程，培养能担民族复兴大任的合格共产党员。

关键词：高校党建；党员培养；实践育人

习近平总书记强调："加强党对教育工作的全面领导，是办好教育的根本保证。"落实立德树人根本任务，回答好培养什么人、怎样培养人、为谁培养人这一根本问题，根本在于坚持党对高校的全面领导，使高校成为坚持党的领导的坚强阵地。在高校思想政治工作中，党员的教育培育在筑牢学生理想信念根基，落实立德树人根本任务中扮演着重要角色。在新时代新征程上，结合现阶段当代大学生思想政治特点，有效激发大学生爱党爱国爱社会主义的深厚情怀需要不断思考，在搭建大学生党员培养教育实践新平台上下功夫。

---

* 李田田，硕士，北京理工大学外国语学院，助教，研究方向：思想政治教育。

一、搭建创新性大学生党员教育培养平台的重要性

近年来,随着大学生对中国共产党先进性的认识不断加深,尤其是2020年疫情防控这场大考中,共产党员冲锋在前带领全国各族人民齐心协力赢得胜利,越来越多优秀大学生感受到了中国共产党的伟大,进而选择申请加入中国共产党,以睿信书院为例,入党积极分子达到1500名左右,占到学生总数的1/3。队伍的庞大及其对实践锻炼平台和志愿服务等活动的个性化渴求都给过去入党积极分子队伍的培养教育形式带来了诸多方面的问题和挑战,如培训内容形式单一、考核标准主观等。

从数量和年龄层次上,入党积极分子数量庞大,而且年龄层次以"00后"为主,其对乏味单一的党课培训缺乏耐心;从形式上,过去对入党积极分子的教育管理主要采取集体上党课的理论灌输式教育,如以党史、党章、共产党员的权利义务等的专题党务知识普及学习,而缺少校内外实践锻炼的平台和机会;从评价体系上,过去以理论知识考核为主的党课结业成绩是重要的评价指标,而忽视了其思想认识层面上关注时事、明辨是非、以史为鉴知古今等能力以及疫情防控、服务群众等奉献精神的考核,考察内容不全面,缺乏更全面立体的考核评价指标。

新问题和新情况,对如何在新形势下开展入党积极分子教育提出了新的挑战。创新是解决问题的关键所在,结合新时代学生新特点,持续性、多样化、创新性地开展理想信念教育、红色主题教育,打造适合当代大学生入党积极分子和党员培养教育的新平台。

二、探索构建创新性党员培养教育平台

(一)完善党员培养教育制度规范

党员培养教育活动的育人效果,首先要看制度规范本身是否具有指导性和可执行性。按照"建制度、重过程、保质量"的思路,建立从学生申请入党、入党积极分子培养、发展对象考察、预备党员接收和预备党员考核及转

正等党员发展的全流程工作制度和实践考核办法，制定《入党积极分子培训方案》《学生党员发展工作程序与规范》等工作指导性文件，对党员发展的各环节重点进行细致而系统的说明。尤其是在入党积极分子培养考核过程中，要切实保证工作规范性和培养质量，如表1所示，在集体学习、个人自学、实践学时考核等方面细化要求和标准，并要求将其学习情况如实记入理论学习情况记录表、实践学习情况记录表等，建立入党积极分子个人档案，做到各阶段表格直观可视化。

表1 入党积极分子培养课程体系

类别		学时/次数	主要内容
理论学习	集中学习	8学时	党的基本理论知识和时事热点解读
	个人自学	8学时	党的历史、习近平总书记系列讲话和社会主义核心价值观
实践活动	红色实践	16学时	"寻迹"、"睿思杯"时事论坛大赛、"Party-party文艺风采大赛"等遗迹走访、实践调研、浏览参观、书院组织或经书院认定的实践参观等

（二）打造创新性党员培养品牌实践活动

制度管理，重在执行。品牌实践活动行得通，理论知识要先懂，无论如何变化，党员培养发展教育过程中，党课培训都不可忽视。构建高质量、体系化的党课培训，促进习近平新时代中国特色社会主义思想学习由入眼、入耳走向入脑、入心，引领广大青年学生坚定理想信念，树立报国之志至关重要。什么样的党课能让党员听得进，学得懂，记在心？怎样将党史、新中国发展史、改革开放史等党的理论知识用入党积极分子和党员们乐于接受的形式传递给他们？随着互联网的日益发展，线上党课更加喜闻乐见，依托国家行政教育平台等方式，渐渐走入党员培养教育发展过程，这是党员发展、培养与教育与新时代特点相融合的表现之一。

其次，为了更好顺应新时代产生的问题，需要打造创建多样化、个性化和针对性的党员发展培养教育新载体。针对理论知识学习积累后，如何应用到实际生活中，以更好地与实践相结合的问题，挖掘更具有喜闻乐见、应用性强特点的党建教育载体和平台。近两年来，北京理工大学睿信书院通过对

"睿思杯"时事论坛、"Party-party文艺风采大赛""寻迹"的品牌党建活动的建设，不断积极探索出了学生党建工作的特色模式，可以更加调动入党积极分子和学生党员的积极性，学习效果更加显著。开展"寻迹"实践党课，是党员和入党积极分子培养过程中的实践环节，在遗迹走访、实践调研、浏览参观中感悟中国共产党的历史、新中国的发展史、改革开放史等，引导学生深刻理解习近平新时代中国特色社会主义思想的核心要义、精神实质和丰富内涵。"睿思杯"时事论坛比赛是党员和入党积极分子围绕时政热点展开论述，有利于提高政治理论素养，增强认知和参与感，培养思辨能力。"Party-party文艺风采大赛"以舞台剧、朗诵、演讲等形式，带领入党积极分子和党员们重温红色历史，致敬时代楷模，表达青年学生爱党爱国、矢志奋斗的共同理想。依托几项党建品牌实践活动，帮助入党积极分子和党员关心国家大事，找准个人定位，学好专业知识的同时，涵养人文情怀，提升综合素质，"以时代楷模为榜样，立鸿鹄志，做奋斗者"。

以"睿思杯"时事论坛比赛为例，"睿"意进取，"思"分缕解，从初赛—复赛—决赛，选手们以当今热门话题为演讲主题，演讲中既含有理论支撑，又结合自身理解，既包含当前的时事热点，也有学生运用马克思主义原理进行思考的实践内容。例如，有当代大学生反复讨论的话题"内卷——我们到底失去了什么""从丁真的爆火谈实现个人价值的新途径"，也有与他们不相关但他们十分好奇的话题"打工人的自嘲——是抵抗还是和解"，还有"无障碍之路，还有多远"等小众民生话题。从初赛中遴选优秀选手参加复赛、决赛，开展以当今时事政治为话题的论坛大赛，包括理论宣讲和现场提问等环节，不断提升大学生入党积极分子和党员理论素养。决赛由学校党建相关领导和书院学院领导、马克思主义学院教师担任评审，入党积极分子作为观众进行点评和思考。比赛旨将党的大政方针路线和时事新闻以喜闻乐见的方式呈现，激发学生党员和入党积极分子的党政知识关注行为和学习热情，通过时事论坛这一交流展示平台，提升大学生入党积极分子和学生党员的理论素养和辩证思考水平，"思考—讲解—听课—互动交流—总结"的教育模式始终贯穿于整个论坛比赛过程中。学生党员和入党积极分子通过探讨某一时事主题，运用马克思主义原理交流自己的思想、见解和体会，此举提高了北京理工大学睿信书院工科背景群体中的学生入党积极分子和党员对时事新闻、马列主义和党政知识、哲学和社会学等知识的透彻全面的理解。通过构建多样化、高效的党政知识学习平台，"睿思杯"时事论坛必将对入党积极分子和党员培养教育产生积极的推动作用。

以"Party-party 文艺风采大赛"为例，入党积极分子和学生党员自由结对，站在两个一百年奋斗目标节点之时，以演讲、话剧等多种形式，或缅怀革命先烈，或讲述当代青年奋斗故事等，聚焦教育内容，丰富形式载体，带领青年学生"学起来""唱起来""讲起来""做起来"，汇聚起爱国奋斗主旋律的舆论声势，激励青年学生勇担复兴大任，争做时代新人。这是在实践中摸索打造的一个用声音去缅怀先烈前辈革命精神的舞台，一个用表演去诠释时代榜样文化足迹的舞台，一个我们传承理想信念与爱国情怀的舞台。

同时，充分利用互联网带来的便利，借助微信公众号等网络平台工具，加强与学生在党的理论宣传和教育中的互动，如运用"指尖阵地""共说""立行"等新媒体栏目载体。"共说"栏目，取"共同言说""共产主义言说"之意，在这里，党员和入党积极分子可以发表对国际局势、国家发展、社会进步和生活现象的深沉思考认识。"立行"栏目，取立刻行动之意，旨在通过引导入党积极分子分享生活中的嘉言善行，以思想淬炼、政治历练、实践锻炼提升个人修养，响应党和国家的号召，倡导文明健康的生活方式，如已举办的"厉行节约、光盘行动""规范停车""资源回收"等积极分子在行动活动，培育积极向上的书院氛围。

同时，结合时代需求，利用时机加强对入党积极分子和党员的锻炼十分重要。结合之前疫情防控形势，以睿信书院党支部为例，在疫情防控最严峻之时，向全体党员和积极分子发出号召，提出争做"思想""学习""宣传""生活""服务"五个先锋的要求，广大积极分子迅速行动起来，通过多种渠道捐款捐物、开展志愿服务。书院党支部因势利导，成立了"战疫先锋队"，建立了线上工作交流群，鼓励和指导党员和入党积极分子在疫情防控中发挥先进模范作用。

三、创新性党员发展培养和教育新模式取得的效果

北京理工大学睿信书院经过近两年创新性党员发展培养和教育新模式的探索，取得了明显效果。入党积极分子和党员们反应热烈，积极性高，显示了实践活动广受欢迎，有比较好的教育意义。在各个实践活动中表现良好的同学，也比较快地发展成为党组织中的骨干力量和后备人选。党员培养教育的新模式，之所以受到大家的欢迎，得益于其与新时代背景相结合的创新性探索，其主要创新点如下：

（一）实现主体角色的互换

提升入党积极分子和学生党员的综合素质。创新党员发展教育管理平台对接受教育的主体提出了更高的要求，要求大学生入党积极分子和学生党员由"听"转换成"说"的角色，这就要求他们寻找相关讲话内容、提炼传授主题、确定分享主题、锻炼演讲技巧等走出去、讲起来、演起来。"睿思杯"时事论坛和"Party-party文艺风采大赛"等比赛元素的加入，更是在一定程度上激发了大学生入党积极分子和党员的先进模范性。每一位入党积极分子和学生党员在从聆听者转换成传授者期间，对主题教育、讲话思想有了更深刻的理解，综合能力也得到了一定的提升，思想入党更深一层。

（二）实现教育内容的翻新

"睿思杯"时事论坛和"Party-party文艺风采大赛"等创新性实践活动形式促进更多的入党积极分子和学生党员登上讲台，能够融进自己的亲身经历。作为讲授者，学到了理论联系实际；作为学习者，拉进了党的理论与自身的距离，知晓了党的教育就在身边。相比传统的理论学习，这种讲授形式更加容易被入党积极分子和学生党员所接受。

（三）增加教育载体的多样性

"睿思杯"时事论坛、"Party-party文艺风采大赛"、"寻迹"等这些载体为入党积极分子和学生党员增强理论基础、展示综合素质以及拓展综合能力提供了一个良好的平台。这一具有吸引力的平台提高了基层党支部的凝聚力和号召力,提升了基层党组织的工作活力。"寻迹"这一载体改变了单项灌输、单一说教、被动接受的模式,让入党积极分子和学生党员自觉参与,从而形成双向互动,以浅显生动的方式提高了基层入党积极分子和学生党员思想教育的实效性,增强了基层党组织的创新力和凝聚力。新媒体"共说""立行""指尖阵地"等栏目载体增强了理论知识学习的高效性,活跃了基层党建工作。

(四)实现入党积极分子和党员教育模式的延伸,有效提升了学生党建工作水平

近几年党员发展教育活动的重要形式不断发生变化,各级党组织结合新时代,打造新平台,挖掘新培养方案,通过学习相关理论知识,与时事政治、专业知识紧密结合,将党的大政方针路线以形象生动的方式呈现,进一步激发学生党员和入党积极分子的学习兴趣和学习热情。通过创新党员教育管理培养活动,以更加接地气的方式使入党积极分子和学生党员更深刻地理解党政知识。

党的全面领导是扎实办好中国特色社会主义教育的根本保证。重视并不断创新党员发展培养教育管理方案制度和平台载体、以"学生主体"为核心的入党积极分子和党员教育培养模式改变了过去党员被迫接受知识的现实,变成主动摄取知识,养成关注党务知识和时事政治的习惯。新时代新形势下,党支部将不断丰富工作载体和方法,做好大学生入党积极分子和学生党员的思想政治工作。

● 参考文献

[1] 金绍荣,马学军,钟钰珊."五微一体"的大学生党员教育 工作模式构建[J].高校辅导员,2013(6):35-38.

[2] 孙文佳.高校理工科学生党建育人培养工作探讨——以天津中医药大学理工科

学生为例[J]. 青年与社会. 2020 (28)：50-51.

[3] 管婷. 高校学生入党积极分子动态管理机制探索[J]. 合作经济与科技，2014 (16)：2.

[4] 冉博. 高校基层党组织活动形式创新与实践研究——以机械与动力工程学院本科生党支部"时事论坛"活动为例[J]. 现代职业教育，2016 (10)：40-41.

高校航空宇航类学院共青团实践育人机制研究

辛嘉洋*，李文博，李晨迪，柴源涛

（北京理工大学宇航学院，北京 100081）

摘　要：对于共青团组织来讲，高校共青团是其中非常重要的组成部分，它是培养青年党员、充实党的后备军的渠道，处在青年工作的最前沿。高校航空宇航类学院的共青团承担着培养航天人后备军，即未来中国航天事业发展的动力来源这一光荣而又艰巨的任务。经过对航空宇航类学院实践育人机制的调研分析，发现这类高校共青团实践育人虽然取得了一定成绩，但也存在一些问题，受互联网浪潮冲击，实践内容不贴近学生，吸引力、凝聚力不足等。要解决高校航空宇航类学院共青团实践育人过程存在的问题，需要高校进一步强化政治引领，有效融入航天精神引领；整合多方资源，发挥育人合力，形成长效机制，努力形成全员育人的局面。本文将围绕共青团工作的总体要求，结合航空宇航学院学生特点和航天精神教育特点等方面，分析实践育人现状，研究实践育人的实现路径，进一步做好高校航空宇航类学院共青团实践育人工作，提升航空航天领域人才培养实效。

关键词：共青团；实践育人；航空宇航类学院；航天精神；机制研究

引　言

党的二十大报告指出："全党要把青年工作作为战略性工作来抓，用党的科学理论武装青年，用党的初心使命感召青年，做青年朋友的知心人、青年工作的热心人、青年群众的引路人。"站在新的历史起点上，党的二十大

---

* 辛嘉洋，硕士，北京理工大学宇航学院，助理研究员，研究方向：教育管理。

报告为党的青年工作指明了方向。学校共青团处于青年工作最前沿，立足"党的事业后继有人"这一根本大计，深刻认识新时代青年学生新特点和成长成才新需要，持续探索育人机制新模式。

中国最早期航空宇航类学院诞生在"抗美援朝"战火炽烈的时候，航空院校的起步、发展、兴起都与我国对于航天事业的关注投入是分不开的。如今航空宇航类学院站在了一个新的历史起点上，必将进一步发挥其独特而重要的作用，培养不负党和人民的期望、为实现航天科技高水平自立自强再立新功的新时代人才是高校使命所在。在新时代，探索航空宇航类学院共青团实践育人机制，加强航天精神教育对于弘扬民族精神和爱国主义有着十分重要的现实意义，同时也提出了更高的要求。

目前国内学者对高校实践育人的相关研究已取得较为丰硕的成果，但针对航空宇航学科背景院系的实践育人机制少之又少，同时理论与实践之间还存在比较明显的分离现象。实践育人的理论研究固然重要，但将实践育人付诸于实际工作同等重要，在研究中不能有失偏颇，需将两者结合。本文将针对高校航空宇航类共青团实践育人的特点和现状，探索航天精神融入实践育人的有效模式的研究。

一、高校航空宇航类学院共青团实践育人的意义

当前，高等教育改革正在全面深化，构建新时代高校实践育人体系，既是高校坚持立德树人的本质需要，也是学生全面自由发展的内在诉求，更是我国培育德智体美劳全面发展的社会主义建设者和接班人的时代呼唤。如何正确引导学生的思想价值观成为当代思想政治教育者的任务，许多学者对其研究颇多，研究成果颇丰。国内的学者对于各种指导精神多有关注，但对于航天精神融入实践育人的分析和探究较少。航天精神的研究有利于大学生思想政治教育体系的创新，开展高校航空宇航类学院共青团实践育人机制的研究，具有很强的理论意义和现实意义。

（一）理论意义

彰显马克思主义认识论的时代价值。实践育人是一个动态发展的系统，是教育规律的具体体现。高校航空宇航类学院共青团实践育人机制研究不仅仅是研究育人机制的科学化构建，而且将进一步彰显马克思主义认识论在新时代的旺盛生命力和时代价值。研究育人机制有利于新时代高校共青团实践育人体系的科学构建。随着时代的发展，思想政治教育领域内容不断拓展，内涵不断丰富。将新时代高校共青团实践育人体系构建作为一个学术问题进行研究，通过研究其中的一环，促进新时代高校实践育人科学化、体系化，有利于新时代高校实践育人体系的科学构建。

（二）实践意义

知识停留在"知"的层面，很难深入到"知行合一"的层面，是我国高等教育人才培养中的重要问题，研究高校航空宇航类学院共青团实践育人机制，是保障高校航空宇航类学院实践育人工作的有效实施，更是提升人才培养质量的内在需要。研究高校航空宇航类学院共青团实践育人机制，理论与实践的有机结合、双轮驱动，理论知识发挥应有的作用来指导实践，并在实践过程中不断发展深化，进而促进宇航学科类学生的全面发展，最终成长为勇于投身航天事业的一流领军领导人才。

二、航空宇航类学院实践育人特点

航空宇航类学院关于航天精神的教育研究关系到学生的健康成长和自我完善，增强对学生的航天精神引领，对于促进学生的思想教育工作有十分重大的意义。为更全面研究分析，首先需要明晰新时代学生特点和航天精神如何融入教育的特点。

（一）新时代学生的特点

随着经济社会的快速发展，社会形态和格局加速转型变化，新一轮科技革命和产业革命催生出智能互联网+时代，使得新时代高校大学生特点相比以前呈现出较大的变化。

一方面随着中国特色社会主义进入新时代，当代大学生生活水平有了质的提升，高校青年学生群体在心理上集体表现为追求自我独立，展现个体意识。另一方面智能互联网的快速发展，衍生出了许多智能化生活方式，作为"网络原住民"的高校大学生把网络当作交流情感和思想的主阵地，以自我为中心的信息传播，逐渐变得圈群化，学生多以单一个体形式或以原子模式分布在社会各个角落，仅凭单一的组织模式很难再次组织起来。因而，新时代高校共青团工作中，必须以一种全新的方式组织凝聚青年。

（二）航天精神融入教育的特点

航天精神是航天工作者在长期的航天实践中所体现的爱国情操和道德准则。航天精神的内容十分丰富，它是伴随着中国航天事业的发展脚步逐渐累积起来的。学习航天精神是建立在学习和了解航天精神的理论内容上的。在理论学习方面，一部分"00后"学生对于航天精神的理论学习有抵触情绪，也有一部分学生对于航天精神了解不够全面，不知道航天精神的具体要求。实践层面，航天精神具有极为强大的实践操作价值，航天精神教育的重点就是要发挥其实际价值。增强航天精神教育的有效性，就必须让学生在实践过程中体会和加深对航天精神的认识，学习、效仿航天前辈的精神与做法，锻炼自己的精神和意志，培养自己的行为习惯。

三、高校航空宇航类学院共青团实践育人机制工作现状分析

中国建立航空宇航类学院的目的就是要使贫穷落后的国家繁荣强大起来，一代代航天人以他们的实际行动助力建设"航天强国"。如今在新的历史起点上，在航空人才培养、科技创新的进程中，航空宇航类学院必将进一步发挥其独特而重要的作用。为更大限度发挥实践育人机制效用，要针对目前高校航空宇航类学院共青团育人工作现状进行分析。

（一）在信息化社会思潮中传统育人模式受到冲击

改革开放以来，我国社会多样文化、多种思潮相互交融，对我国产生了多重影响，大学生正处于思维敏捷、乐于接受新事物阶段，加上他们往往缺乏社会实践经验，缺乏对事物的深刻认识和正确判断的能力，在社会思想文化日趋多样的新形势下，新自由主义、历史虚无主义等从根本上反马克思主义的社会思潮不断挑战着我国的主流价值观，对青年学生产生了诸多消极影响。比如在历史虚无主义的影响下，部分青年学生对中国共产党和中国特色社会主义产生怀疑，甚至有时提起"航天情怀"反而引起学生的反感，学生对航天精神教育的认同感低。这些思潮的不断干扰，使共青团在宣传主流价值和思想引领的过程中往往难以深入推进，其组织方式与青年的个人价值出现偏差，在这个过程中，教育引导行为往往适得其反，没有办法达到预期效果。

（二）共青团吸引力凝聚力不足，活动流于形式

提高团的吸引力和凝聚力、扩大团的工作有效覆盖面是共青团育人工作需要解决好的两大课题。吸引力和凝聚力、有效覆盖面不足，再加上多种因素的限制，导致在育人过程中，院校共青团不贴近学生群体。在实践育人工作体系中，根据大学生的实践能力培养需求和群体特点，开展喜闻乐见、易于接受、广泛覆盖的实践活动十分重要。但在部分高校航空宇航类学院中实际开展的实践育人工作中，从校内的各种文化艺术、科技创新到校外的参观学习，开展的活动内容缺乏设计和思考，对其精神内涵建设重视不够。一些实践活动形式大于内容、活动开展流于表面、学生参与度不高甚至要大力动员学生参加、形式相对单一，未能体现出"宇航"特质等。

（三）育人机制有待完善，评价奖励保障不足

目前部分高校航空宇航类学院实践育人的评价奖励机制和保障机制不够健全，各部门之间统筹协调、组织机制建设环节薄弱，尚未形成有效合力和

长效机制。在一些航空宇航类学院中,过于注重计划和安排,而忽略了对于实践活动的效果和质量的反馈和评估;还有一些学校缺乏一定的改进措施和方法,导致实践活动无法得到充分的改善和提升,实践活动评估和改进不够及时。单纯通过参观游览博物馆和革命基地、社会调查等提高自身道德素养,缺乏专业实践和锻炼的平台和机会,也是实现实践育人目标的障碍因素。实践活动的可持续性不足,不能够形成持久的影响力和价值,没有形成良好的长效机制。

四、高校航空宇航类学院共青团实践育人机制工作对策研究

在党的二十大报告中,习近平总书记指出,六十多年来,中国航天在发展壮大的过程中,孕育并实践了"两弹一星"精神、载人航天精神、探月精神和新时代北斗精神等航天精神,这些深厚博大的航天精神反映了不同时期中国航天事业的特征,但都体现出一脉相承的伟大民族精神。在实践教育中融入航天精神,丰富大学生理想信念教育的思想内核,对大学生实施有关理想信念的教育实践活动,可以推动新时代大学生的思想进步,将青春之志转化为对中国特色社会主义伟大实践的贡献。

(一)强化政治引领,有效融入航天精神

高校立身之本在于立德树人,只有培养出一流人才的高校,才能够成为世界一流大学。正确的行为有正确的思想作为指导,科学的理论支持也可以使我们做起事来事半功倍,达到理想的状态。马克思的实践观也充分地体现了这一点。高校思想政治教育实践育人的效果如何,首先与高校思想政治教育实践育人的指导思想有密不可分的联系。高校航空宇航类学院实践育人的各项活动更应该重视内涵精神建设,特别是要吸收航天精神,传递航天文化,这对于充分发挥实践育人效果,推动大学生全面发展具有重要的意义。结合专业特色,强化思想引领,以爱国主义情怀和航天报国情怀为出发点,以学习宣传航天精神为切入点,做到对象、内容、形式三个维度的全面覆

盖。以载人航天精神为例,要以"特别能吃苦"精神磨炼大学生的务实精神,以"特别能战斗"精神引导大学生的奋斗精神,以"特别能攻关"精神培养大学生的担当精神,以"特别能奉献"精神增强大学生的无私精神。

(二)整合多方资源,激发实践育人活力

在实践育人的过程中,从学生实际出发,探索学生喜闻乐见、易于接受的形式,更能达到育人效果。高校航空宇航类学院经过多年发展,积累了一大批优秀的校友力量和榜样力量,因此,可以发挥榜样示范引领作用,通过邀请不同时代、不同岗位的航天领域专家学者和英雄模范,勉励学子树立起正确而远大的人生理想,用勤奋和信念书写美丽的人生,实现青春报国梦想。在学院内部选拔教师和优秀学生对学生进行专业、学业、科创、就业等多种形式引导,全方位全过程引领学生成长,推动协同育人,培养航空航天领域领军人才。针对"00后"学生特点,融合科普展览、航天元素游戏和沉浸式体验,举办线下活动,创新思政课形式,让全校师生在充满活力的氛围中感受航天事业的伟大、领悟航天精神。在互联网高速发展的网络信息时代,大学生的价值取向和行为实践深受网络媒体的影响,因此,可以通过校新闻网、公众号、视频号等媒体,普及航天知识、弘扬航天精神、宣传学校对航天科技的贡献,扩大影响范围和力度,积极占领航天精神培育的网络高地。

(三)形成育人合力,建立长效机制

高校实践育人工作是由多部门参与,多环节连接成的一个综合性过程。在此过程中,团组织加强组织领导,同各部门形成育人合力,并将考核评估积极引入活动过程中,进一步提高实践育人效果。

强化自身组织建设,发挥党建引领作用。探索建立党建带团建新机制,从制度层面确立党建带团建的工作模式。实施党员联系团员,党员、团员联系群众制度,盘活基层团支部,提升学生的积极性和主动性。提高团干部育人能力,共青团负责人和指导老师应将航天精神与职业理想和职业道德相结合，在日常工作中，秉承老一辈载人航天科学家们的优良品质和艰苦奋斗的优良作风。有意识同兄弟高校加强交流合作，形成良好的成果共享交流机制。

拓展实践基地，提高育人成效。教育实践基地是实践育人的重要保障和依托环境，共青团应努力争取更多的社会资源，拓展实践育人的场所和空间，积极探索加强实践场地的建设，建设具有一定规模且形式多样的校外实践基地，实现校企有效联合。高校可以联合当地航天科技集团和航天科工集团下属研究院所、民营航天企业等，带领学生以参观体验、面对面座谈交流、实习实践等形式深刻感受航天事业的发展，进一步将实践育人落向实处，为高校思想政治教育实践育人提供有力支持。

加强联动机制，形成育人合力。要将航天精神渗透到航空宇航类学院学生的日常生活中，达到理想的教育效果，最佳办法就是形成教育合力，最大限度地促使航天精神进入学生的头脑中，使其内化为航空宇航类学院学生的精神追求。以宣贯航天精神为主线，同各单位加强联系，整合资源、发掘素材、多方合作，针对学生特点，举办形式多样、丰富多彩的线上线下相结合的实践活动。通过发挥专业课教师与思政课教师协同育人、专业学院与低年级书院的协同育人作用，共同促进航空宇航类学院共青团实践育人工作。注重品牌效应、延续精品、更新迭代内容，着重加强航天精神引领教育，扩大辐射范围，形成育人长效机制。

五、结论

共青团是党的助手和后备军，是党的青年工作的重要力量，青年大学生是祖国的未来、民族振兴的希望，航空宇航类学院的学生更是未来中国航天事业发展的动力来源，航空宇航类学院承担着培养航天人后备军这一光荣而又艰巨的任务。要实现这一培养目标，不但要保障好课堂教学，还要开展好实践教育，不但要培养大学生的专业能力，还要提高大学生的思想道德素质和人格水平，实践育人是完成这一使命，培养社会需要的大学生的必由之路。

要解决高校航空宇航类学院共青团实践育人过程存在的问题，需要高校进一步强化政治引领，有效融入航天精神引领；整合多方资源，针对学生特点,创新活动形式;发挥育人合力,形成长效机制,努力形成全员育人的局面。未来,航空宇航类学院有效提升共青团工作的引领力,进一步深化实践育人新思考、新方向、新举措,加强航天精神教育,弘扬航天文化,不断培养理想信念坚定、专业知识过硬的全面发展的航空航天领域的新时代领军领导人才。

参考文献

[1] 习近平. 高举中国特色社会主义伟大旗帜 为全面建设社会主义现代化国家而团结奋斗——在中国共产党第二十次全国代表大会上的报告[J]. 创造, 2022, 30 (11): 6-29.

[2] 黄宏. 载人航天精神[M]. 北京: 人民出版社, 2006: 67.

[3] 张贺檬. 新时代高校实践育人机制创新研究[D]. 西安: 陕西师范大学, 2020.

[4] 国家统计局. 2018 年一季度国民经济运行情况通报[R]. 北京: 国家统计局, 2018.

[5] 杨明. 新时代共青团工作十讲[M]. 北京: 人民日报出版社, 2021: 191-193.

[6] 陈虎. 新时代高校基层团组织建设研究现状及对策分析[J]. 科教文汇, 2021 (31): 29-31.

[7] 庚虎. 载人航天精神与新时代之立德[J]. 中学政治教学参考. 2019 (33).

[8] 今科. 中国航空工业发展史[J]. 今日科苑, 2011 (10): 139-141.

[9] 张亚楠. 社会思潮冲击下高校思政课教学改革分析[J]. 河北农机, 2020 (10): 87.

[10] 陈红敏. "00 后"大学生个人奋斗的特点与启示[J]. 中国青年社会科学, 2020, 39 (4): 103-110.

[11] 李金督. 新时代高校共青团育人工作研究[D]. 武汉: 华中师范大学, 2020.

[12] 陈志勇. 高校共青团工作破局说[M]. 北京: 人民出版社, 2015: 56.

[13] 刘川生. 高校实践育人工作有效机制研究[J]. 思想理论教育导刊, 2016 (12): 119-124.

[14] 习近平总书记在全国高校思想政治工作会议上的重要讲话[N]. 人民日报,

2016-12-09（001）.

[15] 中国航天科技集团公司党组. 载人航天精神：航天事业发展的不竭动力 [J]. 国防科技工业，2013.

[16] 张静，任怀艺，等. 高校教务员在思政育人工作中的协同作用探讨 [J]. 北京教育（高教），2019（9）：69-71.

"品牌化"高校社会实践开展模式的研究
——以生态科考为例

秦奎伟[*]，张宏亮，申大为，李田田

（北京理工大学睿信书院，北京 100081）

摘　要：大学生社会实践是高校人才培养体系的重要组成部分，是实践育人的重要载体，是培养大学生创新能力的重要途径。当前大学生社会实践存在制度体系不完善、组织实施不科学、内容形式缺乏创新、实践育人效果不突出等问题。本文以北京理工大学生态科考为例，研究高校社会实践品牌化的路径、品牌化社会实践对大学生创新能力的锻造以及品牌化社会实践的社会价值，同时研究品牌化社会实践在高校实践开展中的推广应用价值。

关键词：品牌化；高校大学生；社会实践；生态科考

一、前言

大学生社会实践是大学生思想政治教育的有效形式和途径，能够引导青年学生走出校园，接触国情社会、增强责任意识，使学生在实践中"受教育、长才干、做贡献"。2016年，中共中央、国务院印发《关于加强和改进新形势下高校思想政治工作的意见》，指出新形势下要推进思想政治工作改革创新，健全实践育人新机制[1]。高校实践育人工作推动了创新型、应用型、复合型优秀人才的培养与发展，是全面提高高等教育质量、建设创新型国家和人力资源强国、增强育人工作实效性的关键环节和重要保障[2]。抓好高校实践育人工作，是全面落实党的教育方针，大力提高高等教育质量的必

---

[*] 秦奎伟，博士，北京理工大学睿信书院，讲师，研究方向：思想政治教育。

然要求[3]。

当前大学生社会实践存在制度体系不完善、组织实施不科学、内容形式缺乏创新、实践育人效果不突出等问题[4-5]。李薇薇[6]基于北京科技大学社会实践育人模式，在社会实践育人在组织、运行与评估等方面构建社会实践育人新机制；张绪忠[7]探索构建了立体本位型社会实践育人新模式；王涛[8]尝试对社会实践进行实施项目化运作，构建大学生社会实践项目化管理模式；方正泉[9]采取转变教育理念、革新实践内容、完善机制建设、加强条件保障等举措，切实拓宽提升社会实践育人实效的路径。本文介绍北京理工大学品牌社会实践——生态科考的实践探索，在刘晓俏[10]对理工科大学科技创新类社会实践的探索与研究的基础上，总结生态科考在实践育人、管理运行、成果总结等方面的经验启示。

二、北京理工大学生态科考的实践探索

（一）生态科考基本情况

1. 生态科考品牌介绍

生态科考是北京理工大学生命学院在学校各部门的支持和帮助下，凝聚十余年心血全力打造的以"探索自然、服务社会、感受文化、孕育创新"为宗旨的学生品牌社会实践活动。十余年来它见证过祖国的大河湿地、西北戈壁、沙漠绿洲和热带雨林，体验过宝岛台湾的风土人情和地理环境，同时也曾远赴加拿大和俄罗斯开展国外生态考察，如今的生态科考已经成为大学生提升综合素质、培养科研创新能力和社会观察能力的平台。

2. 生态科考品牌内涵

生态科考是针对在校大学生开展的社会实践活动，是大学生第二课堂的重要内容之一，更是课堂教育的有益补充与完善。生态科考的主要内涵包括：一是通过开展生态科考社会实践活动，深化"美丽中国"的建设，促使社会各界关注环境、关注生态、关注国情民生；二是通过开展生态科考社会实践，使高校大学生了解生态环境、自然资源和人文风貌，增强社会责任

感；三是通过实地调查研究，灵活运用自己的专业知识，为生态发展及社会进步献计献策；四是通过开展生态科考社会实践，提高大学生的科研创新能力，促进拔尖创新人才的孕育。

3. 生态科考品牌特色

生态科考开展过程中，通过不断积累，逐步形成了特色的品牌特点。一是以关注生态为主题。生态科考是以关注生态环境为主题，并有专家、教授参与指导的科研实践活动，参加者能够接触自然，了解社会，通过生态调研考察活动，关注生态环境相关焦点问题，并为生态保护做出贡献。二是以学生为主体。生态科考社会实践活动重视发挥学生主体作用，促进学生主动参与、主动思考，把学生作为生态科考的主体，全程尊重学生的主体意识，倡导和发挥学生的主动性、积极性和创造性。三是社团化的管理模式和项目化的实施模式。生态科考是在指导老师指导下社团化管理的科考活动，生态科考活动的开展是以科研项目选题、立项、结题的方式进行。四是多样化的成果产出。生态科考以调研报告、课题文章、科考书籍为主要成果，成果在生态环境保护方面具有重要社会价值。

（二）生态科考实践模式

北京理工大学生命学院自2004年以来，以社会实践为平台，结合自身专业特色，连续开展了"关注生命"生态科考主题社会实践活动。该实践活动由生命学院负责组织开展，以社团化的管理运作模式，以项目化的实施管理方式，每年面向全校选拔科考队的队员10余名，队员涉及学校各专业和年级，队员层次丰富，包含本科生、硕士、博士及双学位，选定实践项目课题，集中5~10天赴实践地开展实践活动，及时进行成果总结，完成项目的结题验收。

1. 社团化管理模式

生态科考由生态科考团进行组织管理，该社团是北京理工大学校级社团，由生命学院负责指导，每年面向全校招收对生态科考活动感兴趣的同学30人左右，覆盖学校各专业和年级。社团采用三级管理模式，学院领导作为总负责人是一级管理者，书院专职辅导和专业教师作为二级管理者，分别负责生态科考团具体工作和科考项目指导，社团负责人作为三级管理者，对生态科考团各项活动进行指导，如图1所示。生态科考团除了组织生态科考活动，日常还组织各项生态环境相关活动，如植物标本制作、水质调查分析等，对调查研究成果进行汇编，出版了《校园植物志》《大自然的守护者》等书籍。

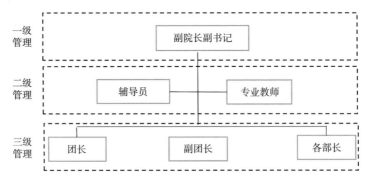

图1　生态科考社团化管理模式

2. 项目化实施模式

生态科考采用项目化的方式进行管理实施，生态科考项目化实施包括项目选题立项、项目前期筹备、项目实施开展、项目成果总结、项目评估验收五个方面，如图2所示。项目选题立项阶段，在校团委社会实践方案发布后，根据校团委社会实践主题指导及实施开展意见，学院领导召集辅导员及指导老师讨论确定选题方向和生态科考实践地。在项目前期筹备阶段，生态科考团依据实践地及实践主题，招募选拔生态科考队员，并进行前期的科考培训，培训内容涉及实践流程、开展注意事项等，队员根据实践主题选定科考课题方向进行前期文献调研，确定初步科考方案，通过指导老师指导，制定最终的科考课题以及最优化的科考行程方案。另外，生态科考队员出发前，需要进行队员分工，同时进行车票、保险、实验试剂耗材的购买，酒店租车预订，实践地调研部门的提前对接等工作，保障生态科考活动顺利进行。在项目实施开展阶段，根据前期确定的科考行程，开展实地调查研究、调研座谈等活动，过程中每天进行科考总结和第二天行程安排。在项目成果总结阶段，科考结束后，科考队员完成现场及实验室实验数据的整理，在指导老师的指导下进行课题文章的书写，队长组织队员进行新闻总结以及调研报告的攒写，同时完成科考相关资料的归档和费用报销等工作。在项目评估验收阶段，根据学校社会实践工作进度，组织生态科考队及其他社会实践团队进行集中答辩工作，完成生态科考实践项目的评估验收工作。同时，根据市校社会实践评优要求，组织开展生态科考成果的评奖评优申报工作。除此之外，生态科考作为品牌化的社会实践活动，除了调研报告、科考课题文章等成果，还收集科考通讯稿、队员科考感悟、科考实践文章以及实践地介绍等科考素材，组织开展生态科考书籍的编写工作。

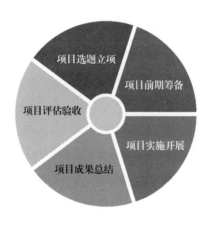

图2　生态科考项目化实施模式

（三）生态科考开展情况

2004年以来，生态科考在各级领导的关心和支持下，始终坚持让广大同学在实践中"受教育、长才干、做贡献"的方针，立足于学校实际，着眼于服务社会经济发展，着力于服务大学生成长成才、就业创业，开展了形式丰富的大学生社会实践活动，获得了实践成效，取得了丰富成果，得到了学校、实践地各部门的认可与肯定。

1. 实践地选取情况

生态科考连续开展的十余年间，从吉林白山到云南西双版纳，从西北新疆到宝岛台湾，足迹遍布祖国的大江南北，其中2010年和2016年生态科考也曾远赴北美加拿大和东欧俄罗斯开展实践考察，科考实践地40余个，分布在3个国家21个地区，如表1所示。生态科考的实践内容聚焦科考地水、土、农、林等生态对象，致力于生态环境的保护。生态科考也曾实地调研酒泉卫星发射基地、井冈山、大别山等实践教育基地，开展爱国主义教育；也曾深入学校对口帮扶贫困县山西方山县，在基层调研精准扶贫工作实施情况。

表1 生态科考历年实践地及实践主题

年份	实践地点	实践考察内容
2004	河北张家口	生态环境
2005	宁夏全区	水资源、土壤、沙漠考察
2006	山东东营	水资源、土壤考察
2007	云南西双版纳	水资源、土壤考察
2008	山东临沂	湿地生态、物流产业考察
2009	内蒙古通辽	草原植被考察
2010	安徽皖南、加拿大	水资源、植被考察
2011	中国台湾	水资源、土壤、风土人情考察
2012	甘肃酒泉	航天精神、水资源及土壤考察
2013	江西井冈山	红色教育、生态环境和人文风貌
2014	山东、宁夏、云南	湿地生态考察
2015	俄罗斯莫斯科	水资源、土壤考察
2016	山西方山、广西桂林、吉林白山	精准扶贫、水资源及土壤考察
2017	山西方山、陕西西安、江西赣州	精准扶贫、水资源及土壤考察、果林业
2018	新疆、吉林长春	植被、水资源及土壤考察
2019	河南新县、大别山地区	精准扶贫、红色教育、林茶产业

2. 实践组织情况

生态科考的开展得到了学校各部门的大力支持、学生的积极参与、当地政府的积极配合。学校和学院团委对生态科考活动的费用给予充分保障。2012—2019年，学院组织20支生态科考队开展科考活动，参与学生131人，其中本科生106，研究生22人，博士生3人，覆盖学校生命学院、信息学院、管理学院等20多个学院书院。另外，生态科考活动得到了实践地林业局、税务局、气象局、果业局，以及当地企事业单位、高校实验室、建设兵团、政府村镇等70余家单位部门的支持配合，顺利开展了调研座谈，获得了一手的生态环境相关数据。

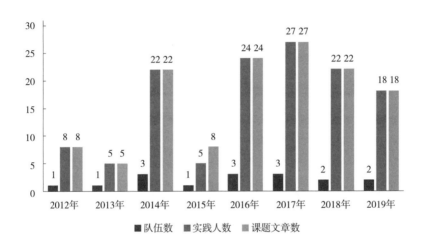

图3　2012—2019年生态科考实践数据情况

3. 实践荣誉获奖

生态科考的开展取得丰硕的实践成果，包括荣誉获奖、调研报告、书籍文章等。历年生态科考获得校级社会实践奖项20余项，北京市社会实践奖项10项，其中2018年生态科考新疆队获得首都大中专学生暑期社会实践百强团队一等奖，生态科考团队在全校五四表彰中多次荣获榜样团队荣誉称号。2014—2017年，基于生态科考成果，学生申报校内世纪杯科创竞赛获得一等奖3项，二等奖4项，三等奖18项；2012—2019年，生态科考实践形成调研报告16份，形成科考论文134篇，如图3所示。基于2004—2014年十年湿地生态科考成果，"中国典型湿地发展影响因素探究之旅——基于对山东、宁夏、云南三省十年生态科考的思考"荣获2015年第十四届挑战杯特等奖。除此之外，生态科考团组织学生对实践成果开展总结汇编，近年来公开出版《湿地美丽中国行——笃行博学篇》《湿地美丽中国行——慎思思辨篇》《白色莫斯科》《科考知行录——知行合一篇》《科考知行录——格物致知篇》《科

考有疆》等书籍。

三、北京理工大学生态科考的经验启示

生态科考经过十余年的实践探索，凝聚了社会实践品牌影响力，形成了有特色的管理和实施模式，产出了一批实践成果，促进了学生综合能力的提升，得到了实践地和社会各界的认可，主要有以下四点启示。

第一，学校各部门高度重视。生态科考的发展受到宣传、经费、评优以及社会资源等多因素的影响，学校各部门的高度重视和学院的统筹谋划是生态科考顺利开展的重要保障。

第二，学生主体，社团依托、教师为辅。生态科考的选题、立项、实践、结题全由学生全程负责，突出学生主体地位，生态科考团则提供后勤保障，指导老师和辅导员辅助学生完成课题选题、实践开展和成果总结，培养学生实践能力，促进学生自我管理、自我服务等综合素质能力提升。

第三，聚焦主题，科研项目化实施。生态科考依托生命学院专业特色，聚焦生态环境保护主题，选定调研课题，以科研项目方式实施，培养学生科学研究能力与科学精神素养。

第四，集中开展，注重成果凝练及应用。生态科考在假期期间集中开展，严格考核，并注重成果的及时总结，产出了论文、报告、书籍等成果，并将实践成果运用到科创竞赛和实践地政策等方面，整体提升了生态科考的育人价值和社会价值。

四、结语

北京理工大学生态科考经历十七年的发展，形成了生态科考社会实践品牌，品牌效应提升了学生参与实践的热情，在学校实践、创新育人方面发挥着重要的作用。生态科考的实践成果助力了我国生态环境发展，为当地生态环境保护与治理建言献策，同时也推动了民众对生态环境保护的关注。同时，生态科考的品牌特点以及管理和实施模式具有可复制性和推广应用价值，各高校可以结合自身专业特色形成自身特点的社会实践品牌，在实践育人与服务社会方面取得新成就。

● 参考文献

[1] 钱婷, 刘鑫鑫, 王竟达, 等. 深化社会实践育人成效的探索与创新 [J]. 北京教育（高教）, 2021 (4) : 76–78.

[2] 刘教民. 构建高校社会实践育人新模式的实践与思考 [J]. 中国高等教育, 2014 (19) : 17–20.

[3] 刘川生. 高校实践育人工作有效机制研究 [J]. 思想理论教育导刊, 2016 (12) : 119–124.

[4] 姚建军, 师蔷薇. 大学生社会实践存在的问题及破解思路 [J]. 思想理论教育导刊, 2016 (3) : 147–149.

[5] 杨国辉, 李田. 困境与超越：大学生社会实践制度化的方向 [J]. 思想政治教育研究, 2015, 31 (6) : 128–131.

[6] 李薇薇. 高校社会实践育人机制的建构——基于北京科技大学社会实践育人模式的分析 [J]. 思想教育研究, 2017 (7) : 114–117.

[7] 张绪忠. 立体本位型社会实践育人模式的构建 [J]. 教育评论, 2016 (6) : 98–101.

[8] 王涛. 实施项目化运作 构建大学生社会实践新模式 [J]. 中国高等教育, 2013 (22) : 51–52.

[9] 方正泉. 高校社会实践育人实效性探析 [J]. 学校党建与思想教育, 2017 (19) : 79–82.

[10] 刘晓俏. 理工科大学科技创新类社会实践的探索与研究 [J]. 对外经贸, 2020 (3) : 151–155.

坚定自信开放包容
培育和践行社会主义核心价值观

党的十八大以来，习近平总书记就文化建设提出了一系列新理念新思想新战略，引领中华文化创造性转化、创新性发展，推动弘扬和发展社会主义先进文化。习近平总书记在清华大学师生代表座谈会上的讲话强调，青年要锤炼品德，自觉树立和践行社会主义核心价值观，自觉用中华优秀传统文化、革命文化、社会主义先进文化培根铸魂、启智润心。校园文化是学校发展的文明底蕴，健康向上的校园文化可以启迪心智、陶冶情操，对青年学生综合素质提升、价值取向形成有着重要的影响。共青团是推动校园文化建设的重要力量，要始终落实立德树人根本任务，全面推动校园文化与思政教育相结合，以不同内容、不同形式的共青团活动打造丰富多彩、健康积极的校园文化活动，充分发挥校园文化的育人功能，促进学生德智体美劳全面发展。

北京理工大学深入挖掘"红色育人路"精神文化内涵，建设有北理工特色的教育平台，形成了丰硕的文化成果。建校八十周年之际，由师生校友在良乡校区北湖共同演绎的"史诗级"实景演出《光荣与梦想》，不仅是一场艺术与科技交融的盛宴，更是一堂穿透时空、振奋人心的思政教育大课，精彩呈现了北理工砥砺奋进八十载的"红色育人路"。在数字化平台搭建方面，依托数字表演与仿真技术北京市重点实验室，推出"挑战杯·元宇宙"大型数字交互空间，是国内首次推出大型沉浸式数字校园；首次举办超大规模线上活动；首次构建可视化的大学生创新创业成果库；首次实现数字人与大学生参赛者同屏参与、同台竞技。创造了"最多人线上参观虚拟展览"的吉尼斯世界纪录，形成了现象级的新媒体传播产品，实现了元宇宙技术在国内教育领域的首次大规模应用。依托先进数字排演虚拟仿真技术打造智慧戏剧，创排国家级红色精品舞台剧《大道更光》，打造"云端舞台剧"线上展演平台，运用MOOC、VR等手段讲好红色故事，入选中国科协、共青团中央等五部委"共和国的脊梁——科学大师名校宣传工程"，被评为北京教育系统学习宣传贯彻党的二十大精神创新案例。举办"一二·九"合唱、五四舞蹈展演、新年音乐会、社团文化节等"十大校园文化品牌"和"延河杯""共青杯"等系列体育赛事,打造健康向上、格调高雅、形式多样的第二课堂文化活动体系。

理工科高校"美育+思政"协同育人体系价值与实践路径探究

戴晓亚[*],汤文达,张梦雯,崔译心,李泽媛,巫泽华

(北京理工大学设计与艺术学院,北京 100081)

摘　要: 随着我国高等教育全面改革的持续深化,美育在高校思想政治教育中的重要性日渐凸显。思想政治教育的目的是培养学生正确的理想信念、价值观念和政治素养,而美育对培养个人的审美趣味和道德情操的浸润具有不可代替的作用,二者在许多方面都有着天然的契合。本文通过对美育与思想政治教育内在联系的分析,进一步指出它们之间的作用机理,并在此基础上提出二者相互融合、相互渗透、相互协同的实践路径探究,从而促使美育教育在高校立德树人育人体系中发挥重要价值。

关键词: 高校;美育;思想政治教育;协同育人;理工科

引　言

2018年9月10日,习近平总书记在全国教育大会曾强调:"要全面加强和改进学校美育,坚持以美育人,以文化人,提高学生审美和人文素养。""要将培育社会主义合格建设者和可靠接班人,加快教育强国、人才强国、教育现代化作为现代教育发展的落脚点。"[1]国家通过颁布《全面改进美育工作的意见》[2],提高了对高校美育工作的重视注程度,也为高校美育育人提供了明确的指导方向。全面深化"五育"并举育人方略,构建德智体美劳全面发展的育人体系,打造美育教育与思想政治教育协同育人体系是素质

---

* 戴晓亚,硕士,北京理工大学设计与艺术学院,讲师,研究方向:思想政治教育研究。

教育进一步发展的关键。长期以来，高校对美育的认知价值不完善，对美育教育不重视是普遍现状。当前，高校美育教育在模式构建、资源整合方面都面临诸多难点；尤其是理工科高校美育资源缺乏，不能构建完整美育育人体系，更加难以与思想政治教育协同，成为理工科高校亟待解决的重点。美育教育不是单纯的艺术技巧、方法培训的代名词，这从根本上与美育的初心相违背，其所承担的教育价值及教育意蕴也难以得到充分的凸显。美育不仅仅是审美的教育，更是思想的教育，既能够提高学生的美学素养，同时也能无形中影响学生的情感、浸润学生的精神，砥砺学生的品格。所以需要将美育与思想政治教育的培养内涵进行协同，两者拥有鲜明的统一性和可融性。

一、高校思政教育与美育协同育人的研究现状

目前，国内有关美育教育与思想政治教育协同融合育人的研究主要以理论研究和价值研究为主。通过查阅相关文献可以发现，大部分文献以高等学校思想政治教育的基本目标、内涵以及时代价值为出发点，进一步阐释美育教育与思想政治教育的可融性、必要性及可行性。然而关于将二者协同融合的实践研究相对较少，仅有的实践研究也只是提出一个或者多个实践路径实现方式，多数研究尚处于初步探索和尝试层面，研究方法和研究内容较为浅显，所涉及理论及研究途径缺乏完整系统性，不够全面。因此可以认为，国内高校思想政治教育与美育教育的协同融合研究尚需要对"思政+美育"育人本质核心进行更深层次的探究和更有深度的剖析。再者，目前国内大部分关于"思政+美育"的研究更注重理论层面的讨论，实证探究方面较为缺乏，对于数据分析和实际案例分析研究较少，导致部分理论研究成果在具体实施时的可行性及可操作性缺乏充分依据，说服力较低。并且目前的大多数研究尚停留于思想政治教育对于学生美学教育的指导意义，抑或过分强调美学素养教育对于思想政治教育的推动和影响价值，对于二者间如何深度融合、有机协同、能否协同融合等方面的研究尚不成体系。国内关于思想政治教育与审美教育的研究主要倾向于艺术引导、艺术教育及艺术理论，对于学生工作和思想政治教育工作的协同机制影响尚不清晰。随着我国对于高校审美素质教

育的重视程度不断提高，对于思想政治教育与美育教育的深度协同融合研究的重视程度也不断增加。然而，由于大量研究目前均停留在理论探索阶段，缺乏大量的实证和案例分析研究，造成教育学界难以用科学的方法论辩证地论证"思政+教育"协同育人在高校学生素质教育中存在的实际价值，从现实上无法为国内教育现代化发展提供引擎式动力，导致美育教育难以在思想政治教育中全面凸显、思想政治教育难以在美学素质教育中提供指导。揆诸当下，国内美学素质教育的实施和研究尚停留在探索阶段，缺乏顶层设计和长期规划。而美学素质教育如何促进思想政治教育、如何优化思想政治教育，又如何创新思想政治教育，目前尚未看到有实际实施价值的可行性案例。因此在美育价值彰显上，我们还需要构建出更完善的育人体系及协同机制。

二、高校思政教育与美育协同育人的必要性与现实价值

美育教育是教育主体利用一切外在的感知对象，通过美学理论和美的意象对教育对象施以情感的教化与心灵的启迪，从而达到完美人格的塑造[3]。在日常表述中，美育教育又被称为"美学素质教育""审美教育""美感教育"等。思想政治教育是社会或社会群体用一定的思想观念、道德规范等对其成员产生影响，从而引导他们形成符合社会需要的社会实践活动。美育与思想政治教育虽然学科属性有所不同，但二者在教育目标、教育内容和教学方式上有着高度的一致性。[4]

（一）教育目标的一致性

在漫长的教育学发展史中，学界各方对于美育教育的定义也不尽相同。但是，无论是美育教育工作者还是教育学研究者都不得不承认的事实是：缺乏了美育教育的育人过程是不完整的，个人的成长缺乏了美育教育的过程，其成长的过程也是不完整的。因此，在"三全育人"的全过程育人路径中，对于育人效果的完整性构建和素质教育的完整人格塑造就成为美育教育的终极目标。德国美学家席勒就曾提出："唯有在审美状态中，我们才感到我们好像挣脱了时间，我们的人性才纯洁而完整地表现出来。"[5]随着国内高等教育

改革日益深化以及社会主义优秀文化的渐进繁荣，高校对于思想政治教育中引领学生坚定理想信念、树立牢固的政治立场方面的要求也逐渐提高，学生的思想政治教育也越来越凸显其举足轻重的地位。根据"三全育人"指导思想，学生的成长成才需要学校、社会、家庭全员联动培养。而高校思想政治教育的作用就是在学生成长成才的过程中对学生思想观念进行引导，使学生形成正确的人生观和价值观，从而培养德才兼备、全面发展的人才。从本质上看，思想政治教育与美育教育都是通过相应的教学载体实现对教育对象思想观念和人格的塑造，一个是为了培养全面发展的人，一个是为了塑造完美的人格，虽然二者在教育内容和教育方式方法上存在一定的差异，但它们对于教育的终极目标具有天然的一致性。

（二）教学方式的互补性

从教育学的本质上来理解，思想政治教育和美育教育都是通过逐渐浸润的方式，将教育者所要表达的思维方式和理念承载于特定的现实载体中，从而对受教育一方进行情感浸润提升和人格的升华塑造。从教育载体选择上，二者都会采取榜样引领、情感激励以及道德法纪规范等方式对教育对象进行思想的引导和观念的塑造。例如，爱国主义教育故事、民族主义教育故事、革命精神红色文化教育故事等既是思想政治教育的生动案例，也是美育教育的良好范本。在育人载体的选择上二者相互融合、相互补充，达到协同育人的目标。在教育方式中美育教育是一种感性的表现方式和细腻的情感浸润，将美的意象和美的感悟深刻融入个体情感中，渐进地达到美育润心的目的。而思想政治教育则是理性思维的引导，科学性的输出，它是将特定的价值观和理想信念赋予特定的教学内容和教育活动，在教学过程中对理论研究的科学性和严谨性具有极高要求。美育教育和思想政治教育，一个强调的是感性和艺术性，一个强调的是理性和具象性，在相互融合的过程中互促互生，协同育人，促进学生形成健全人格和价值观。

三、理工科高校"美育+思政"协同育人体系价值与实践路径探究

高校应加强美育思政教育顶层设计,构建大思政育人格局,把美育引领和思想价值引领协同贯彻到教育教学的各环节中,打造协同育人矩阵,用好课堂教学主渠道,整合一切力量,搭建教学、科研、实践、管理、服务、文化和组织等工作矩阵。

(一)强化美育课程教师育人综合素质

创新美育思政育人途径。为有效突破美育课程育人的各类阻碍,扎实推进美育课程育人在大思政视域下的高效开展,高校应从多角度入手,创新研究方法,提出有针对性的解决路径,并立足本校办学实际,坚持大思政理念引领,结合地方文化机构的支持,全方位落实美育课程育人。通过培训、交流学习等形式全面提升教育的育人综合素质,助力美育教师明确美育课程的育人目标,完善课程育人顶层设计和创新发展路径,引领大思政视域下美育课程可持续发展的正确方向。首先,高校应意识到美育课程教师在育人过程中的重要性,明确教师育人能力对课程发挥育人作用的重要影响,并立足本校美育课程教师育人实际设计有针对性的培训体系,为教师提供学习美育育人、大思政育人理念和理论及锻炼育人能力的途径。高校应以美育课程安排、教师综合实力等为依据,结合大思政育人理念、新时代发展背景等要求完善培训内容,既为美育教师提供系统的美育育人理论知识,助力教师树立美育育人理念,又帮助教师明确美育课程在大思政体系中的重要作用,强化教师的育人意识。同时,高校应关注培训形式的创新。对美育教师开展培训,更要强调培训形式,只有在满足美育教师对美的要求的基础上完成培训,帮助教师在培训中接受更深层次的美的熏陶,才能有针对性地强化教师的育人能力。高校还应关注美育教师校外交流学习,为教师提供与社会美育机构、当地文化机构及教育部门合作的机会,提升教师的育人综合素质。其次,高校应在提升教师育人综合素质的基础上,引导教师明确美育课程育人

目标，确保美育课程真正融入大思政育人格局，展现其特有的育人价值。公共艺术课程作为提供美育服务的公共课程，在美育育人中发挥着重要作用，只有明确该课程的育人目标，在课程顶层设计中展现其与大思政之间的联系及融合，才能健全该课程育人体系，承担美育课程育人职责[6]。

（二）挖掘思政育人元素夯实美育课程，动态优化课程架构

高校通过美育课程实践育人活动，使美育课程资源的多样性和科学性占据基础性地位。大思政视域下，高校更应强调美育课程育人资源的深入挖掘，结合学校和当地特有文化资源优势，夯实美育课程的育人基础，并在美育课程与大思政育人格局的协作中提升育人水平。一方面，高校应组建专门的美育资源挖掘队伍，在确保人员组成多样化的同时优化队伍结构，以专门队伍开展资源挖掘，确保美育课程中思政元素的深入，也将大思政格局下全面化的育人资源融入美育课程，在互相协作中夯实课程育人内容基础。队伍组建应以美育教师、思政工作者为主体，同时融入当地文化机构负责人、家长、校内专业课教师及大学生等多方主体，确保队伍人员的丰富，并设定主要的领导者，由领导者引领资源挖掘的正确方向、合理规划人员安排，加大资源挖掘力度。另一方面，高校应立足本校和当地特有的文化资源，在与其他高校、社会相关文化机构的密切合作中拓展美育课程育人资源。高校挖掘育人资源离不开资源合作共享再创，地方特色传统文化、一脉相承的红色文化等都是高校开展育人活动不可或缺的重要资源，且符合大思政育人理念。将与学生契合度、亲切度、接触度更高的传统文化资源、红色文化资源不断融入高校美育课程，探索发掘红色文化融入美育课程途径与方式的更优解，动态优化美育课程架构，有利于持续拉近美育课堂与学生之间的距离，切实提升美育思政育人水平。

（三）完善美育课程第二课堂教学体系，创新活动形式，拓宽实践育人路径

在大思政视域下推进美育课程育人，仅抓美育课堂教学仍不足够，高校还需完善美育实践的第二课堂教学体系，持续创新美育活动形式，提升美育课程育人实效，为大学生提供多样化的美育课堂体验，培养学生的审美能力，深化美育理论知识对学生的影响，培育学生正确的思想观念[7]。一方面，高校应在美育课程设置过程中重视第二课堂，意识到美育实践活动对育人效果的重要影响。高校应立足本校美育课程育人实际，结合大思政育人理念，完善美育课程第二课堂教学顶层设计，为第二课堂的顺利推进和高效育人提供有效指引，同时确保美育第二课堂教学符合大思政育人理念，真正展现其特有的育人价值。另一方面，高校应立足文化资源实际，建立校校、校政、校企特色文化教育实践基地，将优势文化资源与美育课程深度融合，既拓展美育第二课堂教学范围，又丰富美育实践活动形式，进一步吸引大学生主体的积极参与，有效强化美育课程育人实效。基于此高校便可落实美育第二课堂，在实践教学基地的支撑下推进实践活动的创新。同时，由于红色文化在大思政育人格局中占据重要地位，推进美育第二课堂教学实践符合大思政理念，能在坚持正确方向引领的同时提升美育课程育人实效。

（四）优化美育课程育人评价体系建设，以多元化深化育人实践

良好的课程育人评价体系能客观真实地反映美育课程育人的实效，并发现美育课程育人过程中存在的问题，积累大量美育思政育人实证案例，为美育课程在大思政视域下更有效地实践育人提供参考和依据，从而形成可复制、易优化的"美育+思政"协同育人路径。为此，高校应不断优化美育课程评价体系，以多元化评价推动美育课程育人的发展。首先，高校应优化评价主体，将思政工作者、艺术专业课教师、公共艺术课程教师、学生及其家长、社会美育工作者、文化机构负责人等全部纳入评价主体，发挥多方评价主体全面客观评价的作用，避免评价结果的片面性、主观性。其次，高校应创新评价指标，将师生在美育课程中的表现，以及学生对美育理论知识的理解、审美能力及思想道德修养、价值观选择等融入美育课程评价指标，全方位反映学生参与美育课程育人活动的结果，展现美育课程育人的薄弱点。最后，高校应变革评价方法，采用过程性评价与结果性评价并重的方式，更全

面、直观、高效地反映美育课程育人结果。采用过程性评价可更有效地检测美育课程育人过程，对师生遇到的问题及时进行应对，促进美育课程育人更高水平的发展。

综上，只有多元化评价考核美育课程育人效果，才能保障评价结果的客观性、真实性和全面性，并为调整创新美育课程育人模式提供有效参考。

参考文献

[1] 新华社. 习近平在全国教育大会上的讲话 [EB/OL] .http: //www.gov.cn/xinwen/ 2018-09/10/content_5320835.htm.

[2] 教育部. 落实全国教育大会精神，推进新时代高校美育工作 [EB/OL] . (2019—04—11) . http: //www. moe. gov. cn /jyb _xwfb /gzdt_gzdt /s5987 /201904 / t20190411_377509. html.

[3] 习近平. 决胜全面建成小康社会 夺取新时代中国特色社会主义伟大胜利——在中国共产党第十九次全国代表大会上的报告 [M] . 北京: 人民出版社, 2017: 45.

[4] 骞真, 段虹. 美育在高校思想政治教育中的价值研究 [J] . 思想政治教育研究, 2020, 36 (3) : 115-119

[5] 席勒. 审美教育书简 [M] . 张玉能, 译. 南京: 译林出版社, 2009: 67.

[6] 刘兴云. 公共美育课课程思政教学实践探析 [J] . 思想教育研究, 2022 (1) : 121-124.

[7] 官佳妮. "三全育人"理念下发挥美育在课程思政建设中的重要性与实施路径 [J] . 北京印刷学院学报, 2021, 29 (11) : 107-109.

校史育人的实践探索与机制研究
——以北京理工大学为例

张艺铭*，隆哲源，张龙泽，崔遵康

（北京理工大学材料学院，北京 100081）

摘 要：校史育人是利用学校历史文化对受教育者进行德育、智育、体育、美育等多方面的教育，使受教育者能够全方面地发展，成长为身心健康的人才。校史教育对在校师生发挥着价值导向、成长激励、情感凝聚、人格塑造等多种作用。目前国内高校对于校史育人的形式创新进行了丰富实践，但仍缺乏对于长效机制的探索。本课题基于校史传播特点和学生学习规律，通过文献研究和问卷调查等方法，深入分析北京理工大学近年来在校史育人方面取得的成效和存在的不足，并据此在实践探索和机制研究两方面提出对策：第一，应建立校院生三级联动机制，贯通校史育人体系；第二，设置科学有效的课程体系，贯穿学生在校学习全过程。为国内高校健全校史育人长效机制、创新校史教育实践形式提供参考，推动实现实现校史育人理论与实践的互动提升。

关键词：校史育人；文化育人；高校思想政治教育；长效机制；路径优化

引 言

党的二十大报告中明确指出，"全面建设社会主义现代化国家，必须坚持中国特色社会主义文化发展道路，增强文化自信，围绕举旗帜、聚民心、

---

* 张艺铭，硕士，北京理工大学材料学院，研究方向：材料科学与工程、学生德育与党团建设。

育新人、兴文化、展形象建设社会主义文化强国"。高校在"育新人"、提升国家文化软实力中肩负着重要的责任和使命，而"育新人"的重要途径之一就是用校史文化育人。高校的校史文化是在特定的历史环境和条件下，"大学人"经年累月所形成的一种独特的思维定式和行为方式，是具有很强传承性、传播性和教化性的校园文化[1]。在传承过程中，高校校史文化具有特定的语言符号和表达方式，可以使得受教育者更直接、更清晰地受到精神文化教育和熏陶，发挥出"育人"的最大效应。因此，校史育人研究日益受到教育界和史学界的重视。

一、校史育人的内涵与现状

（一）校史育人的内涵和实践探索

校史，真实地记录着学校的发展轨迹和办学成就，是学校精神特质和文化特色的集中体现。"校史育人"则是利用校史对受教育者进行德育、智育、体育、美育等多方面的教育，使受教育者能够全方面地发展，成长为身心健康的人才。

关于校史育人，国内外众多高校进行了积极探索，积累了一些经验，主要形成了三种机制：以校史本身为载体的育人机制、以校史的精神文化功能为载体的育人机制和以校史的衍生产品为载体的育人机制，各机制对应的典型实践探索如下：

1. 以校史本身为载体的育人机制：2007年，北京科技大学以建校55周年为契机，修建了校史馆，2012年，江苏工程职业技术学院在校园内打造了文博馆。二者都用直观的视听方式对师生进行了校史教育，目前，以校史馆为代表的展览形式已经成为师生广泛接受的校史教育的重要基地。

2. 以校史的精神文化功能为载体的育人机制：2019年，延河高校人才培养联盟在延安大学成立，九所创建于延安的高校秉持"延安根、延河魂"的共同精神原点，一起探索独具特色的红色育人之路。2020年以来，北京理工大学以"延河课堂"为线上智慧教学平台，将信息技术与校史教育深度融合，形成了以校史的精神文化功能为载体的育人机制。

3. 以校园建筑、舞台剧等校史的衍生产品为载体的育人机制：中国农业大学结合"京师大学堂农科大学"的校门等建筑，对学生进行校史教育。2021年2月20日，习近平总书记在党史学习教育动员大会上强调，要鼓励创作党史题材的文艺作品特别是影视作品，抓好青少年学习教育，让红色基因、革命薪火代代传承[2]。北京理工大学校史育人舞台剧《大道更光》获批2021年中国科协"共和国的脊梁"资助项目，此外，同济大学《国之英豪》、上海交通大学《钱学森》等校史育人舞台剧也积极推动了学史明理、学史增信、学史崇德、学史力行。

（二）校史育人的动态与展望

通过对相关研究成果的梳理，发现国外高校校史的核心价值停留在"存史"功能，与"育人"关联性不高；国内高校则更重视校史在"存史"的基础上发挥"育人"功能，目前对校史育人的研究呈现研究内容丰富化、研究手段多元化、研究队伍专门化的特点[3-5]。国内的相关学术研究动态趋势主要有三方面，在育人工具、育人载体和育人机制方面分别聚焦于融媒体、校史文化产品、校史育人和档案育人的联动。

1. 融媒体工具在校史育人工作中的应用逐步成为研究热点。目前在校的大学生绝大部分都是90后和00后，他们的生活方式、思维习惯、行为方式、价值观和社会交往都受到新媒体的很大影响，呈现出价值取向多样化、个体意识增强、乐于自我表达等新特点[6]。由此，融媒体的应用在校史育人工作中的重要性日益凸显。新形势下，如何挖掘和凝炼校史文化，更好地将文化宣传与新媒体融合，是当前的新考验。

2. 校史文化产品逐步成为校史育人的重要实践和研究载体。校史文化产品能够向社会大众履行教育功能。它是对校史育人的积极实践和探索成果，是构建文化育人共同体、深化"三全育人"改革、落实立德树人根本任务的有效机制[7]。因此，校史文化产品的探索和创造，逐步成为校史育人的重要实践。

3. 校史育人和档案育人的联动机制逐步成为研究重点。2021年，习近平总书记指出，档案工作存史资政育人，是一项利国利民、惠及千秋万代的崇高事业[8]。校史档案是思政教育的校本教材，能够为思政教学注入新活力[9]。因此，挖掘校史档案思政元素、发挥校史育人和档案育人重要的联动功能，是当前校史育人机制探究的一大重点。

（三）校史育人存在的不足及切入点

当前，国内外在校史育人方面初步取得了一定进展，形成了一些工作机制，但是在现实运行过程中仍然存在着一些不足，主要有以下两方面的问题：

1. 在机制建立方面，仍缺乏长效可行的校史育人工作机制。现存的校史育人工作机制，如参观校史馆、观看舞台剧等，都只能对学生进行短时教育，即便有一定的教育效果，但效果可持续性差，仍缺乏系统性、长效性和周期性，尤其是贯穿学生在校学习全过程的考虑。

2. 在实践探索方面，当前校史育人活动形式较为单一，可参与性低。青年人天生好动，喜欢体验尝试，反感简单说教。目前校史育人的实践形式多为单向灌输，这种形式虽然可以引导青年学生在复杂的环境中甄别正确信息，但同时也剥夺了青年学生的部分主动性，降低了学习的趣味性，单向的说教式校史教育方式很难吸引他们的注意力。

综上所述，目前国内的研究没有考虑校史育人机制的长效性，而且缺乏对于系统性机制的探索。因此，利用校史的多种载体，探索校史育人的长效可行机制、创新校史教育形式，是本课题需要重点讨论的内容。

（四）研究方法

本课题深入调研文献资料，综合运用以下方法开展研究：

1. 文献研究法。通过图书馆、网络资料对文献进行检索与分析，整合校史资源，理清社会学等学科有关本课题的理论，建立课题的理论基础和框架。

2. 问卷调研法。向高校学生发放问卷，统计和分析学生对校史的了解现状、学生喜爱的校史教育形式，为校史育人长效机制和课程体系的建立提供数据支撑。

3. 个案研究法。以北京理工大学为个体案例，对校史育人现状进行全面深入的分析，最终提出具有一定普适性的对策，为全国高校校史育人提供有建设性的理论依据和指导意见，实现校史育人理论与实践的互动提升。

二、校史育人的实践探索及存在问题分析——以北京理工大学为例

（一）实践探索和优点分析

北京理工大学，作为中国共产党创建的第一所理工科大学，多年来学校党委在用光辉党史教育师生的过程中，充分结合红色校史，着力传承红色基因，有效增强了师生的"红色认同感"，使之成为引领师生团结奋斗、干事创业的重要思想基石。在逐步探索和有力创新中，在以下几个方面取得了重要成果：[10-13]

1. 提出核心价值，凝炼校史文化。北京理工大学立足党史、挖掘校史，深耕细作。学校党委在2010年确定了"德以明理 学以精工"的校训；2016年，凝练出"延安根，军工魂"红色基因内涵；2020年，又凝练出"红色育人路"的内涵和经验；2021年初，学校第十五次党代会又讨论通过了"北京理工大学精神"，高度概括了学校的精神文化内涵，成为全校师生的做事之则、行事之范。

2. 整合校史资源，编撰教育读本。2016年，学校推出了校史网，现设"新闻动态""校史上的今天""史海春秋"等9个板块，整合了丰富的校史资源，成为学校师生学校史、感悟校史的重要数字来源。2020年，在建校80周年之际，学校又推出《奋进在红色征程上——北理工精神笔谈》《兵之利器》《利剑长空》等16部红色文化丛书供师生阅读学习，大大提高了师生学党史、知校史的热情。

3. 建设人文景观，更新基础设施。2017年起，新校史馆、数字化科技成果展厅等大型文化设施相继落成启用，总面积达到24000余平方米，在全面提升文化设施水平的同时，也让校园中的红色气息愈发浓郁；2018年起，学校每年设立专项经费，共支持建成18个基层特色文化空间和覆盖九大书院的社区空间，让红色文化更加贴近师生的学习工作。

4. 讲好名师故事，引领人格塑造。2010年，学校在中关村校区图书馆四层打造了"老科学家学术成长资料采集工程馆藏基地"，截止到2022年，"基地"已通过文献、实物、数字化材料、音视频材料等方式，入藏了481位科学家和4个科学家团体的资料。2013年起，学校还设立徐特立英才班，从培养方案上给予校史育人有力支撑。2023年，学校《大道更光》舞台剧在京首演，该剧以校友徐更光院士波澜壮阔的一生为线索，讲述了北理工"兵器三代人"报国故事，大大增加了校史的传播度和普及度。

5. 采集口述校史，加强整理汇编。自2015年起，北京理工大学扎实开展珍贵校史资料数字化、办学媒体资源数字化和校史"口述史"采集，不仅完成了25000余张办学图片资料、12万分钟视频资料等珍贵校史资料的数字化抢救，还采集了250余小时的校史"口述史"资料，提升了红色基因传承工作的科学化、规范化水平。

（二）问卷调查和缺点分析

"一切结论产生于调查情况的末尾，而不是在它的先头。"[14]只有进行充分的调查研究，才能厘清问题、找到解决问题的方法。为此，对北京理工大学中关村校区在校学生进行了问卷调查，问卷设计涵盖调查对象的身份特征、认知现状和需求意愿三个方面；共收回有效问卷320份。样本基本信息分布情况见表1。

表1 样本基本信息分布情况

分类方式	特征	人数	占比
按身份 N=320	教职工2.81	9	2.81%
	本科生9.69	31	9.69%
	硕士研究生65	208	65%
	博士研究生22.5	72	22.50%
按年级 N=320	新生年级	202	63.13%
	毕业年级	49	15.31%
	其他	69	21.56%

1.学生对校史文化的认知现状和了解途径

为了解学生对校史文化的认知情况，问卷对学生接受校史教育的现状做了调查，调查发现：

学生对学校的改革发展历史、名师和杰出校友、校园文化精粹（校歌校徽校训）、重大科研成果、校园建筑布局的了解程度相当，其中对重大科研成果平均了解程度最高、对校园建筑布局平均了解程度最低。调研结果如图1所示。

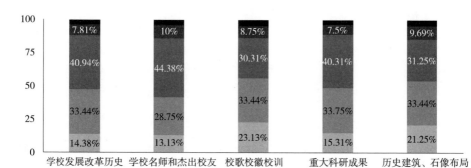

图1 调研对象对校史各方面的了解程度

学生了解校史文化的途径，互联网媒介（学校网站、公众号等）占比最高，聆听老师或同学的讲述、参观校史馆等展览也占了相当一部分，而通过校刊校报等纸质媒介和舞台剧《大道更光》等校史文化产品了解校史较少。

调研结果如图2所示。

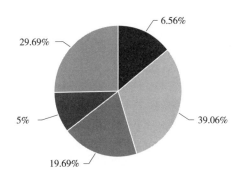

- 纸质媒介（校刊校报等）
- 互联网媒介（学校网站、公众号等）
- 展览参观（校史馆等）
- 校史文化产品（舞台剧《大道更光》等）
- 交流聆听（老师同学讲述等）

图2　调研对象了解校史的主要途径

2. 学生对校史文化的感知程度和认知意愿

本次调查我们还关注了学生对校史文化的感知程度和认知意愿。调查发现：

（1）学生对校史的认识和理解程度、用校史文化精神指导学习工作的平均程度停留在一般水平，还不能做到时刻用校史文化精神正确指导实践。调研结果如图3所示。

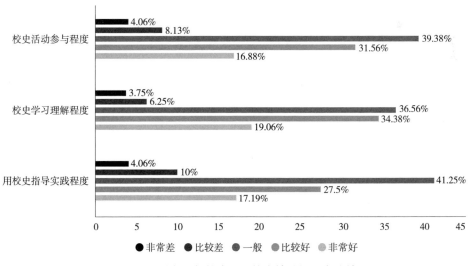

图3　调研对象理解校史及用校史精神指导实践情况

（2）在校史文化认知意愿的选择上，有46.56%的学生认为，校史教育最重要的功能是价值导向，可以引导师生建立正确的价值观和价值体系。并且有65.94%的学生认为，应该进一步增加校史教育在学校思想政治教育体系中的比重。调研结果如图4和图5所示。

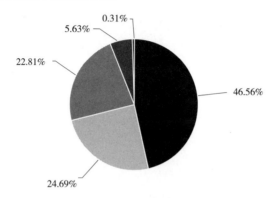

● 价值导向，引导师生建立正确的价值体系和思想规范　● 成长激励，激励师生为共同的发展目标奋发进取
● 情感凝聚，引起师生在思想和情感上的共鸣　● 人格塑造，引导师生塑造健康向上的人格
● 其他，请您注明

图4　调研对象对校史各功能的评价

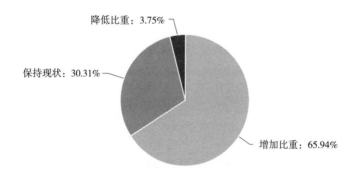

图5　调研对象对校史的认知意愿

3. 存在的主要问题

经过认真细致的调查研究，基本掌握了北京理工大学在校学生对校史文化的认知现状和认知意愿，并发现存在以下主要问题：

（1）校史文化普及面有待加宽。学生对校史文化的认知意愿比较强烈，但大部分学生对校园文化精粹和校园建筑布局的了解程度偏低，在师生学习工作中,这两个方面的校史教育不够广泛和深刻。

(2)校史文化传播过程有待深化。当前,学校校史馆资源非常丰富且生动,以解说历史传统为主要方式,仍存在非重大活动时讲解程度不够深不够好等问题;北京理工大学校史网的更新仅停留在2021年,甚至"史海春秋"板块的更新仅停留在2016年;同时,校史馆微信公众号推送内容的吸引力和可读性不强,缺少为受教育者解释社会、指导学习和生活的内容。

(3)校史教育持续性和连贯性有待提高。目前,学校对学生进行校史教育的时间主要集中在新生入学教育阶段,后续的宣传教育力度有待提高,存在育人环节前期"声音大"、中后期"声音小"和重要时间节点"声音大"、日常生活"声音小"的问题,内容连贯性和环节持续性有待提高。

三、建立校史育人长效机制的路径

(一)建立校院生三级联动机制,贯通校史育人全链条

基于以上对北京理工大学校史育人现状的分析,建议建立如图6所示的校、院、生三级联动机制。该机制和北京理工大学"胸怀壮志、明德精工、创新包容、时代担当"的德智体美劳全面发展的领军领导人才这一培养定位相统一,旨在充分发挥学校、学院、学生三级联动作用,引导高校学生在校史学习的过程中增强校园归属感、厚植爱校情感,并最终将这一情感转化为成长为社会主义建设者和接班人的强大动力。

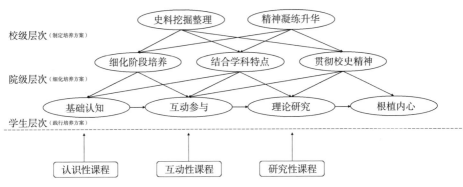

图6 贯通校史育人全链条校院生三级联动示意图

1. 学校层面：加强顶层设计，建立校史育人长效机制

高校校史教育应充分整合校史教育资源，建立系统的校史教育体系，形成校史教育长效机制。首先，制定校史教育计划，将校史教育纳入大学生的入学教育、青年教师的上岗培训和各级各类干部的专题培训计划。其次，加强校史教育专门机构的专业性，充分利用档案馆藏资源，加强校史研究、编写和传播。最后，加强校史教育保障。确立校史教育保障整体规划，确保人力、物力和财力的有效投入，配备校史教育和校史研究的专门人才和专项经费，把校史教育工作真正做到制度化、常态化和长效化。

2. 学院层面：创新物态呈现，提高校史育人直观性和深刻性

首先，应根据学校层面的长效机制和培养方案细化校史育人计划，紧扣主题、强化意识、明确责任，把校史教育工作横向到边。其次，不同学院应该结合各自院史和学科特点，创新校史教育实践活动形式，打造活动阵地，增强学生学校史的趣味性，激发学生知校史的主动性。最后，同时依托学院团委和学生社团开展系列教育活动，把工作做实做细，纵向到底。

3. 学生层面：自觉参与课程学习，主动践行校史精神

青年学生，作为受教育的主体，应首先做到自觉参与课程学习，在校史学习中激发信仰、获得启发、汲取力量，树立坚定理想，不断增强本领；其次要加强用校史文化精神指导实践的能力，把校史文化精神同观察、思考和实践紧密结合起来，学会用正确的立场观点方法分析问题，把握社会生活的主流和支流、现象和本质，以实际行动砥砺前行。

（二）建立科学有效课程体系，贯穿学生学习全过程

课程设置是培养计划的核心环节，也是培养目标的具体实现过程和影响培养效果的最主要因素。在校史育人过程中，科学、合理的课程体系设置既可以准确地将校史及其所蕴含的精神传达给学生，又可以避免因内容老套或形式单一而导致学生接受程度不高。

本研究根据高校以往校史教育形式，并考虑到学生的个性发展和能力养成，以及学生学习的积极性、主动性和创造性的培养，提出了校史育人长效

机制育人课程体系，该体系以历史沿革、重大事件、知名学者校友事迹、竞赛活动、研究课题等为课程内容，涵盖了课堂讲述、专题讲座、新媒体影片宣传、场馆参观、竞赛参与、课题研究等多种教学手段，分为认识型、体验型和研究型三大类课程，如表2所示。

表2 校史育人长效机制育人课程体系

课程类别	课程内容	教学手段
认识型课程	历史沿革	课堂讲述、专题讲座、宣传片与纪录片
	重大事件	
	知名学者	
	杰出校友	
	科研与艺术	
	文学与体育	
	对外交流与合作	
体验型课程	参观校史馆、档案馆、艺术馆、校园景观、舞台剧等	自由观赏、校园解说
	校史知识竞赛、演讲/作文/歌咏比赛等	校团委等部门策划，学生自由参加
研究型课程	参与校史研究	教师指导学生整理校史文献和进行研究
	申报课题	设置校史专项研究项目
	采访校友	学院组织，学生参与，与假期实践活动相结合

图7为本研究调查问卷中答题者对校史育人课程学习方式喜爱程度的调查结果，可以看出对于三种课程类型，320份有效答卷中大多数答题者都持"非常喜欢"和"一般喜欢"态度，分别占比69.66%、84.38%和68.76%，"非常不喜欢"和"不太喜欢"的人数占比均很少，分别仅占9.38%、2.5%和9.07%，可以看出，认识型、体验型、研究型这三类校史课程的设置对于充分调动学生学习兴趣，提高学习积极性具有较好作用。但注意到也存在20.04%、13.13%和22.19%的答题者分别对这三类课程无感，如何丰富课程内容，适应高校学生的身心发展和接受能力，吸引"无感人群"的学习兴趣对于健全课程设置体系非常重要，为此，本课程体系着重创新内容，在丰富

题材、升华精神的同时更加重视承接"地气",让高校学生能够从身边实实在在的人和物上汲取精神力量,提高学习接受程度。在育人过程中,可根据高校学生校史学习认知程度依次循序渐进,由浅入深依次开展认识型、体验型、研究型三类课程的教育培养;也可根据高校学生学习需求与学习兴趣,选择某一类型课程开展教育,以达到因材施教的效果。

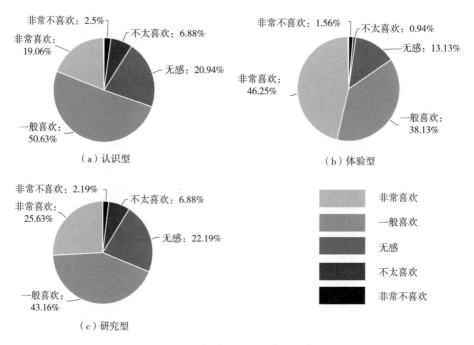

图7 不同类型课程的受欢迎程度

四、结语

"一个学校的历史和传统精神、学术文化氛围和校友的榜样,都将对一代代学子产生终身铭记的不可估量的影响。"[15]校史文化是校史的文化表征,是校史传承的文化链条,是学校在办学实践中创造的一切物质和非物质的总和。校史文化与思想政治教育在作用与功能方面都具有统一性,利用校史文化资源天然的优势开展育人工作是高校实现跨越式发展的必由之路。

本文在阅读大量有关北京理工大学校史文化材料的基础上,从校史的传播规律和学生学习规律切入,总结了校史文化育人功能及其价值体现;以北京理工大学校史育人问卷调查为依据分析了北京理工大学校史育人现状的优缺点；最后提出了校史文化育人长效机制构建建议——从机制建立方面来说，应建立校院生三级联动机制，贯通校史育人链条；从实践探索方面来说，应设计不同课程，贯穿校史育人全过程。同时，不同的学校有着不一样的校史文化，通过数据分析在各高校开展校史文化育人工作面临的问题也各不相同，各高校校史文化育人的实践路径探究应坚持具体问题具体分析，针对本校进行个案研究从而提出相应的实践路径，并不断收取评价反馈进行优化，持续推进校史文化育人价值实现的研究。

● 参考文献

[1] 列平.透视：大学校史文化[M].武汉：湖北人民出版社，2014.

[2] 新华网.习近平在党史学习教育动员大会上强调　学党史悟思想办实事开新局以优异成绩迎接建党一百周年　李克强栗战书汪洋赵乐际韩正王岐山出席　王沪宁主持[EB/OL].（2021-02-20）[2023-05-22]. http://www.qstheory.cn/yaowen/2021-02/20/c_1127120173.htm

[3] 池秀梅.校史教育：大学生思想政治教育的有效途径[J].集美大学学报（教育科学版），2008（02）：69-72.

[4] 叶菊珍，吴亚梅.重视校史教育，努力探索提升大学生素质的新途径[J].成都电子机械高等专科学校学报，2008（03）：69-71.

[5] 李宁，董振文.高校校史在大学生入学教育中的应用初探[J].新西部（下半月），2010（03）：177+182.

[6] 于珊珊.融媒体时代高校校史文化育人功能及实现路径探究[J].北京教育（高教），2021（02）：43-45.

[7] 光明日报.拓展大学校史文化产品的育人功能[EB/OL].（2021-03-29）[2023-05-22]. https://epaper.gmw.cn/gmrb/html/2021-03/29/nw.D110000gmrb_20210329_2-08.htm

[8] 中国档案咨询网.国家档案局印发《通知》要求认真学习贯彻习近平总书记对档案工作重要批示（2021-07-29）[2023-05-22]. http://www.zgdazxw.com.cn/

news/2021-07/29/content_323587.htm

[9] 沈洋, 谷松岭, 鲍中义, 等. 挖掘校史档案思政元素 发挥档案育人重要功能[J]. 中国档案, 2022 (02): 58–59

[10] 光明日报. 北京理工大学：学史明志，走好"红色育人路"[EB/OL]. (2021-03-18) [2023-05-22]. http://dangjian.people.com.cn/n1/2021/0318/c117092-32054421.html

[11] 北京理工大学研究生院. 北理工研究生院党支部组织校史专题党课[EB/OL]. (2020-07-13) [2023-05-22]. https://grd.bit.edu.cn/yyxw2/b182194.htm

[12] 中国教育新闻网. 北京理工大学：数字技术赋能思政教育 把校史搬进元宇宙空间[EB/OL]. (2023-03-20) [2023-05-22]. https://www.sohu.com/a/656804535_243614

[13] 北京理工大学学生工作部.【优秀学育导师】第四期：走进校史校情(2022-11-18) [2023-05-22]. https://mp.weixin.qq.com/s?__biz=MjM5OTI0ODczOQ==&mid=2650385259&idx=1&sn=feb0c625f425b725f63a384fc49c5560&chksm=bf335d678844d471d6fe24d27f3bd4107a24128f8b4ae9fea9ad78829cd9f609d0eef01e41b8&scene=27

[14] 毛泽东. 毛泽东选集（第1卷）[M]. 北京: 人民出版社, 1991: 110.

[15] 高鹏, 马绍森. 校史：应大力开发的"校本课程"[N]. 中国教育报, 2008-09-09 (05).

"一站式"学生社区育人机制的探索与思考

秦月[*]

摘　要：各高校建设发展的"一站式"学生社区，不仅是学生提高自身素质和开展朋辈间互助的主渠道，也是培养和实践社会主义核心价值观、进行思想政治教育的有力阵地。经过理论发展与实践探索，"一站式"学生社区育人机制的形成过程与核心概念逐渐明晰。在新时代新征程上，围绕"三全育人"总体目标，高校应立足立德树人根本任务，积极探索"一站式"学生社区育人长效机制，打造思政社区、智慧社区、自管社区，建设"以学生为中心"的精神家园。

关键词："一站式"学生社区；社区育人；思政社区

一、"一站式"学生社区的提出与发展

2017年2月27日，《关于加强和改进新形势下高校思想政治工作的意见》印发，这是在我国高等教育进入全面普及化发展的新阶段，面对国内外形势发生深刻复杂变化的新形势下，党中央、国务院发布的一项重要指导性文件。在这一文件中，明确提出了新形势下高校要坚持全员、全过程、全方位育人的要求。随后，在2019年2月召开的思想政治教育工作专题会议上，教育部提出了在学生社区"一站式"综合管理改革的构想，并对学生社团的组织形式、管理模式和服务机制进行了积极的探索，以打通育人"最后一公里"。

以此为背景，许多高校立足自身建设实际，围绕"一站式"学生社区育

---

[*] 秦月，硕士，北京理工大学明德书院，讲师，研究方向：思想政治教育。

人机制开展了大量研究，通过建设社区文化底蕴，挖掘社区多元内涵，从而为社区育人赋能。目前，在"一站式"学生社区育人机制的探索中，将思想政治教育融入社区是社区育人研究的主流。部分高校在书院制改革下，依托党团活动室、辅导员工作室、影音室、自习室等育人空间挖掘思政内涵，赓续红色优良传统，打造"三全育人"理念下的"一站式"思政社区，例如北京理工大学精工书院的"思政社区+"[1]就是思政教育融入社区的有益尝试。

然而，在社区育人机制的探索实践中也出现了系列问题，如资源整合不充分、组织管理制度不成熟等，这些问题直接或间接造成了学生主体意识不强、师生认同感不强、育人合力不足、社区育人功能受限等困境，从而影响教书育人、文化育人、组织育人、管理育人、服务育人的"一站式"社区长效育人机制落实效果。

二、"一站式"学生社区育人机制的核心概念

习近平总书记强调："教育是国之大计、党之大计。"要"全面贯彻党的教育方针，落实立德树人根本任务，培养德智体美劳全面发展的社会主义建设者和接班人"。[2]这一重要论述要求高等教育必须坚持社会主义办学方向，必须坚持全员、全过程、全方位育人，也为高等院校推进学生社区建设提供了方向指导。"一站式"学生社区育人机制的核心概念便是在新时代高校人才培养的系统工程中，立足自身"第一社会""第二家庭"和"第三课堂"的现实特质，坚持学生主体地位，筑牢"为党育人、为国育才"使命根基，从而系统性发挥支撑保障作用，实现助力人才培养的质量和效果。

（一）立足"第一社会""第二家庭"和"第三课堂"的现实特质

学生社区常常被称作大学生的"第一社会""第二家庭"和"第三课堂"，它不仅是学生学习交流的重要平台，也是践行"三全育人"理念的文化空间，为学生成长成才提供了更加丰富多元、高品质的教育。"一站式"学生社区的打造需凝结育人合力，发挥好社区育人协同作用。"一站式"学生社区是打造全员育人、全过程育人、全方位育人的载体，社区育人需要将

学工、后勤、宣传、人事、教学、保卫、资产等各方育人力量融入社区教育管理工作中来，要使社区教育组织机构之间能够相互衔接、分工协作，形成一支高质量的社区育人队伍。社区应积极邀请杰出校友或各行业先进人物参与学生社区育人工作，如邀请各领域知名教授、知名学者进驻学生社区，在社区内建立辅导员工作室，进行相关导学工作，将知识教育和价值观引导相结合，将"三全育人"的资源与力量渗透到学生的学习生活中。

《高等学校辅导员职业能力标准（暂行）》将学生健康成长与党和国家利益列为同等重要的因素。学生社区作为大学生参与社会互动的隐性课堂，不仅为学生自我发展和开展朋辈互助提供了主要场所，还成为开展思想政治教育、培育和践行社会主义核心价值观的重要阵地，所以探索具有中国特色社会主义教育事业下的社区育人机制对促进学生全面成长成才具有重要意义。

（二）坚持学生主体地位，筑牢"为党育人、为国育才"使命根基

在"为谁培养人""培养什么人""怎样培养人"的社会主义办学要求下，《关于加快构建高校思想政治工作体系的意见》（以下简称《意见》）在2020年由教育部等八个部委联合发布，其中提出：要建立健全立德树人体制机制，将立德树人融入管理服务体系，推动"一站式"学生社区建设，探索学生组织形式、管理模式、服务机制改革，把校院领导力量、管理力量、服务力量、思政力量压到教育管理服务学生一线，打造集学生思政教育、师生交流、文化活动、生活服务于一体的教育生活园地[3]。

对于社区育人，应坚持"以学生为中心"的管理服务理念，根据学生成长成才的新特点、新需求，促进教育管理服务职能在"一站式"学生社区空间中生根发芽、优化集成。进一步挖掘社区育人在"三全育人"中的作用，将系统性、长期性、广泛性的思想政治工作融入其中，探索中国特色社会主义教育事业要求下的"一站式"学生社区育人机制，坚守"为党育人、为国育才"初心使命，促进学生全面成长成才。

三、"一站式"学生社区育人机制的实现路径

（一）打造思政社区，发挥"宿舍—社区"堡垒作用

思想政治工作是贯穿新时代高校各项工作的生命线，可以帮助大学生树立正确的世界观、人生观、价值观，培养高尚的品德和情操，在人才培养体系中持久有效地发挥作用。学生社区不仅是重要的物理空间和含有丰富教育内涵的精神家园，也是对学生进行思想政治培养的有力阵地。依托社区空间广泛开展班团活动、党建活动、红色党史等系列活动，努力培养学生家国情怀、民族担当、社会责任，有利于形成社区特色思政文化，促进理想信念教育落地，落实思想政治教育的工作实效。

根据中共中央、国务院发布的《意见》，大学生思想政治教育要"以理想信念教育为核心""以爱国主义教育为重点""以基本道德规范为基础""以大学生全面发展为目标"，在打造"一站式"学生思政社区过程中，要发挥"宿舍—社区"堡垒作用。在思政社区的探索中，有的高校已经构建了学生助管联系学生宿舍工作网络，以及"宿舍长—层长—楼长"层层递进的三级工作网络[4]。还有的高校建立了有求必应屋、红色文化书柜，将思想政治、理想信念落实到"宿舍—社区"的管理与服务中去，建立起学生对思政社区的意识，取得了一定的效果。当然，在打造思政社区的工作探索中也暴露出互动性不强、制度衔接不顺、联动机制不成熟等问题，故建设中应该持续依托"宿舍—社区"战斗堡垒，持续凝结各方思政合力，锻造优秀青年的大熔炉，让更多的学生自觉自愿融入思政社区中来，在思想上行动上始终与党中央保持高度一致。

（二）立足多元育人，建设智慧社区

随着大数据、云计算、物联网、人工智能、5G等新一代信息技术的运用，高校社区已经突破了传统的物理空间限制，正逐渐向多元育人的智慧服务场所发展。同济大学刘润认为，"传统的社区场所以社区管理为主，在社

区管理、服务和育人存在相互脱节现象"[5]。如今，社区发展应该立足服务育人，工作模式以学生为中心，激活学生主体性意识，满足学生个性化发展。

智慧社区[6]不仅要作为优秀传统活动载体，更要作为创新活动的试点场所。借助于信息化、网络化、制度化的智慧社区管理模式，智慧社区能够及时地把握活动情况，评估育人实效。在智慧社区的建设中，清华大学紫荆公寓、复旦大学江湾校区智慧屋已经做出了相应的探索，通过技术手段减轻了人为管理的弹性，提升了管理效率和公平性，但在学生日常生活行为的大数据采集与分析方面仍有提升空间。北京理工大学甘棠社区立足于现有技术手段，广泛开展职业生涯规划、专业导学、心理咨询、大学生创新创业项目招募等传统活动，还借助线上管理程序对甘棠社区人流量、预约情况进行监控，对服务设施使用情况进行持续跟踪，推动学风建设、安全教育、爱国卫生运动等工作持续深化。在甘棠社区多元育人的具体实践中，不同活动展现了不同层次的效果，如红色观影、集中研讨、六艺特色文化课程等活动参与度高，深受学生喜爱，而专业引航、大学生创新创业项目招募等活动参与度有待提升，还需要继续加大宣传力度，增强引导措施来提升活动实效。"一站式"学生社区作为传统活动与创新活动的载体，能够探索教书育人、服务育人、管理育人、文化育人、组织育人的长效机制，能够形成智慧共享、多元融合、协调开放的氛围，为高校培育德才兼备、创新自主的时代新人做贡献。

（三）打造自治自管社区，培育、发扬优秀校园文化

1993年，美国学者亚瑟·齐克瑞提出了"自我同一性发展理论"[7]，从该理论出发，打造自治自管型社区有助于学生的"七个向量"的发展，有助于培养、发扬优秀校园文化。在打造自管型社区、培育优秀校园文化的进程中，矛盾存在于影响学生发展的七大关键因素（即院校目标、院校规模、课程教学、课程学习、师生关系、学生发展项目和服务、同伴友谊与学生共同体）[8]。有学者基于前期调研[9]认为在建设自治自管社区时，社区建设主体缺乏前瞻性，各方面建设力量不足。而在甘棠社区前期管理运营实践中，

还发现存在管理理念不足、制度不成熟的问题。这些问题导致在学生社区管理工作开展过程中缺少合理的思想引导，观念层面的供需不均衡。由于自治自管的管理育人模式的不完善、社区自治自管与社区有效指导的脱节，绩效管理机制运营不良，从而使学生自治自管发展缓慢，自治管理效率低下，学生自治自管热情和满意度有所降低。为解决观念思想与制度方面的矛盾，北京理工大学甘棠社区采用书院轮值模式进行管理，将制度由"方便管理者"向"方便师生"演化。社区管理人员招聘选拔环节采取"以岗定人、择优录用"的方式，构建完善的奖罚制度，保障社区管理服务的质量，全面发挥社区管理育人的功能。

在打造自治自管社区进程中，要牢牢依靠学生，悉心指导学生组织，引导学生助管、学生自治组织主动参与自我服务，同时带动广大学生参与到学生事务服务中来，实现自治自管的良性循环。在服务过程中，可以及时跟踪学生需求，更有针对性地提供靶向服务，促进学生"自我同一性的发展"。

四、结语

在建设"一站式"学生社区过程中，高校应紧紧围绕立德树人根本任务，以学生的全面发展作为系统工作的出发点和落脚点。在学生社区建设上，既要进行物理层面的改造升级，打造智慧社区，又要注重精神文化层面的底蕴积累，让思政工作润物无声。在这一过程中，"三全育人"各方主体要绵绵用力、久久为功，同时发力、同向发力，最终在"一站式"学生社区形成教书育人、文化育人、组织育人、管理育人、服务育人的长效机制，从而打造"以学生为中心"的精神家园。各高校还应当不断总结和吸收鲜活经验，敢于探索、善作善成，进而实现新时代高校学生社区育人模式理论与实践的创新发展。

● 参考文献

[1] 方蕾，耿宝群. 高校书院社区建设中的思想政治工作——以北京理工大学精工书院为例[J]. 北京教育（德育），2021，(2)：66-69.

[2] 习近平. 高举中国特色社会主义伟大旗帜　为全面建设社会主义现代化国家而团结奋斗——在中国共产党第二十次全国代表大会上的报告[M]. 北京: 人民出版社, 2022: 34.

[3] 严明, 潘志娟, 蒋闰蕾. 高校"一站式"学生社区综合育人研究[J]. 学校党建与思想教育, 2022, (2): 61-63.

[4] 陆宝萍, 张京. 高校学生社区服务育人工作途径探析——基于高校立德树人根本任务视域[J]. 高校后勤研究, 2021, (03): 8-10.

[5] 刘润. 论新时代高校学生社区空间育人功能的拓展[J]. 思想理论教育, 2021, (04): 108-111.

[6] 王雷. 三全育人视域下高校学生社区育人模式研究[J]. 继续教育研究, 2021, (01): 58-61.

[7] 周廷勇. 齐克瑞的大学生自我同一性发展理论研究[J]. 复旦教育论坛, 2015, 13 (06): 33-38.

[8] 陈南菲, 尹金荣. 自我同一性发展理论视角下"一站式"学生社区建设研究[J]. 学校党建与思想教育, 2021, (19): 85-88.

[9] 高洪娟. 新形势下高校学生社区育人工作探索[J]. 作家天地, 2020, (19): 106-107+172.

协同论视角下高校"一站式"学生社区文化建设路径研究–以甘棠社区为例

王娟*，彭明雪

（北京理工大学管理与经济学院，北京 100081）

摘　要：随着高校"一站式"学生社区建设的不断发展，如何做好学生社区文化建设已经成为各大高校关注的重要议题。构建积极向上、文明和谐的学生社区文化可以有效提升学生的综合素质和全面发展水平，也是高校培养合格人才的必要途径。协同论是一种以合作为基础的社会学理论，认为社会生活中的所有方面都是由各种各样的个人和群体之间相互作用和合作所构成的。本文认为，学生社区文化建设在社区管理中具有引领作用，将文化建设作为切入点，以社区物理空间为平台，通过社区文化建设主体协同、空间功能重塑、联动效能发挥，是实现高校"一站式"学生社区文件建设的一种思路。

关键词：高校；社区文化建设；协同论；实现路径

高校"一站式"学生社区作为学生日常生活学习和交流互动平台，是新时代思想政治工作创新实践的重要阵地。《关于进一步加强和改进大学生思想政治教育的意见》中明确指出，要高度重视高校生活社区和学生公寓中思想政治教育工作的施行，引导学生积极、主动地参与社区的管理。各高校在学生社区建设中积极开展了不同的探索，也取得了一定的成果，但在社区文化建设的过程中，依然存在着一些问题和挑战，需要不断改进与探索。

---

* 王娟，硕士，北京理工大学管理与经济学院，助教，研究方向：学生社区文化建设。

一、"一站式"学生社区文化建设的价值内涵

学生社区文化是社区发展的核心和灵魂。社区文化在提高人才培养质量、升华校园文化、提升思想教育实效性中,都具有不可替代的重要作用。社区文化的建设是超功利主义的,其出发点是学生的发展,最终服务于学生的全面发展。

(一)学生社区文化建设是"一站式"学生社区建设的内在要求

社区最早由德国社会学家滕尼斯提出,经费孝通等燕京大学学生引入中国。学界虽然对社区的概念说法不同,但普遍认为一个社区应该包括一定数量的地域、一定规模的设施、一定数量的人口以及一定特征的文化、一定类型的组织等。学生社区在高校"三全育人"改革中应运而生,将社会学中社区的概念迁移到了学生宿舍区,学生社区也必然具备地域、设施、数量、文化的特征,因此推进学生社区文化建设,打造具有高校学生社区特色的文化氛围,是学生社区成为社区的一个必备特征。

(二)学生社区文化是校园文化建设的重要阵地

文化环境是影响人的素质生成的最基本、最复杂、最深刻、最重要的元素。校园文化对学生的人生观和价值观有着深远的影响,这是任何课程都无法比拟的。健康向上丰富的校园文化渗透、持久、选择性地形成学生的人格,对于提高学生的人文道德素养,拓宽学生的视野,培养跨世纪的人才具有深远的意义,也是一所高校区别于其他高校所独有的标志与象征。社区是学生停留最长的一个地方,优良的社区文化对于拔尖创新人才的培养具有重要的作用,社区文化通过影响社区的每一位学生,将社区文化的种子带到校园的不同角落,并不断生根发芽,在润物细无声中丰富校园文化内涵。

二、协同论视角下的"一站式"学生社区文化建设

（一）协同论的概念和基本原理

协同理论是由德国著名物理学家赫尔曼·哈肯（Hermann Haken）于1974年提出的。它在创立之初是用来解释物理化学中的协同效应现象，协同效应指复杂系统中总体效应高于各个子系统效应之和的现象。协同论的主要研究对象一般是"由众多子系统交互作用产生的，自身能够实现复合结构从无序到有序的开放系统"。协同论不仅研究系统从混沌到稳定的变化规律，也研究从稳定向无序变化的原因。协同论抓住了不同系统在临界过程中的共同特征，并能结合各系统的具体现象描述出从无序到有序的转变规律，因而在社会、经济、教育等领域中广泛运用。

（二）协同论与学生社区文化建设的关系

高校思想政治工作体系要发挥整体功能，必须统筹系统内外各领域、各环节、各方面的资源和力量，形成网络型多元治理模式。在当前从"三全育人"到构建一体化大思政格局的背景下，大学生思想政治教育比任何时候更迫切需要全员的教育力量、全过程的培养体系、全方位的协同育人共同体。运用协同论的观点，建构起学校、学院、教师、辅导员、学生和后勤管理等多元主体协同，通过延展社区空间、整合碎片化育人资源等途径，凝聚全员、全过程、全方位的育人合力，从而形成新时代高校学生社区文化建设的共同体是大势所趋。

三、高校"一站式"学生社区文化建设现状

纵观国内外高校，学生社区文化建设不断开展探索和改革，学生社区文化建设也在不断发展，例如学生社区数量不断增加、硬件设施日渐完善、社区文化活动日益丰富、社区运行管理制度逐渐科学化等。但当前的学生社区文化建设方面也面临着诸多困境。

（一）社区文化建设育人功能被低估，重视程度不足

学生社区文化是高校校园文化的重要组成部分，在推进学生社区的建设和发展、发挥学生社区育人阵地作用、丰富校园文化建设等多方面起着重要作用。部分高校未认识到学生宿舍到学生社区变化的意义所在，没有赋予学生生活区域更多的内涵。同时部分高校往往较为重视自习室、活动室等学习、娱乐场所等硬件设施的建设，但对于学生社区文化中潜在的文化育人资源没有充分挖掘，相应的文化育人功能没有得到有效发挥。

（二）社区文化建设缺乏顶层设计，协同性差

目前各高校对于社区管理采用了社区制、混合制、书院制等管理模式，但都需要承担社区文化建设的功能，但也存在一些问题。部分高校在开展"一站式"学生社区文化建设时，没有制定具体的规划和目标，缺乏顶层设计和战略规划，导致各个部门推行措施之间的协调不够，形成了各自为政的状态，效果不理想。同时，多个部门或单位之间缺乏协同配合，工作分散、重复，容易出现资源浪费和互相牵制的情况，影响实际推行效果。另外，没有长效机制的支撑，也缺乏有效的监管机制来推动工作的落实。这样导致在推行初期可能会有所成效，但长期来看会面临缺乏可持续性和长效运行保障的问题。

（三）社区文化建设模式单一，学生参与感不强

纵观各高校管理体系，依然以自上而下的管理模式为主，欠缺学生主动参与的积极性和主动性。有些高校只依赖某一个或者几个特定的活动形式，如演讲比赛、艺术展览等，这样会导致活动变得机械化、单一化，缺乏新意和创新性，无法吸引更多学生的积极参与。在活动的设计和策划过程中，往往缺少充分考虑学生互动参与的需求。学生只是被当作观众或者客人，而缺乏对活动的主动参与权利，从而导致学生参与度不高，流于表面，学生对于活动缺乏归属感和认同感。

四、甘棠社区的发展历程和实践探索

（一）甘棠社区的发展历程

"一书院一社区，一社区一文化"，甘棠社区在学校统筹推进书院制建设与构建社区文化的大背景下建设落成，2021年5月开始正式运营，由经管书院、明德书院、知艺书院共同管理，秉持"树志启智、经明行修、自主多元、德才兼备"的育人理念，以"为广大同学服务，创建健康、文明、和谐、美丽的学生社区环境"为宗旨，努力打造功能集约、资源共享的可持续发展的学生自主空间，助力学生成为"胸怀壮志、明德精工、创新包容、时代担当"的领军领导人才。

（二）甘棠社区的实践探索

甘棠社区以"书院+学院+云平台"师生融合一站式社区建设为抓手，深化新时代"三全育人"实践园地建设，"五育"并举，通过学校领导、专业教师、思政队伍、管理力量、服务资源等下沉社区，形成一套完整的"三全育人"统筹推进常态机制，搭建教师党员骨干服务学生成长成才平台，助力学生成长，促进学生德智体美劳全面发展。社区秉承协同联动理念，通过沉浸式的社区思政教育，激发创新思维，建设"三全育人"平台，促进学科交叉，融理工文多元合一，满足不同层次需求，真正发挥社区育人的功效，勉励北理工学子凝聚青春力量，不断探索和谐的"家"文化书院社区建设，更好地培育担当民族复兴大任的时代新人。

五、甘棠社区文化建设的实现路径

甘棠社区自正式运营以来，社区文化建设坚持以人为本的原则，倡导人文理念，培育人文精神，把"塑造人"和"提升人"作为学生社区文化建设的根本目标，取得了一定的成效。本文通过实地调研和访谈，分析协同论视角下甘棠社区文化建设的实现路径。

（一）多元主体协同，推动联动共建机制

甘棠社区文化建设，遵循学校党委的统一领导，各部门有目的、有计划地开展建设工作，尝试成立社区管理办公室，构建学校党委—职能部门—二级学院党委—基层支部—楼宇的组织体制，完善配套制度、机构设置、人员队伍、支撑保障等一系列的组织架构。配套制度上，将社区文化建设纳入校园文化建设的体系中，通过制度建设明确社区文化建设在校园文化建设中的地位。在职责分工上，由社区管理办公室牵头，各学院、学工部、学生事务中心、后勤部等职能部门明确分工，密切配合，合力开展社区文化建设，才能凝聚合力推进综合性改革，才能使组织育人延伸至学生社区中各个场域；立德树人根本任务践行至学生社区的每个空间单元，才能形成党政齐抓共管和各部门协同联动的工作机制。

（二）空间功能重塑，开展"全景式"文化建设

甘棠社区注重转变学生社区单一学习、生活空间功能，打造社区空间"全景式"育人理念，从学生全面成长成才出发，赋予社区空间集五育并举、文化交流、学业共享、成果展示等功能，提升空间和氛围育人特色。首先，"五育"并举融入社区文化建设，为学生德智体美劳全面发展提供支撑保障。通过在社区围绕"一诺四微"党建品牌开展党班团主题活动、导学活动、学术体验营、美育课堂、手工坊等活动，在润物细无声中，使"五育"元素在学生社区文化建设上辐射到每一位社区学生。其次，优秀传统文化教育融入社区文化建设。在学生社区以文化参与、体验为主体，开设非遗文化传承、花艺培训、艺术彩绘等沙龙体验活动；积极拓展第二课堂，组织"一二·九"合唱、五四展演、摄影比赛、征文比赛等展现才艺的活动平台，有效弘扬中华优秀传统文化，提高学生文化素养，建立学生社区的中华优秀传统文化阵地，让中华优秀传统文化教育形式更加丰富。再次，学科专业融入社区文化建设。构建教学和社区管理交叉的一体化指导体系，实施学生社区专业导师制模式，在社区对学生进行专业辅导以及学科前沿指导，将

学生急需的学业辅导、职业生涯规划等及时送至学生中间,第一时间解决学生学业困惑;另外深入把握学校学科特色和优势,营造社区具有专业特色的专业文化和学术资源外环境和氛围,在学生生活中时时刻刻浸润专业前沿文化。

(三)学生广泛参与,主动式文化建设促长效

甘棠社区由明德书院、经管书院、知艺书院共同拥有、轮值管辖,三家单位共同成立联席会,定期召开会议,共同讨论、集体决议研究贯彻上级精神、研究社区发展,对社区工作和社区建设管理中的重大事项进行协商等事宜。同时充分发挥好学生组织的作用,坚持社区学生组织的自我管理、自我教育、自我服务的"三自"教育理念,学生自管会负责社区日常运行管理,形成联席会做好顶层设计、自管会推进社区日常运营的协同内部管理模式。第一,自我服务型组织服务在社区。学生自管会主要是学生自发建立的,依托甘棠社区公共服务,指导学生建立个性化服务型组织,设立社区助管、前台志愿者、社区讲解员等志愿服务岗,发挥学生自我服务作用,运营好社区的各项功能空间,强化好学生社区的日常安全管理、文化建设等工作。第二,党团班为单位参与社区文化建设。各党团班在自管会的统筹组织下,参与社区多功能实体空间的日常运营,自主开展活动,从而实现自我管理;并将自我管理考核与学生的组织建设、评奖评优、发展入党等相结合,形成良好的你追我赶的文化氛围。第三,学生社团进社区。学生社团进社区有效解决了社团活动的物理空间、内容供给和管理长效机制问题,同时社团也为社区文化建设注入了力量,最终共同为一流人才培养提供支撑保障。

(四)注重联动效能,构建社区文化建设综合性质量评价标准

质量评价是实践工作的标尺和指引。"一站式"学生社区是新时代高校思想政治教育的重大实践,长效化、常态化开展甘棠社区文化建设,尝试建立"活动质量—参与度—满意度—环境质量"综合性联动效能评价机制,来总结、反思、改进建设过程。一是活动质量评价。对每一个学生社区文化建设

活动进行评估，包括活动策划、执行和结果等维度，从活动的设计、组织、宣传和实施等多个方面对活动的质量进行评估，以便更好地把握活动的效果和目标实现情况。二是参与度评价。通过各种渠道，评估参与学生的数量、积极度和质量，评估各类活动的参与度、互动方式和活跃程度等，以便更加全面评估学生社区文化建设的参与质量和效率等。三是社区成员满意度评价。通过问卷调查等方式收集社区成员和其他相关主体对于学生社区文化建设活动的满意度，了解其参与度、反响和对于效果的意见，以便进行定期评估和改进。四是社区环境质量评价。以社区环境为切口，考核学生社区文化建设活动对于社区环境建设和整治的贡献和影响，包括安全性、文化氛围、公共设施维护等方面，以便更好地追踪和评估学生社区文化建设对于社区环境改善的影响和意义。

参考文献

[1] 杜鹏举. 高校学生社区协同治理模式研究 [D]. 广州: 华南农业大学, 2016.

[2] 冯刚. 增强高校思想政治工作的文化力量 [J]. 思想理论教育, 2017 (7): 4-9.

[3] 哈肯. 协同学理论与应用 [M]. 杨炳奕, 译. 北京: 中国科学技术出版社, 1990.

[4] 冯刚, 成黎明. 治理视域下高校思想政治工作体系构建的逻辑与路径 [J]. 思想理论教育, 2020 (8): 11-16.

[5] 卢楚韵. 高校学生社区文化建设的对策分析 [J]. 亚太教育, 2015 (25): 220.

"结构—过程"理论视域下的高校共青团发展历史解读
——基于对中国共青团史等重要史料的文本分析

杨静[*]，崔遵康，历凌霄，郭淳

（北京理工大学材料学院，北京 100081）

摘　要：高校共青团作为共青团的基层组织和主要组成部分，是共青团开展高校青年工作的桥头堡和重要阵地。回望团的百年奋斗历程，高校共青团始终担当着为党凝聚青年学子的重要职责使命。根据马克思主义唯物史观中的"结构—过程"理论视角，对高校共青团历史发展中的诸多结构性要素及其在不同历史时期发挥的不同作用进行分析研究，能够更系统、更深入地对高校共青团发展历史进行解读。本文基于对中国共青团史等重要史料的文本梳理和内容分析，旨在系统梳理高校共青团发展历史的基本史实，剖析和呈现高校共青团凝聚青年学子的历史演进过程中的深层次内在逻辑，并为新时代高校共青团职责的有效发挥提供历史指引、汲取力量源泉。

关键词：高校共青团；中国共产党；凝聚力；历史进程

引　言

高校共青团的诞生与中华民族的伟大复兴事业息息相关，高校共青团的成长进步与中国共产党的关怀和领导密不可分，高校共青团的发展对中国革命与建设做出的贡献，更是中国共产党引领校团组织光辉发展史的有机组成

---

[*] 杨静，硕士，北京理工大学材料学院，研究方向：材料科学与工程、学生德育与党团建设。

部分。高校共青团作为党与青年群体的桥梁和纽带，引来众多学者运用哲学视角对高校共青团历史发展展开分析。然而在唯物史观下，结构—过程理论视域的分析在这一领域却遭遇缺场境遇。运用结构—过程视角对高校共青团的历史发展进行分析，有利于剖析和呈现高校共青团凝聚青年历史演进的深层次内在逻辑。

一、结构—过程理论视域下高校共青团的发展

马克思的结构—过程理论认为，任何事物都是由两个方面组成的：结构和过程。结构是指事物的静态组成部分，是事物在一定时间、空间范围内的组成形态，是稳定不变的。而过程则是指事物的动态发展变化过程，是由结构内部互相作用、排斥、整合等形成的变化过程。结构和过程互为依存，相互影响，是存在的两个方面。马克思的结构—过程理论不仅适用于自然科学，也可以用于社会科学。比如，在社会科学中，结构可以指社会的组织形式、社会制度等，而过程则可以指社会的发展进程、社会变革过程等。马克思的结构—过程理论既强调了事物的静态方面，也注重了事物的动态方面，对于科学研究和实践具有重要的指导意义。

高校共青团作为共青团在高校联系青年工作的桥梁和纽带，与党同根同源，在团的百年发展中担任着为党做好青年学生工作的政治职责。高校共青团的发展历程可以借助马克思的结构—过程理论进行研究，主要包括以下几个方面：

（一）结构的形成

中国共产党一经成立就意识到团结教育革命青年的重要性。1921年11月，陈独秀签署《中国共产党中央局通告——关于建立与发展党团工会组织及宣传工作的决议案》[1]，制定了青年团的"新章"，即《中国社会主义青年团临时章程》[2]。该章程将团名称正式命为"中国社会主义青年团"，并在中国共产党的直接领导下以研究马克思主义、实行社会改造及拥护青年权利为宗旨，同中国共产党一样信仰共产主义。1956年中共八大在党章中专设党团

关系一章并做出明确规定，表明共青团绝对服从于中国共产党领导的制度框架已经构建起来了。高校共青团是共青团组织结构中不可或缺的基本组成部分，始终以"党有号召，团有行动"为基本政治原则，承担着为党团结青年的职责使命。高校共青团在中国共产党的领导下，为民主革命而努力，为社会主义建设而奋斗，在改革开放中焕发生机，谱写了团结带领广大青年奋斗的青春热血篇章，形成了具有中国特色的政治运作模式：党团结构联系。

（二）过程的发展

从社会主义青年团星星之火在新民主主义革命初期在全国各地点亮，到新中国成立初期以燎原之势遍及城乡各行各业，到"文化大革命"的沉沙折戟，再到中国特色社会主义建设时期的重新整顿、恢复、发展及全面活跃，高校共青团和中国共产党一样经受住了历史和现实的严峻考验，成为中国共产党和国家培养输送人才的中枢。在发展历程中，共青团的组织名称、组织体系虽几经变迁，共青团工作也曾在"文化大革命"中一度中断，但在中国共产党的领导下，围绕中国共产党各个时期的中心任务，共青团逐渐掌握了"运动"这一克敌制胜的利器。高校共青团也与时俱进地借鉴一些先进的管理方法和服务理念，利用各种爱国反帝反封建运动及国家发展窗口期提供的有利条件，向青年学子宣传马克思主义的革命思想和中国共产党与人民政府的各项方针政策，铸魂育人，吸引领导青年学子积极地投身革命，参与到社会主义建设和中国特色社会主义建设的伟大事业中来，造就了一批又一批时代先锋。

（三）结构与过程的互动

高校共青团的发展既有结构的变化，也伴随着过程的发展。例如改革开放后，高校共青团开始注重组织建设、培养干部，为高校青年提供更多的参与社会实践的机会和平台，这一系列改变反映了高校共青团的结构与过程之间的互动。用结构过程观分析高校共青团的历史发展，可以分析和呈现高校共青团历史发展的深层内在逻辑，历史地把握党对中国青年运动的领导和高校共青团活动的规律、特点和趋势，为高校共青团不断推进组织功能的优化提供新思路，为不断促进其组织功能的优化寻求新的思路。同时，高校共青团发展历史也是新时期高校共青团团结广大高校青年进行党的青年活动改革创新的参考材料。

高校共青团历史发展研究是党青年工作的重要组成部分，各学者纷纷从不同的哲学视角对高校共青团发展进行分析概括，然而唯物史观中结构—过程视角分析却遭遇缺场境遇。采用结构—过程视角对高校共青团的历史发展进行分析，有利于剖析和呈现高校共青团凝聚青年学子的历史演进过程中的深层次内在逻辑，在历史长河中把握党领导中国青年运动和高校共青团青年工作的现实路径，有利于为高校共青团不断推动自身组织职能的优化探索新的思路，并为党的青年工作改革创新提供了借鉴。

二、高校共青团凝聚青年的历史演进

历史是连续的，社会进步总是在继承中发展。全面系统回顾高校共青团的发展，把握其发展脉络，从中获得宝贵又深刻的教益，得到催人奋进、前瞻未来的启示，对于谋划新时代高校共青团宏图伟业的发展方向具有重要的指导意义。

（一）新民主主义革命时期：在革命斗争实践中求索奋进

在新民主主义革命时期，青年一代在党的领导下，积极参加争取民族独立和人民解放的革命队伍，用科学的马克思主义理论武装精神世界，完成救国的革命任务。中国共青团成立于20世纪20年代，其发展过程是在中国共产党的指导、关怀和帮助下进行的。为巩固党对青年群众的领导，共青团一经成立就以共产党的反帝反封建的民主革命纲领作为其组织的斗争纲领，以马克思列宁主义作为整个团组织的统一信仰，积极组织动员青年投身于伟大复兴的革命事业。在这个阶段，虽然没有在大学建立共青团的专门组织，但众多青年学子积极参加革命学生组织的活动，为革命事业冲锋陷阵。1920年在团的机关创设了"外国语学社"，高校青年团不仅注重在外国语学社的学生中发展团员，而且通过领导学生开展革命活动，在革命斗争中扩大学生组织。欧洲少共（1922年）是中国共产主义青年团在国外建立的最古老、最大的分支机构，它支持青年知识分子基于爱国主义精神到国外去工作和学习，寻求拯救祖国的良策，在党、团的发展历史上发挥了重要作用，占有重要地位。此外，共青团在共产党的领导下具体指导高校的建团工作和学生运动，提出了一系列学生运动的具体任务、目标、策略和方法[3]，这使得高校青年学生积极投身于民族革命运动，激发了革命斗志。由此可见，新民主主义革命时期，共青团紧跟党的战略指向，以反对强权和专制为目标，运用革命化、政治化的手段自下而上地对高校青年学生进行政治动员和革命动员，很好地发挥了共产党的"预备学校"的作用。

（二）社会主义革命和建设时期：在新中国的建设中逐渐适应新角色

1949年中华人民共和国成立后，共产党实现了由"革命党"向"执政党"的根本性转变。面对百废待兴的新中国，共产党在恢复和发展国民经济的同时，对共青团的组织动员作用进一步加强，并着手对中国高等教育体系进行社会主义改造，在高等院校中普遍建立党团组织，加强团内教育。1954年北京高校共青团积极发动全市大学生参加"苏联展览馆"挖湖工程的义务劳动，使得广大青年学生体会到社会主义是集体的事业，是亿万人民密切配合、共同劳动的成果。1958年，题为《发扬共产主义精神，努力建设社会主义》的报告中，倡导高校学生发挥自己的专业特长，下乡组织青年技术服务队、开展文化支援等活动。高校共青团组织在这一时期着重发动广大青年学生参与农村、农田和工矿企业的社会实践，以增进对国情和社情的了解，并推动农村和工矿企业的改革发展。1960年，题为《又红又专，攀登科学文化高峰》的报告中，强调高校要坚持思想政治工作的方针，培养学生在德、智、体方面的全面发展，指导好团的队伍，发挥高校共青团的先锋模范作用。1978年在团章中，进一步规范和完善了团的基层组织管理，团结广大青年，承担起时代赋予的重任。由此可见，高校共青团的基本任务随着时代任务的变化不断调整，新中国建设时期共青团的主要任务是把青年大学生的人力和智力资本转化为"建设时代"的社会生产力。

（三）改革开放和社会主义现代化建设新时期：在改革开放大潮中展现新貌

党的十一届三中全会以后，党和政府以经济建设为工作重心，实现改革发展富国的时代任务。此时高校共青团的职能也随之改变，更倾向于科学地引导青年学生开展工作，尤其注重精神思想上的引领。高校共青团紧跟党的步伐，带领青年学子满怀信心向着社会主义现代化建设的宏伟目标前进，开展"学雷锋树新风""五讲四美三热爱""学习张海迪"等组织活动。随着社会主义现代化建设事业的发展，高校共青团组织从形势和任务的要求出发，把青年渴望成才与社会发展的需要有机结合，号召高等院校的学生参加社会实践活动、勤工助学活动和实践教育活动。这些活动大大丰富了高校学生的学习内容和手段，增强了学生自理、自立的观念和能力，并且使高校共青团组织逐渐跳出空对空搞思想教育的狭小天地，为培养德智体全面发展，知识、智力和能力相统一，适应经济建设和未来需要的新型人才开辟了道路。同时，对于大学生中的优秀分子，应加大"推优入党"的力度，积极发展大学生入党。庞世同[4]认为，高校共青团要十分重视校、系两级团干部的选拔和培养，并扩大在校大学生的知识面和整体素质，从而使高校共青团更好地发挥团的助手作用。2008年团的十六大报告指出："要把学校共青团、少先队建设摆在基础性战略地位，构建从小学、中学到大学的团队分层思想教育体系，一体化推进学校团队建设[5]。"因此，高等校团组织逐渐注重对大学生的思想教育、精神引领工作，引导青年学生参与社会实践和志愿服务，充分发挥其在教育、团结和联系大学生方面的优势，为社会主义现代化建设凝聚了一批又一批矢志奋斗的青年学子。

（四）中国特色社会主义新时代：在推进中华民族伟大复兴征程中迈出坚实步伐

党的十八大以来，随着对共青团工作的日益重视，高校共青团的建设和运行在改革发展中不断完善，团结和凝聚青年学生的力度不断加强。团的十八大报告提出要稳抓"全团抓学校"和"大抓基层"的工作方向。为更好地培养时代新人，共青团中央也制定了《关于加强和改进新形势下高校共青团思想政治工作的意见》（2016年），为加强青年学子的政治引领从而强化共青团的凝聚力，培养大学生成长成才等多个方面提供了重要遵循。此外，《深化学校共青团改革的若干举措》（2022年）提出，应解决高校共青团政治功能不健全、团员发展潜力不显现、团员活动不规范、团组织与学校组织协同性不强等问题，深刻认识新时代青年学生的新特点和大学生成长成才的新需求，继续推进高校共青团组织的全面改革。因此，高校共青团要在继承和延续中国共产党思想工作的优良传统的基础上，主动适应形势的变化和青年学生群体的新变化，改进工作理念，创新工作方法，不断提高高校共青团建设和运行的完善性。

综上所述，高校共青团只有准确把握其凝聚青年学子的历史演进过程中的深层次内在逻辑，即把握高校青年学生的成长发展规律、共青团思想引领青年的工作规律和不同历史背景下主流意识形态建构的内在规律等，才能不断推动自身组织职能的优化，增强其为党团结凝聚优秀青年学子的能力。

三、高校共青团历史发展解读的理论价值与实践启示

从唯物史观的结构—过程理论来看，高校共青团发展道路是结构转型的道路，是过程中的结构性调整的道路，是结构趋于和谐的螺旋上升的发展过程。历史经验证明，高校共青团工作的开展不仅巩固了中国共产党的执政基础，也造就了团组织在吸引青年学子、凝聚青年力量中不可或缺的地位。习近平总书记在十九大报告中指出："青年一代有理想、有本领、有担当，国家就有前途，民族就有希望。中国梦是历史的、现实的，也是未来的，是我们这一代的，更是青年一代的。中华民族复兴的中国梦始终在一代代青年的接力奋斗中变为现实。"[6]因此，在历史大视野中把握好党领导高校共青团青年工作的规律、特点与趋势，对于深入研究和解决新时代下团组织在高校建设中出现的新情况、新问题，不断增强新时代校团组织为党凝聚青年的生机与活力，

扩大新时代高校共青团青年引领工作的覆盖面和影响力具有重要意义。

顺应时代发展，高校共青团应从党团结青年的历史进程中汲取灵感，始终坚定不移地引导青年听党话、跟党走的信念。回顾高校共青团百年的发展历程，有时代更迭的推动、青年运动的发展、社会进步的需求、共青团自身机制的更新、领导层的决策变化等。但是作为党的助手及后备军，高校共青团始终不变的主题是为了党和国家的发展而不懈奋斗。因此，在国家治理现代化的进程中，高校共青团改革的关键在于，应围绕执政党的战略选择密切联系青年学子和团组织，选拔优秀青年参与国家发展建设，切实加强全面从严治团，避免团组织被束缚和边缘化，真正选拔对党忠诚、勇于担当时代重任的优秀青年加入团的组织队伍，不断发挥榜样力量引领广大青年学子，为新时代下高校共青团青年工作的改革创新探索新的出路。

参考文献

[1] 中共中央文献研究室,中央档案馆.建党以来重要文献选编(1921—1949)：第1册[G].北京：人民出版社，2011：47.

[2] 中国共产主义青年团工作大辞典[M].北京：燕山出版社，1991：813.

[3] 胡献忠.中国共青团历次全国代表大会概览[M].北京：中国青年出版社，2012：10, 49, 186, 582–583.

[4] 庞世同.贯彻全省高校党建工作会议精神 加强党建和思想政治工作[J].青海医学院学报，1992 (1)：1–6.

[5] 陆昊.高举中国特色社会主义伟大旗帜团结带领广大青年为夺取全面建设小康社会新胜利而奋斗[N].人民日报，2008-06-16 (12).

[6] 付亚楠.新媒体时代共青团工作模式的创新研究[D].昆明：云南大学，2015.

——

服务青年成长发展
筑牢新时代党联系青年的桥梁纽带

——

共青团是党领导的群团组织，也是青年人自己的组织。团的最大优势在于遍布基层一线、深入青年身边。习近平总书记指出，共青团要紧扣服务青年的工作生命线，履行巩固和扩大党执政的青年群众基础这一政治责任，既把青年的温度如实告诉党，也把党的温暖充分传递给青年。近年来，共青团中央先后制定了《共青团做好新时代青年人才培养工作的行动计划》《关于新时代新征程加强和改进团员队伍建设工作的意见》等制度文件，是未来一段时期共青团开展青年工作的行动指南。各级共青团组织要用好党赋予的资源和渠道，做广大青年信得过、靠得住、离不开的贴心人，帮助青年解决急难愁盼问题，于关键处助力青年，把准青年脉搏，准确把握青年学生的成长特点和发展需求，千方百计为青年办实事、解难事，主动想青年之所想、急青年之所急，为青年提供实实在在的帮助，有效发挥党联系青年的桥梁和纽带作用。

关注、关心、关爱青年学生，倾听青年学生心声，服务学生成长发展，是北理工共青团一直坚持贯彻的重要青年工作方针。近年来，学校党委进一步贯彻落实习近平总书记围绕学生、关照学生、服务学生的重要指示要求，紧扣服务青年的工作主线，带领共青团组织不断巩固和扩大党执政的青年群众基础，努力做值得青年学生信赖的贴心人。从1980年开始，北京理工大学坚持42年举办"青年马克思主义者培养工程"暑期学生骨干专题培训。烙印在一代代北理工青年青春记忆中的"北戴河干训"，是有效服务青年的一项历久弥新的举措。2019年起，为进一步拓展青年学生骨干培养的大场域、大格局、大视野，学校把学生骨干暑期培训从北戴河迁移到了定点扶贫的山西省方山县，让学生到艰苦的基层去、到鲜明体现中国国情的农村去，更直观地开展正确的社会观察和社会思考，引导青年学生在学校小课堂与社会大课堂同频共振中逐步实现将"小我"融入"大我"。

学校共青团系统发挥全员、全过程、全方位育人中的桥梁纽带作用，为青年师生教学相长、共学共进提供平台，为青年学生上大舞台、干大事业创造条件。5年多来，学校团支部活力指数提升一倍，学生参与创新创业人次提升一倍，参与社会实践人次提升六成，学生主体意识得到有效激发，成长成才的内生动力显著增强。依托国家级双创示范基地、国家级创业学院建设，优质教育资源进一步向本科生开放，新增5 000平方米的课外活动空间。年均受理学生权益提案超过200项，召开学生代表大会、研究生代表大会总结评议办事服务成效，引导学生有序参与大学治理。推进"青马工程"培养体系和"第二课堂"评价体系双向融合，发挥学生骨干和青年榜样群体的示范带动作用，获"全国五四红旗团委""全国青年文明号""中国青年五四奖章""全国最美大学生""中国青少年科技创新奖"等荣誉。

新时代共青团改革发展生成逻辑的三维审视*

张雷*

（北京理工大学马克思主义学院，北京100081）

摘　要：新时代共青团改革发展的生成逻辑需要从历史维度、党群维度和育人维度中去审视：在理论与实践的统一中把握生成节点；在中心与大局的融通中牢固生成依托；在理性与价值的辩证中明确生成目标。共青团改革再出发必须厘清改革发展的生成逻辑，在把握中国特色社会主义进入新时代的基础上，围绕中国共产党的领导这个中心，立足青年、服务大局，以培养中国特色社会主义事业建设者和接班人为目标，团结带领广大青年奋进在实现"两个一百年"奋斗目标的伟大进程中。

关键词：新时代；中国共青团；改革发展；生成逻辑

中国共青团是中国共产党领导的先进青年组织，自成立以来与国家发展"同频"，和人民需要"共振"，青年的成长是推动改革开放事业生生不息的重要源泉，青年的诉求也是人民美好生活向往的重要部分。习近平总书记指出，"共青团要牢牢把握培养社会主义建设者和接班人的根本任务，坚持为党育人、自觉担当尽责、心系广大青年、勇于自我革命，团结带领广大团员青年成长为有理想、敢担当、能吃苦、肯奋斗的新时代好青年。"[1]改革开放只有进行时没有完成时，共青团只有改革再出发才能满足时代新人的成长成才需要，才能为中国特色社会主义的伟大事业培养建设者和接班人。新时代共青团改革发展的生成逻辑是指在历史维度上把握生成节点，在党群维

---

* 张雷，博士，北京理工大学马克思主义学院，副教授，主要研究方向：马克思主义中国化、思想政治教育。

度上牢固生成依托，在育人维度上明确生成目标，在精准把握生成节点的基础上，紧紧围绕生成依托明确生成目标从而不断改革发展。

一、历史维度：在理论与实践的统一中把握生成节点

1949年中华人民共和国成立以后，中国共青团在党的领导下，面对不同历史时期思想理论的新发展，国家事业的新需要都作出了不同程度的战略性抉择和适应性变革。中国从"站起来""富起来"到"强起来"，共青团改革坚持在理论和实践的统一中找寻方向，经历了改革奠基阶段、改革推进阶段以及改革深化阶段。

（一）改革奠基：响应党的号召革命

新民主主义革命时期，实现民族独立和人民解放是时代的主题。共青团以动员和组织广大青年参与民主革命为主，发挥青年先锋作用。毛泽东将青年能否和广大工农群众结合在一起视为判断青年是不是革命的标准。增强青年的革命性成了共青团改革发展的主要任务。经历了五四运动后，1922年5月，中国社会主义青年团成立。团的任务是遵照党的政治主张，为革命事业培养青年。1949年4月，中国新民主主义青年团正式成立。站在新的历史起点上，共青团改革发展的首要问题是在国家独立的历史背景下，如何独立开展工作，发挥共青团的独特作用。毛泽东指出："青年团要配合党的中心工作，但在配合党的中心工作中，要有自己的独立工作，要照顾青年的特点。"[2]共青团研究青年、了解青年、照顾青年，就必须改革组织形式和完善工作机制。

1956年，社会主义建设时期，确立社会主义制度、推进社会主义建设是时代的命题。首先，面对社会主义建设这项崭新的事业，共青团改革要以实现青年的思想变革为目标，只有青年的思想先进才能凸显共青团组织的先进性。毛泽东指出，思想政治工作各个部门都要负责任，没有正确的政治观点，就等于没有灵魂。共青团加强青年的思想改造要采取有效的形式，廓清广大青年以为社会主义制度建立了就可以享受幸福生活的不实际不成熟想

法。其次，1957年中国新民主主义共青团更名为中国共产主义青年团，"共产主义青年团"的命名意味着光荣和责任并重在肩，共青团以此为契机完善组织形式和工作机制，为社会主义建设巩固青年群众基础。邓小平提倡共青团要完善系统领导，在坚持党的领导下做好自身特殊性质的工作。共青团要做更多的事情、起更多的作用、做更多人的工作。最后，共青团工作要将适应青年特点的工作形式和深入细致落实工作内容相统一。邓小平指出，"完全否认热闹的形式，也是不对的。但是只满足于那个形式，缺乏深入的工作，细致的工作，是搞不好的。我们的事业总是要求精雕细刻。"[3]

从中华人民共和国成立到社会主义制度的建立，共青团改革处于奠基阶段，主要是组织的初步建设和工作的适应性探索。这一时期共青团改革取得的基本经验就是找到了跟党走的初心，在党的领导下开展团的工作，明确了共产主义的使命，为思想立团奠定了重要基础。随着党内"左倾"思想的泛滥，"文化大革命"使共青团改革遭受了严重挫折，共青团改革期待新的历史机遇。

（二）改革推进：顺应改革开放变革

"文化大革命"期间，团组织被破坏，团工作处于停滞状态。直到1978年底召开党的十一届三中全会，这次全会是对"文化大革命"时期错误的纠正，恢复了实事求是的思想路线，拉开了改革开放的序幕。改革开放时期，以经济建设为中心，坚持四项基本原则，坚持改革开放，冲破体制障碍和利益藩篱，进行社会主义现代化建设，实现共同富裕是时代的命题。共青团改革着手组织重建和职能恢复，实现共青团改革与国家现代化建设同向同行。

改革开放使共青团改革迎来了大发展时期。第一，共青团改革凸显政治性，进一步明确其作为党"助手和后备军"的功能。党的十二大报告强调，党要进一步加强对共青团的领导，支持它按照青年的特点进行工作，使共青团真正成为广大青年在实践中学习共产主义的学校。对共青团改革目的、改革功能和如何改革做出部署。第二，在厘清党与群团关系的基础上，进行共青团体制改革。党的十三大提出政治体制改革的重大任务，据此共青团中央印发了《关于共青团体制改革的基本设想》，在共青团社会职能、代表维护青年利益、搭建青年政治参与平台、团干部人事制度改革、建立民主和监督机制、完善基层共青团工作以及共青团体制改革的保障等九个方面进行了系统部署。第三，1992年党的十四大确立了社会主义市场经济体制改革方向，共青团就如何处理共青团和市场的关系、共青团和青年的关系通过了《在建立社会主义市场经济体制进程中我国青年工作战略发展规划》，着手进行机构改革，设立青少年权益部适应改革开放背景下青年发展的新特点。第四，世纪之交，培育"四有"新人的目标成为共青团改革的主要任务，青年"一靠理想二靠纪律才能团结起来"，使其在国家建设和社会服务等方面发挥生力军作用。第五，进入21世纪，中国改革开放事业不断推进，受经济全球化影响加剧，互联网在青年中备受欢迎。在共青团成立80周年大会上，江泽民指出"各级团组织都要加强自身建设，不断研究新情况和解决新问题，积极探索社会主义市场经济条件下新的运行机制，改进工作方式和工作作风。"[4]党的十六大、十七大在强调加强党对共青团领导的同时支持它依照法律和章程开展工作。共青团改革朝着适应国家发展需要的枢纽型组织形态转变，在发挥纽带作用的同时，走进青年、贴近群众、眼睛向下、重心下移，将自我管理和服务与社会管理和服务有机结合。

改革开放以来，共青团改革事业不断推进，在明确共青团的政治属性和功能、完善共青团工作体制、加强共青团管理和服务职能等方面取得了重要进展。随着党的建设和国家事业的不断推进，共青团改革在取得成绩的同时面临的问题也不断增多，加强自身建设、不断改革发展是其作为党的助手和后备军义不容辞的责任。

（三）改革深化：共青团改革再出发

党的十八大以来，党和国家对青少年成长和共青团工作的重视前所未有。2015年《关于加强和改进党的群团工作的意见》凸显了共青团改革的必要性和紧迫性。2017年《中长期青年发展规划（2016—2025年）》明确要求共青团改革适应国家需要和青年发展。以《共青团中央改革方案》正式印发为标志，共青团全方位进入改革深化阶段。"青年一代有理想、有本领、有担当，国家就有前途，民族就有希望。"[5]新时代催生新思想、明确新方位、提出新要求，共青团改革要思想再解放、定位再准确、工作再抓实，围绕群团改革的新要求再出发。

思想再解放，贯彻时代的新思想改革再出发。习近平新时代中国特色社会主义思想包含着新时代共青团改革的重要内容，是对马克思主义青年观的继承和发展，是对中国共产党领导下共青团工作经验的深刻总结，是对时代发展要求和共青团现状的清晰洞察。共青团改革要坚持以习近平新时代中国特色社会主义思想为指引，将思想政治工作贯穿于团学工作的全过程、各环节。青年决不能缺少理想信念，精神"缺钙"。党对共青团第一位的要求就是抓好理想信念教育，坚持以习近平新时代中国特色社会主义思想催生和锤炼青年的共产主义远大理想和中国特色社会主义共同理想，使共青团成为思想上高度统一、永葆先进的新时代马克思主义青年组织。

定位再准确，适应新的历史方位改革再出发。中国特色社会主义进入新时代是新的历史方位，共青团改革要顺应时代主题，使广大青年自觉肩负起实现中华民族伟大复兴的历史使命。"中华民族伟大复兴的中国梦将在一代代青年的接力奋斗中变为现实。全党要关心和爱护青年，为他们实现人生出彩搭建舞台。"[6]新的历史方位使共青团改革面临新的任务和问题。首先，站在新的历史方位，社会主要矛盾的深刻转变为共青团改革扩展了新的领域，提出了新的更高要求。其次，全面深化改革对于青年思想和价值观的影响日益凸显，共青团改革必须自觉完善社会主义核心价值观培育工作。最后，青年流动性增强，既表现为线下流动即城镇化深刻影响着青年人的分布情况，也表现为线上流动即网络成为青年人的聚集地。这对共青团构建覆盖有效的新型组织体系、在"虚"与"实"的时空流动中改进宣传和组织方式提出了新的更高要求。共青团改革必须站在新的历史方位解决新的时代问题，才能汇聚青年之力担负民族复兴的使命。

工作再抓实，围绕群团改革的新要求再出发。《关于加强和改进党的群团工作的意见》明确指出，要坚持走中国特色社会主义群团发展道路，坚持自觉接受党的领导、团结服务所联系群众、依法依章程开展工作相统一。共青团要围绕群团改革的新要求和团的十八大报告提出的问题，抓实三方面工作：第一，提升服务能力。当代青年将亲身目睹和全程参与"两个一百年"目标的实现，共青团改革首先要研究当代青年成长的新特点和新规律，推进团的组织和工作创新。第二，坚持从严治团，改进共青团干部工作作风，做青年友不做青年"官"，破解行政化、机关化、贵族化和娱乐化的倾向，增强政治性、先进性和群众性。共青团增强政治性就要忠诚于党的领导，坚持党管青年的原则，政治性是群团组织的灵魂。共青团增强先进性就要使广大青年始终奋进在时代前列，在实现社会主义现代化强国中发挥生力军作用。共青团增强群众性，就是要密切与人民群众的联系，动员青年深入基层、服务大局。第三，增强团组织工作的有效覆盖面，夯实基层工作，扎实推进基层团组织格局创新试点工作。

二、党群维度：在中心与大局的融通中牢固生成依托

共青团作为党领导下的重要群团组织，改革不是唱"独角戏"，而要在中心和大局的融通中牢固根基。共青团改革要坚持服务大局，服务党治国理政的大局、服务党和国家工作的大局，紧紧围绕中国共产党领导这一中心，构建"凝聚青年、服务大局、当好桥梁、从严治团"四维工作格局，发挥共青团的整体性功能，处理好"公转"和"自转"的关系，以共青团改革之力凝聚青年奋斗之力为国家发展献力。

（一）坚持围绕中心的领导依托

党旗所指就是团旗所向。共青团改革要始终坚持中国共产党的领导，发挥先进青年组织的辐射带动作用。中国共产党是共青团的缔造者也是共青团的激励者，正是因为党和国家事业的不断推进，才为共青团改革发展提供了肥沃土壤；也正是因为共青团改革发展，才使一批批优秀青年在这片土壤迎风盛开。共青团改革越推进根基就越稳，党执政的青年群众基础越牢固。习近平总书记强调，"坚持党的领导，是做好党的群团工作的根本保证，是必

须坚持的正确政治方向，也是党的群团的优良传统。"[7]

围绕中国共产党的领导这一中心推进改革，就是要自觉接受和紧密依靠党对共青团的政治领导、思想领导和组织领导。政治领导坚定共青团改革的定力，思想领导引擎共青团改革的动力，组织领导激发共青团改革的活力。共青团改革坚持党的政治领导就是坚持党管青年的原则，把准政治方向，把党的理论和路线方针贯彻落实到团的改革各方面、全过程；共青团改革要坚持以习近平新时代中国特色社会主义思想为指引，这是党对共青团的思想领导；共青团改革坚持党的组织领导就是坚持民主集中制的原则，从中央到地方坚持全面从严治团，保障青年对各项工作的民主监督。"全面从严治团是改革的题中应有之义，也是推进改革的重要保障，必须坚持问题导向，对标全面从严治党这个标杆，把牢团员入团这个源头，抓住团干部队伍这个关键，认真执行已有的规定，不断完善急需的制度，以较真的态度狠抓落实。"[8]党领导共青团是重要的政治责任，《共青团中央改革方案》明确提出要加大党委和政府对共青团工作的支持和保障力度。

（二）坚持立足青年的组织依托

"无论共青团如何改革，总离不开两个基本点：一是贯彻党的战略意图，二是融入青年群众之中。两者如车之双辐，鸟之两翼，缺一不可。"[9]邓小平曾形象地用"青年温度"来比喻青年人的思想动态和现实需求，共青团要经常把青年温度的高低告诉党，力求代表和反映青年的正当利益、合理要求，及时解决青年问题。立足青年才能服务青年和凝聚青年。共青团的一切工作和活动都要从青年实际出发，体现青年特点，使共青团组织真正成为青年之友和团员之家。习近平总书记提出："要积极为广大青少年实现梦想提供服务，切实改进作风，深入基层、走进青年，想青年之所想，急青年之所急，代表和维护青少年普遍性利益诉求，努力为广大青少年成长成才创造良好环境。"[10]

共青团改革立足青年就要关注每个青年成长的各个环节，要逐步形成和落实从地方试点到全国联动的改革方案，形成共青团改革动态和谐的良好局面。2015年中共中央印发《关于加强和改进党的群团工作意见》，这是标志群团工作不断开创新局面的纲领性文件。之后，全国总工会、上海和重庆群团均通过了改革试点方案，从顶层设计到改革试点，积极探索可推广的改革经验。2016年中央办公厅印发的《共青团中央改革方案》是共青团全面改革的重要标志，改革涉及四大方面和十二个领域，从中央到基层：机构设置、干部选拔、基层建设；从内部到外部：运行机制、创新方式、党政以及社会保障。2017年《中长期青年发展规划（2016—2025年）》明确了国家的发展首先要青年发展，共青团改革要坚持在青年事务中发挥主导性作用。共青团改革遵循从顶层设计到具体实践再到完善改革方案最后全面铺开的思路和方法，使各项改革任务如期完成。共青团改革要丝毫不懈怠地了解青年成长的时代特征、青年发展的现实需要，勇于乐于做青年人成长成才的"配角"，使青年服务于国家发展战略、服务于人民美好生活需要积极实践。

（三）坚持服务群众的社会依托

人民群众是历史的创造者，"人们总是通过每一个人追求他自己的、自觉预期的目的来创造他们的历史，而这许多按不同方向活动的愿望及其对外部世界的各种各样作用的合力，就是历史。"[11]共青团改革有自身发展的内在逻辑，但也必须遵循依靠人民群众的历史逻辑。共青团要坚持自身改革和服务群众的统一，处理好"公转"和"自转"的关系。习近平总书记指出："群团组织既要围绕党和国家工作大局搞好'公转'，又要聚焦服务群众搞好'自转'，做到'顶天立地'"。[12]共青团要坚持从群众中来到群众中去的工作方法，群众对共青团改革发展的宝贵意见和对青年成长成才的独到见解是共青团完善自身建设的财富。"群众性是群团组织的根本特点。群团组织开展工作和活动要以群众为中心，让群众当主角，而不能让群众当配角、当观众。"[13]

共青团改革要立足于服务群众的社会依托。群众性是群团组织的根本特点，共青团改革要扩大联系青年、联系群众的组织覆盖面，构建纵横交织的网络化组织体系；克服重精英轻草根的倾向，健全团干部选拔机制才能使团永葆活力；眼睛向下、深入基层、深入群众，不要在机关里做工作，特别要把注意力放在困难群众身上，对待青年成长既要锦上添花也要雪中送炭，增强对党和共青团的信任；警惕"四大考验""四大危险"，这既然是针对全党而言的，群团组织是党领导的，更没有任何理由脱离群众。新时代共青团改革，要在执政的考验下增强党执政的青年群众基础、要在改革开放的考验下稳固革新的动力导向、要在市场经济的考验下明确革新的价值导向、要在外部环境的考验下增强革新的自信导向，以精神饱满的态度、能力出众的本领、联系群众的方法、公正廉洁的作风推动共青团改革。

三、育人维度：在理性与价值的辩证中明确生成目标

共青团十八大报告指出"共青团的根本任务是为中国特色社会主义事业培养建设者和接班人。"[14]生成目标在理性和价值的辩证关系中明确，所谓理性即共青团改革发展需遵循的基本规律，这一规律在改革过程中不断探索形成，同时是改革向纵深推进的根本遵循。恩格斯指出"思维的任务现在就是要透过一切迷乱现象探索这一过程的逐步发展的阶段，并且透过一切表面的偶然性揭示这一过程的内在规律性"。[15]而了解规律和利用规律光靠理性是不够的，共青团根本上是做青年人的工作，因此还要以价值为引领。理性是根本遵循，价值是重要保障。离开价值，理性就成为抽象机械的理性，变为纯粹的客观。离开理性，价值就失去根本的评价标准，变为纯粹的主观。共青团改革在理性和价值的辩证中回答"为谁培养人、培养什么人、怎样培养人"这个根本问题，明确改革发展的目标：为中国共产党和人民培养人、培养中国特色社会主义事业的建设者和接班人、自觉融入"大思政"工作格局培养人。

（一）"为谁培养人"：为中国共产党和人民培养人

"为谁培养人"是共青团改革目标生成的出发点，是改革的初心问题，是不论改革发展到哪一阶段都始终不变的问题。时代内涵在与时俱进，改革要求在变化发展，但改革初心不变：为中国共产党和人民培养人。共青团改

革只有明确"为谁培养人",始终坚持中国共产党的领导,才能为党输送新鲜血液、锻造政治骨干,为党的事业培养一批批可靠人才;始终坚持以人民为中心,才能为人民的生存和发展贡献青年力量,在人民需要的地方出现青年无私奉献的身影。

共青团改革要遵循中国共产党执政规律。一方面,中国共产党是为人民谋解放谋幸福的政党,党的十九大明确提出中国共产党的初心和使命就是为中国人民谋幸福、为中华民族谋复兴。另一方面,在满足人民美好生活需要的实践中使中国共产党不断深化对执政规律的认识。共青团改革之所以要遵循中国共产党执政规律,是因为青年是中国共产党执政的群众基础。共青团改革只有遵循中国共产党执政规律,才能自觉坚持中国共产党的领导,在大是大非面前旗帜鲜明;才能缩小共青团发展现状与党和人民需要的距离,化解共青团改革矛盾;才能处理好国家和人民的普遍利益与青年特殊利益的关系,将集体利益放在首位;才能发扬"党有号召,团有行动"的光荣传统,紧紧围绕党和国家工作大局推进改革。

在遵循规律的基础上,共青团改革要进一步做好党的忠实助手和忠诚后备军。首先,加强精神纽带链接功能。共青团是党联系青年的纽带,既是组织纽带更是党信任和关心青年的精神纽带。共青团改革要不断增强青年对党的信赖、信念和信心,自觉听党话、跟党走,实实在在为党和国家的事业练就本领,做党的忠实助手。其次,为夯实党执政的群众基础做贡献,使青年忠诚于党的领导。习近平总书记强调这是"群团组织同一般社会组织的根本区别,也应该成为衡量群团组织工作做得好不好的政治标准。"[16]共青团在引领一代又一代青年不懈奋斗中为党和国家事业源源不断输送人才,做党的忠诚后备军。最后,坚持以人民为中心,贯彻群众路线,扩大团组织覆盖面,落实基层工作,为解决贫困地区贫困人口的生存问题贡献青年才智。根据社会主要矛盾的转化,共青团改革要适应人民多方面的发展要求,使青年心中想人民,学习为人民,行动暖人民。习近平总书记强调,"共青团作为青年在实践中学习中国特色社会主义、共产主义的大学校,必须时刻把为党和人民培养人的工作摆在首位、贯穿始终。"[17]

(二)"培养什么人":培养中国特色社会主义事业的建设者和接班人

"培养什么人"是共青团改革目标生成的落脚点,是共青团改革的使命问题。共青团改革始终肩负着培育中国特色社会主义事业建设者和接班人的伟大使命,这一使命会随着时代的变化而在改革中被赋予新的内涵。中国特色社会主义进入新时代,自然需要适应时代发展和国家需要,有理想、有本领、有担当的时代新人接过历史的接力棒来建设中国特色社会主义,实现民族复兴。

共青团改革要遵循人类社会发展规律和社会主义建设规律。马克思主义揭示人类社会发展遵循着生产关系适应生产力、上层建筑适应经济基础的一般规律。社会主义建设规律是在人类建设社会主义过程中,从空想社会主义到科学社会主义的理论探索中,从一国能不能建成社会主义到科学社会主义从理论到实践的历史飞跃中,从"苏联模式"失败到中国特色社会主义伟大胜利的实践探索中形成的。人类社会发展规律和社会主义建设规律二者是辩证统一的,是普遍性和特殊性的关系。人类社会发展规律通过不同社会形态的发展规律体现出来,社会主义建设规律也要通过人类社会发展规律来探寻特殊性。

规律的把握离不开思维的抽象,思维的深化是对规律的进一步认识。共青团改革在新时代必须遵循社会主义建设规律和人类社会发展规律,以强烈的历史思维、辩证思维、系统思维和创新思维推动改革。因为社会主义建设规律和人类社会发展规律是在历史过程中的总结,共青团改革只有遵循规律才能准确把握中国特色社会主义发展的历史逻辑,坚定"四个自信",高举旗帜推进改革向纵深发展;是在辩证关系中的把握,共青团改革只有遵循规律才能始终坚持中国特色社群团发展道路,向世界展现共产主义青年团的坚定信仰;是在人与自然和社会的系统中探索,共青团改革只有遵循规律才能增强共青团的凝聚力,发挥共青团的整体性功能;是在否定之否定的方法论中发展,共青团改革只有遵循规律才能增强改革自觉,认识到改革存在的问题和未来的发展方向,顺应国家发展大势不断革新。

新时代共青团改革要清晰认识到培育中国特色社会主义建设者和接班人的重任。建设者是接班人的前提，青年只有亲身参与建设才能知道下一步该走向哪里；接班人是建设者的必然要求，青年不能在风险和挑战面前退缩，必须高扬中国特色社会主义伟大旗帜，伟大事业后继有人。新时代共青团改革要培育有理想、有本领、有担当的时代新人。共青团改革要严把"思想关"，自觉以习近平新时代中国特色社会主义思想为指导，使青年学懂、弄通、做实新思想，使青年树立中国特色社会主义共同理想和共产主义远大理想；共青团改革要严把"能力关"，为广大青年成长成才搭建平台，事业要靠本领成就，使青年具备建设中国特色社会主义事业的本领；共青团改革要严把"责任关"，提高团建科学化水平，扩大组织覆盖面，做到青年在哪里，工作就做到哪里，引领广大青年走在脱贫攻坚的第一线，走在基层服务的最前面，使青年自觉担当起中华民族伟大复兴的重任。

（三）"怎样培养人"：在融入"大思政"工作格局中更好推进人才培养

"怎样培养人"是共青团改革目标生成的着力点。《关于加强和改进新形势下共青团思想政治工作的意见》明确提出："坚持全团齐抓共管、全方位融入高校'大思政'工作格局，将思想政治工作贯穿共青团各项工作和建设的全过程各环节。"[18]青年正处于世界观、人生观和价值观形成的关键时期，共青团是和青年联系最密切的群团组织，做好思想政治工作是共青团改革的重要内容。

共青团改革就是要遵循思想政治工作规律、青年群众工作规律。习近平总书记明确指出党对共青团第一位的要求就是抓好理想信念教育，政治性是群团组织的灵魂，把思想政治引领贯穿团的各项工作和活动。把握思想政治工作规律就是把握党和国家对青年思想品德和政治素养的要求与青年自身思想品德和政治素养现实之间动态平衡的关系，保持适度张力，不断缩小青年"现在怎么样"和社会"要求他怎么样"的距离，帮助青年扣好人生的第一粒扣子，使青年思想品德发展符合适应超越的基本规律。思想政治工作要"因事而化"，结合青年的思想实际，摆事实、讲道理、绵绵用力、久久为功;"因时而进",把握时代的主题,在新时代青年思想政治工作只能加强,不能削弱;"因势而新",适应青年成长的新态势,将思想政治工作日常化、具体化、形象化和生活化,落细落小,日用不觉。

对青年的思想政治工作还要遵循青年群众工作规律,因为只有了解青年的实际需求,把握青年思想动态才能使思想政治工作找准切入点。"遵循青年群众工作规律,尊重青年主体地位,让青年当主角,把握青年脉搏。问需问策问效于青年,根据广大青年的特点和需要,生活活泼、富于创造性地进行工作,竭诚服务青年,增强青年的获得感。"[19]思想政治工作规律和青年群众工作规律是有交叉的,交叉点就是青年成长的实际。只有牢牢把握住这个实际,思想政治工作才能及时有效开展,青年群众工作才能让青年受益。

共青团改革要激发全社会关心青年成长的育人合力,全员全方位育人。共青团改革在"怎样培养人"的目标实现上,离不开党和政府的支持,落实党建带团建制度,健全政府协调工作机制;离不开家庭和学校的培育,更离不开社会的关注,社会是青年实践的大学校。共青团改革一方面要注意改革内部各要素之间的协同效应,另一方面还要发挥改革外部适应性环境的作用和改革主体的多方位支持。

结　语

习近平总书记在党的二十大报告中指出:"全党要把青年工作作为战略性工作来抓,用党的科学理论武装青年,用党的初心使命感召青年。"[20]国家的前途、民族的命运、人民的幸福和当代中国青年成长发展密切相关。行百里者半九十,新时代共青团改革再出发。共青团改革的生成逻辑是在把握中国特色社会主义进入新时代的基础上,坚持中国共产党的领导,立足青年、服务大局,以培育中国特色社会主义事业建设者和接班人为目标,团结带领广大青年奋进在实现"两个一百年"奋斗目标的伟大进程中。生成逻辑和回归逻辑是辩证统一的,没有生成逻辑,共青团改革是在束缚中的伸展,没有回归逻辑,共青团改革是在迷茫中的推进。两条逻辑主线在时空的交汇中使共青团改革在遇到挫折时把握生成逻辑,眺望未来路,高举旗帜、使命在肩、蹄疾步稳；在取得成果时把握回归逻辑，回首来时路，勿忘初心，改革是为了更好地回归作为党忠实助手和忠诚后备军的初心。

● **参考文献**

[1] 庆祝中国共产主义青年团成立100周年大会在京隆重举行 习近平发表重要讲话[N].人民日报2022–05–11.

[2] 共青团中央,中共中央文献研究室.毛泽东 邓小平 江泽民论青少年和青少年工作[M].北京:中央文献出版社,2003: 96.

[3] 同[2] 194.

[4] 同[2] 388.

[5] 习近平谈治国理政（第3卷）[M].北京:外文出版社,2020: 54.

[6] 同[5] 55.

[7] 中共中央文献研究室.习近平关于青少年和共青团工作论述摘编[M].北京:中央文献出版社,2017: 70.

[8] 贺军科.共青团改革再出发要从大处着眼从实处着手[N].中国青年报2018-11-09.

[9] 胡献忠.共青团改革的逻辑回归:历史与政治的解读[J].中国青年社会科学,2017（1）

[10] 同[7] 61.

[11] 马克思恩格斯文集（第4卷）[M].北京:人民出版社,2009: 302.

[12] 同[7] 75-76.

[13] 同[7] 73.

[14] 贺军科.在共青团第十八次全国代表大会上的报告[EB/OL].（2018-07-04）. http://news.youth.cn/wztt/201807/t20180704_11659708.htm.

[15] 马克思恩格斯文集（第3卷）[M].北京:人民出版社,2009: 542.

[16] 同[7] 70.

[17] 同[7] 61.

[18] 共青团中央,教育部.关于加强和改进新形势下共青团思想政治工作的意见

[EB/OL]. (2017-09-14). http://www.moe.edu.cn/jyb_xxgk/moe_1777/moe_1779/201709/t20170914_314466.html.

[19] 中共中央办公厅. 共青团中央改革方案（摘要）[J]. 中国共青团, 2016 (8).

[20] 习近平. 高举中国特色社会主义伟大旗帜 为全面建设社会主义现代化国家而团结奋斗——在中国共产党第二十次全国代表大会上的报告 [M]. 北京：人民出版社, 2022: 71.

新时代高校共青团干部探究与培养路径探索思考

李玥[*]

（北京理工大学北京学院，北京 100081）

摘　要：新时代，随着高等教育体制深化改革，群团组织的不断改革，共青团的基础性地位在不断提升。高校共青团干部是党组织的后备力量，是团组织联系青年学生的纽带，也是共青团工作的管理者和参与者。团干部的培养关乎新时代青年成长成才的需要、关乎高校"双一流"建设的发展、关乎党团伟大事业的薪火相传，因此，对于共青团干部的素质与能力提出了更高的要求。本文从团干部的历史定位入手，深入剖析当前团干部队伍建设的现实困境，从"三全育人"的角度出发，探索出一条新时代高校团干部的发展路径，打造一支"让党放心、让青年满意"的高校一流团干部队伍。

关键词：新时代；高校；团干部；能力培养

2022年团的十八届六中全会召开，会议强调"始终把团干部队伍建设作为全面从严治团的重点任务，改革完善团干部的选拔、培育、管理、使用机制，着力锻造忠诚干净担当的团干部队伍。"在国家追求现代化发展新的历史起点上，在各高校争创"双一流"的时代洪流中，对于高校共青团干部的培养、素质能力以及各项业务水平的提升尤为重要，打造一支强信念、勇担当、满活力、足数量的专业化团干部队伍，既是时代赋予的使命，也是党团

---

[*] 李玥，硕士，北京理工大学北京学院，助教。

伟大事业薪火相传的要求,还是青年学生树立理想信念、成长成才的条件,更是广大高校团干部自身发展的现实需要。

一、精准定位高校共青团干部,牢记新时代团干部历史使命

(一)高校共青团干部是思想政治引领的"主力军"

共青团是党的助手和后备军,共青团干部也是党组织的后备力量,是团组织的骨干,也是思想政治引领的"主力军"。团的十八大报告强调:"以习近平新时代中国特色社会主义思想为统领,必须坚持政治建团。"政治建设作为共青团的首要根本性建设,需要共青团干部积蓄力量。

新时代,高校团干部是开展大学生思想政治教育和素质教育的重要骨干力量,其通过分管各类如共青团委员会、学生社团、学生会、志愿者协会等高校学生组织,引领学生组织的发展方向,能够对一个学生组织及学生组织中的所有学生达成思政教育和价值引领的目标。作为高校思政教育和价值引领的"排头兵",高校团干部需具备以下四种必要素质:第一,政治觉悟高,理想信念强,方向正,能够时刻坚持党的教育方针,把教育标准在心里摆正位置,认真履行"立德树人"的职责;第二,工作能力高,学习本领强,将高校团干部工作做全、做细、做实、做深、做新,有良好的工作态度,踏实的工作作风积攒出强工作本领,培养出创新求变的视野;第三,能够快速成长,践行初心使命,用于担当,做到学思用贯通、知信行合一,能够良好地适应形式,适应环境的快速变化;能够引领广大青年学生树立远大理想、热爱伟大祖国、但当时代责任、勇于砥砺奋斗、练就过硬本领,深入学生内部,了解学生需求,能够做学生的知心人。

高校思想政治工作中,从最初各项思想政治工作的指导到服务学校、立德树人的实践最后到具体环节的落实,共青团干部均承担着思想教育于价值引领的"排头兵"的作用,始终坚持以习近平新时代中国特色社会主义思想育人,提高了思想政治教育的亲和力,打通了价值观塑造的"最后一

公里"。

(二)高校共青团干部是新时代人才培养的"排头兵"

团的十八大报告提出："五个着力"的工作成效，在于着力引领当代新青年、着力发挥青年生力军作用、着力服务青年、着力增强团建、着力塑造团干部新风貌等伟大征程。新时代，高校共青团干部担负着代表和维护青年利益，为青年服务的职责，是党和国家政府、学校联系青年群众的桥梁和纽带，在实际工作中要以青年学生为中心，一切为了青年学生，一切依靠青年学生，做青年学生的朋友，真正同青年学生紧密联系起来。[1]

当今世界处于百年未有之大变局，思想文化空前繁荣而又相互碰撞。西方资本主义国家不断通过文化输出，瞄准青年大学生进行思想意识形态渗透，高校大学生个体主体意识强、好奇心强，喜欢探索尝试新事物，但由于其核心价值观、世界观、人生观还未完全建立，容易被错误观念渗透，高校共青团干部就充当了人才培养、正确引导的"排头兵"的角色，不断了解国内外形势的变化，提升自身素质，将能力素质与新时代的实际情况、青少年成长成才的要求相适应，做到从思想上引领、从行动上指引、从价值观上塑造，服务大学生，为党育人、为国育才，当好人才培养的"排头兵"，培养德智体美劳全面发展的社会主义建设者和接班人，助推中国式现代化发展。

(三)高校共青团干部是高校"双一流"建设的"助推器"

建设世界一流大学和一流学科是我国高等教育发展的必由之路，共青团始终坚持着中国特色社会主义思想，以立德树人为根本任务，以围绕中心、服务大局为工作主线，是"双一流"建设的主力军。新时代高校团干部作为党的年轻干部队伍的重要组成部分，是共青团的核心力量，是高校"双一流"建设的"助推器"，更是党和国家事业持续健康发展的根本保证。

高校团干部队伍建设关乎高校的"双一流"建设、关乎"内涵式"发展、关乎新时代青年成长成才的需要。因此，共青团干部只做到工作有"五化"，即立足于政治化，落脚于职业化，扎根于专业化，实践于学习化，创新于内涵化，其核心就是要不断提高校共青团干部的专业化水平，提升政治道德素质修养，加强主动学习能力，主动创新工作模式，真正实现"有内功"，体现推动"双一流"高校建设发展的价值所在，这既是一种长期的发展过程，也是最终要实现的目标。在新的起点上，只有如此，才能真正将"立德树人"的根本使命转化为高校共青团的各项工作，推动高校团干部深入思想指引、人才培养、联系服务，为党育人、为国育才，将团的事业融入到高校"双一流"建设的洪流中，助力学校人才培养与文化传承创新，培养德智体美劳全面发展的社会主义建设者和接班人，最终实现内涵式的建设，助推中国式现代化发展。

二、认识新时代高校团干部队伍建设困境，把握人才培养新机遇挑战

（一）高校团干部理想信念尚不牢固

第一，奋斗精神不高涨。当前处于百年未有之大变局，思想文化空前繁荣而又相互碰撞，国内各项改革持续深化，市场经济的利益化选择使得高校的一些团干部对个人利益的追求更加明显，享乐拜金主义干扰团干部的发展视野，当团干部处于一个宽松的工作环境、工资待遇相对较好、物质需求轻易得到满足的情况下，缺少了工作的动力，躺平、佛系等消极思想文化广泛传播，在工作中难免会出现满足现状、应付了事、理想信念动摇的状况。其次，自媒体的蓬勃发展，使干部们收集信息的渠道、表达思想的通道、获取知识的深度都有了明显的增加，但其也彻底颠覆了以往所谓专家的绝对话语权，在自媒体的环境下，所有人都可以更真实的表达自己的观点和看法，在日常生活中会受到各种思潮的冲击，认知的多元化出现，[2]因此，常常会缺少刚入职时对于远大理想的崇高追求以及对于初心使命的坚守。

第二，权责意识不强烈。高校团干部通常来说都是担当高学历、高低位、能力强、上升空间大的角色，对于自我定位、角色认知不足，常常会具有先天的"优越感"，部分表现出"高人一等"的行为，由于管理过程中会

出现权力下放以及身份资源的倾斜，因此容易使得部分高校团干部自我膨胀，在工作过程中过度强调自我身份符号、对待团队成员严苛以满足其虚荣感，有的则是与学生过于亲密，只有"信"没有"威"，甚至官僚气息浓厚，总想着"一步登天"，这样容易使得高校团干部责任感的缺失，和学生融洽的关系熔断，向广大学生征求意见的做法也会逐渐减少或流于形式，被贴上"务虚"的标签。还有部分团干部缺乏团结合作精神，对工作三分钟热度，缺少一种持之以恒的精神，遇到挫折时候不能及时调整，导致部分团干部出现懈怠的思想，这些也是服务意识不强，责任感缺失的表现。

（二）高校团干部队伍专业化能力有待提高

习近平总书记指出，党政领导干部都应该成为复合型干部，不管在什么岗位工作都要具备基本的知识体系，在此基础上做到术业有专攻。但是目前高校团干部存在本领不过硬、业务不精通、专业知识不扎实等相关问题，究其原因有两点。第一，当前，高校共青团干部队伍存在比较特殊的现状，很大一部分的团干部都是从毕业生中遴选出来的，在担任专职辅导员的同时担任学院的团委书记，其队伍有着年轻、融入感好、朋辈效果好、待人接物工作好的优势，并且大多都在学生时代担任过团委副书记等兼职团干部的角色，并从前辈团干部身上学会了比较多的工作方法，但是其同样也存在着较明显问题，如因为工作年限较短的问题，团干部队伍容易缺乏经验，在具体工作过程中会显得感性多一些、实践少一些，在面临学生工作与团务工作相冲突时无法协调，在面临差异化的工作任务、复杂化工作对象时力不从心，在面临团务工作中出现的难以决策的困难事务会显得容易缺乏比较合理的应对措施，在面临出现在短期的工作情况下深入系统的思考与经验沉淀显得不足。除此以外，该队伍的流动性较大，受个人发展需求多样化的影响，经常出现领导干部主动主动要求转任非领导职务、干部主动要求转岗等现象，影响了高校团干部队伍的稳定，进而导致因缺少工作沉淀而缺乏专业性和职业性。

第二，由于高校团干部的队伍年轻化的特点，容易出现理论知识积累不足、学习意识不强的问题，他们身上有着年轻人的执着奋进、重逢在前的精神，但也有着心浮气躁、注重社交而缺少积累等情况的存在。往往不能扎实的把握工作的内在规律、认真的研究领略上级文件精神、系统的阅读经典书籍等等，在缺乏理论的积累的同时还很少经历实践的打磨。并且，高校团干部队伍专业能力的提升，不仅要靠个人的努力，也要靠组织的培养。但目前，针对其专业能力设置的培养培训体系并不健全，各高校尚未根据团干部队伍的特点、工作内容的要求、团干部个人的发展需要开展分阶段、多层次的专业培训与指导，无法将专业知识、专业能力转化为推动工作的具体思路和实际成效。

（三）高校团干部工作目标尚未清晰

第一，文化传承与建设不够。其一，红色基因尚未完全融入到新时代团干部队伍的政治建设中，红色基因根植于中国红色革命文化的血脉之中，是高校持续发展的精神内核，是我们党在长期革命、建设和改革的伟大实践中凝练的红色文化精髓。习近平总书记指出，"红色资源是我们党艰辛而辉煌奋斗历程的见证，是最宝贵的精神财富"。[3]但由于现时期团干部趋于年轻化，很多历史尚未亲身体验与经历，对于红色文化也尚未系统学习，并且对于其保障青年构建正确的历史认知以及形成正确价值观尚未清晰认知，因此，年轻团干部缺少一些情感共鸣，进而影响其对党初心使命的深刻理解，不能充分掌握运用科学马克思主义思想观点和方法，缺乏理论指导实践的工作经验，对于大学青年的价值引领能力有所降低。其二，2022年是中国共产主义青年团成立100周年，百年的发展，积累了丰富经验，许多的工作方法和原理，仍然值得团干部们去学习传承。然而当前高校团干部们未能主动参与到校园物质文化、精神文化的传承建设中，使政治的敏锐性和防范风险化解的能力水平降低；并且，一些团干部虽然对其文化精神与工作方法进行传承，但没有做到创新，对大学生进行传统文化教育时，说教方式仍显得单薄、单一，尚未结合大学生群体的心理特征，在进行思想政治教育时难免会显得有些枯燥乏味。

第二，共青团育人服务的基础性作用尚未得到完全发挥。其一，在人才培养上，一些高校团干部工作理念不清晰，模糊工作重点，甚至漠视学生的利益和诉求，没有形成较高的服务学生的意识，使连接学校与青年的"桥梁"摇摇欲坠，缺乏大无畏的奉献精神。其二，在高校学生组织建设上，校团委仍然处于学生组织系统的核心地位，许多院系的团学组织更多依附学院自身的行政力量进行组织运行，对校级团学组织的依赖逐渐减弱。高校团干部在学生组织建设过程当中难免会忽视学生会、研究会和学生社团的价值，使育人服务机制无法全面实施。其三，基层团支部建设上，尤其是在团支书的选拔聘任上，未形成一套完整的选拔聘任体系，在选拔完成后，常常会缺少对于团支书进一步的培训，使其无法作为榜样引领，充分调动大学生的主观能动性，未能将大量共青团员吸引进入团组织中，使高校共青团建设减少了大量的人才的输入。

三、探索团干部培养路径，打造新时代高校共青团干部队伍

（一）牢记初心与使命，培养"全员育人"的新时代高校团干部队伍

第一，提高自身本领，树立终身学习目标。习近平总书记指出："政治上的坚定、党性上的坚定都离不开理论上的坚定。干部要成长起来，必须加强马克思主义理论武装。"[4]因此，高校共青团干部应当坚定理想信念，持续学习，把终身学习作为一种精神追求、一种政治职责、一种生活方式，做到好学、乐学、善学，不断完善知识结构、提升综合能力素质，学习马克思主义基本原理、学习党章、党史、团章团史等基本团知识、学习习近平新时代中国特色社会主义思想，熟悉掌握习近平总书记的"青年观"，不断提高团学能力，从而全面保障高校团干部在履行引领凝聚青年、组织动员青年以及联系服务青年职责过程中发挥主体作用。

第二，坚定理想信念，不断增强权责意识。深入贯彻习近平中国特色社会主义精神，用科学的马克思主义理论扎实推进团的各项工作，始终对党保

持绝对忠诚,牢固树立"四个意识",坚定"四个自信",践行"两个维护",时刻保持头脑清醒,明辨是非、坚定信念,在世界未有之大变局中变化莫测,具有敏锐的政治判断力和鉴别力,向青年学生阐释好中国梦的共同理想和价值追求。党的二十大报告中指出:"人才培养是育人和育才相统一的过程,教育传授学生的不仅是知识,更重要的是价值观塑造、能力锻造、人格养成。"共青团干部要敢于担当,迎难而上,做一名攻坚克难的奋斗者,而不当怕见风雨的泥菩萨。始终把培养青年崇高的理想、坚定的信念作为首要任务,聚焦主责主业,不断提高履职能力,以真抓实干的作风狠抓工作落实,同时要着力培养优秀学生干部,打造一支有理想、强本领、敢担当的的新时代学生干部队伍。

(二)坚定理想与信念,加强"全过程育人"的新时代高校团干部队伍建设

第一,具有明确的职责定位。习近平总书记指出:"人才培养关键在教师,教师队伍素质直接决定着大学办学能力和水平。打铁还需自身硬,开展"做新时代'四有'好老师和'四个引路人'。"[5]新时代高校团干部服务对象是全校广大青年学生,以立德树人为根本任务,以加强大学生思政政治教育和服务青年学生成长成才为工作内容。因此,高校团干部应紧紧围绕党和国家工作大局,坚持人才培养为中心,主动走进、倾听青年,做好青年学生的知心人,以学生为本,走群众路线,把学生放在最重要的位置;真情关心、关爱青年,精准把握角色意识,找准高校团干部与青年学生的关系定位,做到换位思考,培养同理心,增强共青团工作的感情与温度,提高青年的幸福感、安全感;悉心教育、引导青年,做青年学生的引路人,通过团组织实施各种活动,如寒暑期社会实践、干部培训、志愿活动,培养青年树立正确的人生观、价值观、世界观,用坚定的理论引领青年树立社会主义核心价值观;通过培养、树立榜样,形成榜样力量,引导广大青年锐意进取、脚踏实地、奋发向上;通过设立共青团各项奖项,如青春榜样、五四奖章等,激励广大青年施展才华,将青年理想与共青团事业转化为源源不断的精神财富,成为其成长成才的"领路人"。[6]

第二,具有合理的考评机制。加大对团干部队伍建设激励力度,始终将是否具备"立德树人"的根本工作原则,是否具有"四有好老师"的条件作为一切考评的基础,秉持着公平公正公开的原则,为共青团干部提供发展的广阔大舞台。应当构建全方位、多维度的考评体系,通过一年的工作业绩、团员满意度、团干部互评以及青年学生参评的方式,对于团干部进行年末考核,注重日常工作实效,保证"不漏评、不错评、不盲评",将考核结果与职级调整、职务晋升、薪酬变化相挂钩,形成一套完善的考评激励机制。

第三,具有培训交流制度。开展多元化培训交流活动,其一,开展常态化专题理论培训,系统学习习近平新时代中国特色社会主义理论、党团基本知识、中央重要文件精神、人才培养理论体系等,逐步形成特色化的共青团实践指导思想。其二,开展个性化培训,团干部根据实际情况,参与校内外互动交流,向专家、同行、青年工作者交流学习,形成以互相学习、启发、交流为核心的共青团工作网络,形成青年工作的规律成果,实现工作能力、核心素养的提升。其三,挂职锻炼学习,根据团干部队伍现状以及实际工作情况,组织团干部下基层挂职交流锻炼,适当轮岗或抽调,改善工作队伍结构增加工作经历与经验,增强实践能力,加强高校团干部队伍建设。

(三)注重开拓与创新,提升"全方位育人"的新时代高校团干部育人实效

第一,以专业求发展,以特色求创新。其一,坚持理论与实践结合,不断提升创新育人能力,立足思想、文化、科创、组织、实践育人五大工程平台,促进团干部工作向智慧化、智能化、专业化成长。在吸取传统共青团工作经验的基础上,创新工作平台,正确运用网络等新媒体传播平台,主动占领网络思想政治教育阵地,利用新媒体思维联系、服务、教育学生,积极运用信息网络技术,创新思想政治教育方式方法,从单一说教转变为线上线下相结和的教育模式,开设共青团网站、微博账号、微信公众号等,设立理论学习、知识问答、青年大学习视频等,运用青年喜闻乐见的方式进行思想上

的引领与传播，增添了思想政治教育的趣味性和亲和力，使理论学习不再枯燥乏味，使团的工作让青年学生可以看得见、听得到、讲得出，增加了其参与感和获得感。[7]其二，要引领青年学生用于创新。具有敢为人先、敢为天下先的创新精神，包容多样发展，鼓励青年学生敢于探索、注重创造，努力提高青年服务党、国家、社会、人民的责任感，解决实际问题的实践能力，培养德智体美劳全面发展的社会主义建设者和接班人。

第二，以红色筑项目，以实力筑品牌。高校团干部应当立足于国家现代化建设的战略高度，以灵敏的嗅觉和"敢为天下先"的勇气，创新工作与方式。其一，要将红色基因融入高校团干部队伍建设中。[8]开展红色基因主题教育，利用高校资源，搭建红色主题教育阵地，通过体验教学的方式增添记忆点和趣味性；利用网络媒体资源，打造线上红色文化培养平台；依托高校团日活动等载体，开展红色文化实践活动，如红色诵读歌咏大赛等，加深团干部政治性、专业性、团体性。其二，要善于整合团组织中的各类要素与资源，挖掘共青团持续发展的内在因素，用项目化、品牌化和社会化的思维，打造红色校园文化品牌，[9]如一二九大合唱、深秋歌会等，打造社会实践坚实平台和品牌项目，引导和帮助青年学生广泛参与国家大事、深度融入首都发展、高效赋能基层治理，上好与现实相结合的"大思政课"。真正能发挥育人服务的作用，推动团的特色工作内涵化、创新工作成果化、品牌工作产品化。

参考文献

[1] 来颖杰. 把"真"字写在年轻干部心中 [J]. 中国党政干部论坛，2019 (4)：13.

[2] 王化思，李苓，李娜. 试论加强新时代高校团干部队伍建设 [J]. 辽宁工业大学学报 (社会科学版)，2019, 21 (06)：103–106+110.

[3] 习近平. 用好红色资源，赓续红色血脉 努力创造无愧于历史和人民的新业绩 [N]. 求是，2021 (19)：4-9.

[4] 习近平. 在中央党校 (国家行政学院) 中青年干部培训班开班式上发表重要讲话 [N]. 人民日报，2019-03-02 (01).

[5] 习近平在北京大学师生座谈会上的讲话.[EB/OL].(2018-05-02)[2022-12-29]. http://jhsjk.people.cn/article/29961631.

[6] 钟康弘.新时代高校团干部的素质要求与培养机制研究[J].青年与社会,2020(27):45-46.

[7] 王仓.新时代背景下高校团干部的职责与使命[J].盐城工学院学报(社会科学版),2019,32(01):102-106.DOI:10.16018/j.cnki.cn32-1499/c.201901020.

[8] 王珊.红色基因融入高校团干部队伍政治建设的时代价值及路径探索[J].陕西青年职业学院学报,2021(04):60-62.

[9] 郑晓婷.高校共青团工作的育人服务机制研究[J].办公室业务,2021(06):72-73.

基于DACUM分析法的高校学生
骨干岗位能力标准研究

梁晨*，毋绍博，崔遵康，李森

（北京理工大学材料学院，北京 100081）

摘　要： 本文旨在利用DACUM分析法（工作分析法）探索和制定高校学生骨干岗位能力标准。采用DACUM分析法，确定学生骨干的素质和能力要求，建构素质能力项目清单，1周后再进行问卷调查，确定素质能力项目的重要性排序。最终形成6大素质能力项目，包括48项下级素质能力类目，其中基础素养能力项目9项，学习研究能力项目8项，组织领导能力项目10项，人际交往能力项目7项，责任担当能力项目8项，开拓创新能力项目6项。以上项目职责匹配度90.0%～100%。素质能力项目内容的象限绘入显示：重要难培育8项，重要易培育25项，次重要难培育1项，次重要易培育14项。此外，本文将学生骨干分为党班团骨干、社团骨干、学联学生会骨干三类，并由专家团队按照学生组织或学生工作岗位的不同类型，分门别类地对高校学生骨干岗位能力项目进行重要性排序。研究发现，DACUM分析法能详细地获得学生骨干全面的岗位能力要求，帮助确定培训优先顺序，并且能够根据学生骨干类型不同进行细化、有针对性地分析，为制定岗位能力标准体系奠定基础。

关键词： 工作分析法；高校学生骨干；岗位能力标准

引　言

学生骨干作为学生中的骨干分子，在学校教育和管理工作中起着非常重

＊ 梁晨，硕士，北京理工大学材料学院，研究方向：材料科学与工程、学生德育与党团建设。

要的作用，是学校各级党团组织和学生管理职能部门联系学生的桥梁和纽带。[1]构建高校学生骨干岗位能力标准要实现的目标是以岗位的素质能力要求为出发点，对学生骨干进行岗位优化配置、业绩考核、职位提拔、学习培训等方面的管理。此目标提出了与"岗位、职责、权利"相对应的人力资源管理是学生骨干岗位合理化、专业化的重要内容，也是促进青年学生发展、创优学校基层管理、培育时代新人的关键。[2]岗位、职责、权利三者关系紧密，其中岗位界定的素质能力标准是岗位培训的参考依据，是评估岗位人员是否能够胜任岗位职责和绩效评估的核心内容。DACUM分析法是一种科学、高效分析确定职业岗位所需能力的职业分析方法，具有成本低、时间短、信息充分依靠一线实践专家等优点。[3-4]本文研究高校学生骨干岗位的素质能力要求，采用DACUM分析法设计学生骨干的素质能力项目，即制定岗位能力标准，旨在为创新高校学生骨干的体系化培训内容打基础，为学生干部队伍建设提供相应的管理依据。

一、对象与方法

（一）研究对象

由北京某"985"高校校院两级相关学生工作部门主管领导2人、学生组织指导老师和辅导员3人，以及学生骨干7人（学生组织干部2人、学生社团干部2人、党班团学生干部3人）组成"专家团队"，采用DACUM分析法设计岗位素质能力项目清单，分析培训的重要度和难度。

（1）学工部门主管领导标准：职级≥副处/六级管理职员；在学校学工、团委或相关岗位职责部门担任管理者超过5年；有一定的学术理论知识和调查研究经验。

（2）学生组织指导老师和辅导员标准：在学校学工、团委或相关岗位职责部门担任管理者超过1年；有一定的理论和实践经验。

（3）学生骨干标准：从事学生工作时间超过1年；曾担任学生组织或社团主席团成员、班长、团支部书记、党支部书记。专家团队中共有男性5人，女性7人，本科学历4人，硕士学历6人，博士学历2人。所有参与研究者均知情并自愿参与本研究，充分了解学生骨干素质能力项目清单。

（二）方法

1. 素质能力项目的整理和排序

对高校学生骨干素质能力项目采用问卷调查和现场重要性排序两种方式：

（1）专家团队先在学校工作现场对高校学生骨干素质能力项目进行现场重要性排序，选出重要性较高的10个项目。

（2）对专家团队进行问卷调查，所有管理项目均根据"FIDES"（即F"频度"、I"重要性"、D"难度"、E"需要经验的程度"、S"标准化要求的程度"）进行问卷设计，采用Likert 5级计分法，12名专家团队成员对每项管理项目进行重要性排序；之后，将F×I（频度×重要性）作为"重要性"维度，满分25分，D×E×S（难度×所需经验值×需达到的标准）作为"培训难度"维度，总分125分。

（3）对问卷中的"重要性"维度进行排序，选出分值在前10的素质能力项目，与专家团队现场重要性排序进行对比。

2. 素质能力项目的象限绘入

将"重要性"维度作为横坐标、将"培训难度"维度作为纵坐标。采用Likert 5分法评定"FIDES"的标准值，"重要性"维度的标准值取9分，"培训难度"维度的标准值取27分，之后将素质能力项目绘入象限以及对比分析"重要性"和"培训难度"维度标准值；然后取素质能力项目中"重要性"和"培训难度"维度的平均值定位原点，进行对比分析。根据坐标原点划分4个象限：重要易培训、重要难培训、次重要易培训、次重要难培训。将所有素质能力项目绘入4个象限中。

专家团队将学生骨干分为党班团骨干、社团骨干、学联学生会骨干三类，在以上工作基础上，对三类学生骨干素质能力项目重要性分别进行排序，突出不同类型学生骨干素质能力重要性的差异。

二、结果

（一）素质能力项目

素质能力项目分为6大维度，在下级素质能力类目中，基础素养能力项目9项，学习研究能力项目8项，组织领导能力项目10项，人际交往能力项目7项，责任担当能力项目8项，开拓创新能力项目6项，如表1所示。以下素质能力项目与学生工作职责匹配度达90.0%~100%。

表1 高校学生骨干素质能力项目清单、重要性排序及象限定位

能力	重要性标准值（FI）均值	培训难度（DES）均值	问卷排名	现场主观排名	象限定位
A 基础素养能力					
人文知识素养	16	18.66666667	5	1	1
政治知识素养	23.33333333	30.66666667	1	2	2
计算机办公技能	21.66666667	30	2	4	2
课程成绩与专业基础	17.66666667	13	4	6	1
文字表达和公文写作技能	13.33333333	46.66666667	3	3	2
数据分析技能	6.666666667	18.66666667	6	8	3
基本财务会计能力	3	8.666666667	9	9	3
科学知识素养	2	11	8	7	3
具有岗位要求的兴趣特长	7.333333333	7.333333333	7	5	3
B 学习研究能力					
谦虚好学	25	26.33333333	6	1	1
信息搜寻与获取能力	15.33333333	16	1	5	1
逻辑思考能力	20.66666667	19.33333333	2	4	1
辩证思维能力	16.33333333	24	3	2	1
现场调研能力	9.333333333	18	5	6	1
深度探究能力	4.333333333	8	7	7	3
勤思善问	20	12.33333333	8	3	1
善于制订学习计划并有效执行	4	21.33333333	4	8	3
C 组织领导能力					

续表

能力	重要性标准值（FI）均值	培训难度（DES）均值	问卷排名	现场主观排名	象限定位
情绪管理能力	25	29.33333333	7	6	2
组织协调能力	18.66666667	24	3	2	1
执行力	25	28	2	1	2
决策能力	21.66666667	13	4	4	1
统筹策划能力	17.33333333	12	1	3	1
危机处理能力	5.333333333	19	10	8	3
领导感召能力	17.33333333	40	6	5	2
时间管理能力	12	4	5	7	1
资源整合能力	6	13.66666667	8	9	3
人员评估能力	16	29.33333333	9	10	2
D 人际交往能力					
沟通表达能力	23.33333333	16	2	2	1
助人为乐，与人为善	18.66666667	3	5	5	1
换位思考和共情能力	16	12.66666667	3	4	1
团队合作能力	14.66666667	13.33333333	1	1	1
亲和力	15.33333333	17.33333333	7	6	1
社交礼仪与社交技巧	9	36	4	3	4
谈判能力	5	14.66666667	6	7	3
E 责任担当能力					
遵守校规校纪	22	4.666666667	7	4	1
诚实正直	22	9	4	1	1
工作尽职尽责，遇到难题不推诿	23.33333333	22	2	3	1
服务意识和奉献精神	17.33333333	3	3	2	1
主动发现、报告和解决隐患问题	17	15	6	5	1
抗压能力和意志力强，身处困境不慌乱	6.666666667	12	5	7	3
工作使命感和社会责任感	12	4	1	6	1
主动承认错误，勇于批评和自我批评	4	15	8	8	3
F 开拓创新能力					

续表

能力	重要性标准值（FI）均值	培训难度（DES）均值	问卷排名	现场主观排名	象限定位
成就动机和进取意识	25	10	2	1	1
在工作中能提出新观点、新思路	10.66666667	49	1	2	2
不断追求工作形式及内容的革新	9.333333333	26.33333333	3	6	1
善于运用新兴技术手段	4	12	5	3	3
善于接纳新生事物	5.333333333	4.666666667	6	5	3
敢于打破传统束缚，富于探索精神	2	12	4	4	3

（二）素质能力项目的目标定位

以上管理项目均经专家团队探讨其重要性和难度后，以问卷重要性排序为主进行象限绘入。运用第一部分中所提及的方法将以上各管理项目按照"重要性"及"培育度"的程度分别进行二分，将各管理项目分别定位至四个象限之一。以上所有管理项目的象限定位结果显示：重要难培育8项，重要易培育25项，次重要难培育1项，次重要易培育14项，如表2所示。

表2 高校学生骨干能力项目的象限分类

能力项目	项目数	重要易培训	重要难培训	次重要易培训	次重要难培训
基础素养能力	9	2	3	4	0
学习研究能力	8	6	0	2	0
组织领导能力	10	4	4	2	0
人际交往能力	7	5	0	1	1
责任担当能力	8	6	0	2	0
开拓创新能力	6	2	1	3	0

（三）不同学生骨干类型素质能力项目

将6大维度素质能力项目及下级素质能力类目根据不同学生骨干类型进行重要性排序，有助于高校更高效准确地展开对学生骨干的选拔任命、岗位培训以及绩效评估等工作。本研究邀请了专家团队在针对不同类型高校学生骨干素质能力项目进行了重要性排序，排序结果见表3所示。

表3 不同类型高校学生骨干素质能力项目重要性排序

能力	党班团骨干	社团骨干	学联学生会骨干
A 基础素养能力			
人文知识素养	5	5	5
政治知识素养	1	1	1
计算机办公技能	2	4	2
课程成绩与专业基础	3	6	4
文字表达和公文写作技能	4	3	3
数据分析技能	7	8	6
基本财务会计能力	9	9	9
科学知识素养	6	7	8
具有岗位要求的兴趣特长	8	2	7
B 学习研究能力			
谦虚好学	5	8	6
信息搜寻与获取能力	1	1	1
逻辑思考能力	2	2	2
辩证思维能力	4	3	3
现场调研能力	6	4	5
深度探究能力	7	6	7
勤思善问	8	7	8
善于制订学习计划并有效执行	3	5	4
C 组织领导能力			
情绪管理能力	7	10	7
组织协调能力	2	3	3
执行力	3	2	2
决策能力	4	6	5
统筹策划能力	1	1	1
危机处理能力	8	9	10
领导感召能力	6	4	6
时间管理能力	5	5	4
资源整合能力	9	7	8
人员评估能力	10	8	9

续表

能力	党班团骨干	社团骨干	学联学生会骨干
D 人际交往能力			
沟通表达能力	2	2	2
助人为乐，与人为善	4	6	5
换位思考和共情能力	3	3	3
团队合作能力	1	1	1
亲和力	6	5	7
社交礼仪与社交技巧	7	4	4
谈判能力	5	7	6
E 责任担当能力			
遵守校规校纪	6	7	7
诚实正直	4	3	4
工作尽职尽责，遇到难题不推诿	1	2	2
服务意识和奉献精神	3	4	3
主动发现、报告和解决隐患问题	7	6	6
抗压能力和意志力强，身处困境不慌乱	5	5	5
工作使命感和社会责任感	2	1	1
主动承认错误，勇于批评和自我批评	8	8	8
F 开拓创新能力			
成就动机和进取意识	2	2	2
在工作中能提出新观点、新思路	1	1	1
不断追求工作形式及内容的革新	3	3	3
善于运用新兴技术手段	6	5	5
善于接纳新生事物	5	6	6
敢于打破传统束缚，富于探索精神	4	4	4

三、讨论

本研究运用DACUM分析法对高校学生骨干岗位能力标准进行了定量评估，运用FIDES法深层剖析出学生骨干岗位能力的重要性及培训难度。

本研究利用DACUM分析法，根据完成不同学生工作所需的能力分为6大维度来研究学生骨干岗位应具备的能力标准，从而弥补了现有研究缺乏理论依据、以经验分析为主的不足。这对于促进高校学生骨干岗位能力标准的理论探索和研究具有明显价值，有助于高校更高效准确地展开对学生骨干的选拔任命、岗位培训以及绩效评估等工作。

本研究所使用的FIDES法不仅可以筛选出重要性较高的素质能力项目，还可以指导缺少学生工作经验的新一批学生骨干向正确的未来发展道路进行规划、不断进步，为针对学生骨干的综合素养能力培训奠定坚实基础。研究结果不仅帮助学生骨干个人看到更加清晰的未来规划、更有信心去落实，还有助于学校相关部门针对不同素养能力项目有序组织培训活动。

本研究结果显示，48个项目大部分的重要度和培训难度都集中于两极，对6大维度的下级项目进行分析，其中"组织领导能力"是具有重要难培训能力项目数最多的一个维度，紧随其后的是"基础素养能力"和"开拓创新能力"，原因可能是提升"组织领导能力"不能仅凭听老师的讲座、经验分享和学习一些理论知识，可能需要更多的实践演练和时间历练，因此研究结果印证了人们普遍对其具有高重要性和高培训难度的看法。此外，可以看到"开拓创新能力"的下级项目"在工作中能提出新观点、新思路"是48个项目中培训难度均值最高的一项，这很好印证了国家和社会目前的需求，人才培养和国家进步是紧密相关的，我们高校学生骨干岗位也更加迫切需要创新型人才来建立新型进步的学生骨干梯队。此外，"学习研究能力"和"责任担当能力"是具有重要易培训能力项目数最多的两个维度，表明这是两种想成为学生骨干或想参与学生工作的同学可以自行有意识地培训的能力，换言之，这证明一个学生骨干最底线的能力是责任担当和学习能力。放在现实中也同样容易解释，如果没有责任担当，是无法将学生工作视为己任，难以去实施开展工作、积累工作经验；若没有学习研究能力，一方面无法作为学生群体中的榜样，无法服众，另一方面不会在日常生活中学习借鉴其他学生骨干处理问题的方式方法，同样难以积累经验做好学生工作的。

对于不同类型的学生骨干来说，能力重要性的排序整体相似，但其中个别项目的重要性由于工作内容的不同会出现较大差异。比如，对于社团骨干，"具有岗位要求的兴趣特长"的重要性显著高于另外两类骨干。

值得注意的是，"政治知识素养"及"在工作中能提出新观点、新思路"在三类学生骨干中均为所属能力类别中最重要的条目，并且属于重要难培训条目。

政治知识素养除书本上的政治知识外，还指由教育或环境影响而形成的内在深层的政治特质和政治行为能力[5]，在个体的综合素质中处于核心地位，起着主导和决定性的作用[6]。学生骨干政治知识素养的培养可以从个人、学生组织、高校三方面着手。个人要加强理论学习、实践劳动的自觉性；学生组织要制定以政治知识素养为优先级的干部选拔培训制度；高校要加强政治教育的主导性，在课堂、生活中潜移默化地影响学生。

在部分学生骨干的工作中，往往会习惯于遵守固定的程序和模式[7]，甚至出现"少做少错"的心理，从而在工作中缺乏创新能力，无法提出工作的新观点、新思路。因此在对学生骨干的培训及日常工作指导中，应鼓励学生骨干与时俱进地改变工作思路，可以适当引入创新激励机制及竞争性活动；增强学生组织间的沟通交流，促进学生骨干互相借鉴工作方法、交流工作经验；鼓励学生骨干调研同学需求与兴趣，推陈出新，组织有创意、有意义的学生活动。

根据以上结论，高校可以将学生骨干岗位的职责与任务进行细化，从而使学生骨干的能力要求更清晰明确，在学生骨干选拔时更加科学化，并且有助于解决学生骨干培训中无针对性、无重点的问题，有利于更有效率地实现学生骨干岗位培训；在学生骨干工作期间，相关部门或指导老师也可以根据岗位能力标准对应开发出更科学准确的工作评定和考核机制。

在未来的研究中，可以针对本研究中"重要难培训"的学生骨干能力项目，进行培训方法、模式的探究；从实际操作的层面将对于学生骨干能力培训落实，进一步提高培训的效率、得到更显著的成果。

● **参考文献**

[1] 章丹, 王子欣. "STL"耦合理论模型下学生干部岗位能力标准的分析——以上海高校为例[J]. 才智, 2021 (25): 158–160.

[2] 钟月云, 刘丽华. 工作分析法 (DACUM) 在制定护理管理岗位能力标准及绩效评价标准中的应用[J]. 护理实践与研究, 2020, 17 (08): 133-136.

[3] 邓泽民. DACUM——一种人力资源开发的有效方法[J]. 中国人力资源开发, 1999 (09): 31-33.

[4] Finch C, Crunkilton, John R. . Curriculum development in vocational and technical education: planning, content, and implementation [M]. America: Prentice Hall, 1998: 5-70.

[5] 李春山. 当代中国大学生政治素质优化研究[M]. 北京: 中国社会科学出版社, 2015: 1-30.

[6] 何修良. 依法行政能力[M]. 北京: 人民出版社, 2005: 1-20.

[7] 王娜, 王平. 高校学生组织类型与学生骨干能力塑造研究[J]. 黑龙江高教研究, 2012, 30 (6): 75-77.

高校主要学生骨干岗位能力标准研究

田一涵[1]，刘紫玉[2]，姜羲[1]，李岱伟[3]，徐浩轩[4*]

（1.北京理工大学设计与艺术学院；2.北京理工大学生命学院；3.北京理工大学自动化学院；4.北京理工大学信息与电子学院，北京 100081）

摘　要：在新时代背景下，青年学生作为富有朝气的社会群体，需积极响应时代号召，担负起民族复兴发展大任。高校学生骨干既是青年学生群体中的领军力量，又是青年干部群体的重要组成部分，这一复合型身份决定了其社会角色与时代使命的双重重要性。能力显著突出的高校学生骨干，能够在思政育人、组织建设与志愿服务等多方面发挥作用。如何有效培养学生骨干能力并促进其发展便成为一个值得探讨的问题。为了有效解决上述问题，本文基于习近平总书记在党的二十大报告中的重要论述，结合国内外最新研究成果，针对学生骨干岗位能力标准展开研究。课题研究以问卷调查为主要方法，辅以访谈形式，从学生骨干基本状况、不同类型学生工作能力与综合素质差异比较、自然因素对学生骨干能力培养的影响三方面进行综合考量，从而为建设符合当今高校学生骨干群体特点的新培养模式提供参考。

关键词：学生骨干；能力标准；青年干部；问卷调查；培养模式

引　言

高校学生骨干群体是学校教育管理工作中的中坚力量，其能力水平从多个方面都关系到高校培养的人才质量[1-4]。因此，对学生骨干群体相关岗位的

---

* 田一涵，硕士，北京理工大学设计与艺术学院；刘紫玉（2000年—），女，本科，365178865@qq.com；姜羲（1996年—），女，本科，jx_bgyx@163.com；李岱伟（1999年—），男，本科，lidaiwei199902@163.com；徐浩轩（1999年—），男，本科，15383297931@163.com。

能力标准进行研究，助力培养高素质的学生骨干队伍，尤为重要。目前，针对这一课题的研究还相对薄弱，一是从整个学生骨干群体的建设角度研究不足，部分研究由于侧重于某一方面而使得结果的广谱适应性有限[5]；二是研究不够深入，通常停留在对现存问题的解决上，很少结合历史经验进行探索总结；三是随着时代发展，部分研究成果对目前高校学生骨干群体能力评价的指导意义呈现出逐渐弱化的倾向[6-7]。针对上述问题，本课题针对新时代背景下高校主要学生骨干岗位能力标准展开研究，以探究能力影响因素、构筑骨干培养体系、落实正向反馈机制、核定立体评价标准为核心，以问卷调查为主体手段并结合其他方式，综合考量个人基本素质、集体组织行为、能力提升手段与队伍建设方案等多维度因素，同时创造性地加入红色校史与特色军工文化，尝试探索兼具综合性和可行性的学生骨干岗位能力标准，为新时代高校骨干群体建设提供实际参考。

一、绪论

（一）研究背景

党的二十大报告指出，广大青年要坚定不移听党话、跟党走，怀抱梦想又脚踏实地，敢想敢为又善作善成，立志做有理想、敢担当、能吃苦、肯奋斗的新时代好青年[8]。当代大学生是青年中最具有活力的群体，肩负着时代振兴与民族富强的重要责任，大学生骨干作为学生群体中的中坚力量，其所承担的社会角色便更具备了一定的重要性[9-11]。

青年干部是伟大时代的见证者与奋斗者，是党和国家事业发展的生力军与接班人[12]。高校学生骨干群体作为青年干部的关键后备力量和重要组成部分，其培养流程、职能发挥及体系建设均需得到重视，通过针对学生骨干岗位能力标准开展研究，能够强化责任意识、健全评价体系，从而有效促进学生骨干在奋进新征程中展现青年担当、贡献青春力量。

（二）研究意义

1. 基于效用层面的研究意义

基于效用层面，研究学生骨干岗位能力标准对人才培养有积极作用。我国高等院校是培养社会主义建设者和接班人的重要基地[13]，高校学生骨干群体既是这一基地的领军代表，又是学校教育管理工作的中流砥柱。作为联结学校与学生、沟通师生感情、保障信息上传下达的桥梁和纽带，他们的素质和能力水平，直接关系到高校培养的人才质量。特别是在如今高校学生数量逐渐增加的宏观背景下，通过剖析能力标准尝试建立一套符合新时代学生骨干群体特点的培养新模式，造就一支过硬的学生骨干队伍，也就显得尤为重要[14]。

2. 基于实践层面的研究意义

基于实践层面，学生骨干是高校学生实现"自我管理—自我服务"正反馈机制的核心力量。通过提炼梳理核心能力影响因素，深度挖掘岗位标准评价体系，推动健全学生骨干培养机制，有助于基于当前高校学生骨干实际状况，有效提升其专业素养与职业能力，实效落实立德树人职责使命根本实践[15]。在拓展骨干培养讨论范围与丰富相关工作内涵的同时，既为基层学生骨干立足本职发挥作用提供了行动指南，又为学校思政育人实现途径提供了重要参考，切实号召学生骨干群体扎根学生，植根人民，充满自信地书写青春年华。

3. 基于时代层面的研究意义

基于时代层面，对高校学生骨干群体建设问题的研究是深入学习青年理论，实现新时代中国特色社会主义建设的高效途径。党和人民事业发展需要一代代中国共产党人接续奋斗，必须抓好后继有人这个根本大计[16]。高校学生骨干是始终扎根广大青年，真正联系服务学生的枢纽。注重团学干部队伍建设，能够充分发挥基层组织对学生成长发展的支持作用，激励学生骨干在真学真信中坚定理想信念，在学思践悟中牢记初心使命，在细照笃行中不断修炼自我，在知行合一中主动担当作为，从而锻造紧跟党走在时代前列的先进组织[17]。

二、研究内容

（一）高校学生骨干培养工作的新要求

党的二十大报告强调："全党要把青年工作作为战略性工作来抓，用党的科学理论武装青年，用党的初心使命感召青年，做青年朋友的知心人、青年工作的热心人、青年群众的引路人。"党为新时代的青年工作赋予了极高的战略定位[18]，在这一指导思想下，为民族复兴征程培养生力军和突击队，通过培养学生骨干广泛团结、凝聚青年人才，带领广大青年学生积极投身社会主义建设的壮阔实践，便成为需要贯彻落实的重要使命与根本任务。培养能够积极为学生办实事，解难题，依托上层资源渠道为学生提供实在帮助的干部队伍，也在新的时代格局下产生了新的需求。因此，本课题结合习近平总书记的重要论述，以新时代高校学生骨干培养工作的新要求为基础做出了相关分析。

（二）目前高校学生骨干群体的特点分析

高校学生骨干是学生中的领军人物，是社会主义现代化建设的带头人和生力军，对校园文化建设和社会发展具有重要意义。由于我国高校的分布特点所致[19]，学生干部所处地域及人文环境均存在差异，加之各类学生组织的功能与目的不尽相同，导致相应学生干部的能力、素质等具备了不同特点。因此，本课题针对目前高校学生骨干群体进行了特征提取，深入了解其组织分布状况、能力形成环境、素质状况、培养机制及管理体系。

（三）高校学生骨干岗位能力标准与评价体系

高校学生骨干通常在大学生群体中具有较强的感召力，能够有效带动同学积极投身各项活动中，因此研究相关岗位能力标准，通过高素质学生骨干队伍推进人才培养便具有了重要意义[20-21]。因此，本课题结合国内外最新研究成果，针对高校主要学生骨干岗位能力标准展开研究。课题以探究能力影响因素、构筑骨干培养体系、落实正向反馈机制、核定立体评价标准为核心，通过多种调查形式，综合考量了个人基本素质、集体组织行为、能力提升手段与队伍建设方案等多维度因素。

三、研究方法

本研究采取问卷调查的方法，在广泛查阅国内外大学生综合素质的文献的基础上，结合学生骨干培养、青年马克思主义者培养等相关政策文件资料[22-23]，综合分析并设计了关于"高校主要学生骨干岗位能力标准研究"的问卷。

（一）高校学生骨干岗位能力评价的维度重要性层次

问卷第一部分要求调查对象对高校学生骨干岗位能力评价的不同维度重要性进行评价，并对自身情况进行打分，打分标准为：5——完全赞同；3——一般赞同；1——完全不赞同。内容分为工作能力与综合素质两个维度，共10个条目，其中关于工作能力5个条目、关于综合素质5个条目。

工作能力包括：

（1）领导能力：在学生组织中，对团队的管理和自己的领导理念非常清楚。

（2）组织协调能力：在策划举办活动时，能高效传达并处理各方需求。

（3）行动（执行）能力：在日常或大型活动举办过程中，对于任务处理的及时且完备。

（4）服务意识：在学生组织或班级内，能主动向身边同学或老师提供帮助。

（5）责任担当意识：在遇到问题时，能积极提出解决方案，主动承担风险。

综合素质包括：

（1）沟通能力：日常工作中可以和他人融洽相处交流。

（2）表达能力：可以用最短的话向他人阐述所要表达的内容。

（3）政治素养：政治思想认知清晰，对其内在及发展规律了解全面。

（4）学习研究能力：善于独立学习思考、发现问题。

（5）心理健康：积极向上、乐观开朗。

（二）学生骨干红色思想学习和素质能力培养的自然因素

问卷第二部分要求调查对象对学生骨干红色思想学习和素质能力培养的自然因素进行评价，包括军工环境对于红色思想学习和素质能力培养的重要性，高校学生骨干团队的评价细则完善度对于骨干活跃度的影响。

（三）高校学生骨干岗位相关因素的重要性评价

问卷第三部分通过"自评"的方式，要求调查对象对高校学生骨干岗位的能力标准、能力培养、个人及职业发展的重要性进行评价。包括：

（1）高校学生骨干岗位的能力标准是否因不同岗位类型而有所差异？

（2）高校在学生骨干岗位能力培养方面是否应加强资源与平台的支持？

（3）是否接受过高校提供的学生骨干岗位能力培训？

（4）如果接受过学生骨干岗位能力培训，请评价该培训对能力发展的帮助程度。

（5）高校学生骨干岗位能力的培养对于学生个人发展的重要性。

（6）学生骨干岗位经历对于个人职业发展影响。

（四）问卷发放与数据收集

本次问卷调查采取无记名、随机抽样的方式对北京航空航天大学、北京理工大学、哈尔滨工业大学、哈尔滨工程大学、西北工业大学、南京航空航天大学、南京理工大学等7所高校的大学生、研究生进行调查，发放问卷1592份，回收有效问卷1441份，有效回收率90.5%。在问卷分析过程中主要采用SPSS17.0进行描述性分析和频数分析。在样本结构的选择上，主要对调查对象的性别、专业、担任学生干部情况、担任学生干部岗位、学历层次等进行统计。在所有样本中，男生633人，女生808人；理工类学生623人，人文社科类学生818人；学生骨干867人，普通学生574人。

同时，为了更加深入地了解学生骨干岗位能力培养工作的现状以及存在的问题，提高研究的信度与效度，本研究还对部分学生骨干、普通学生以及辅导员进行了深入访谈，丰富研究信息，为高校学生骨干的培养提出更具科学性的对策建议。

四、调查结果与分析

（一）学生骨干基本状况的分析

1. 综合素质的总体状况分析

分析结果显示，高校学生骨干综合素质的总体得分为3.64。从工作能力、综合素质两个维度各自的平均得分情况看，工作能力得分高，综合素质得分低，可以认为，高校大学生群体对学生骨干的总体评价偏低（4分以下），单项素质维度得分不高，认可度不高。

2. 基于10个条目的内容分析

对学生骨干综合素质的10个条目进行均数分析发现，对高校学生骨干的评价总体处于中等偏上水平，10个条目中仅有6个条目达到4分以上。

从对学生骨干工作能力评价的相对排序看，对学生骨干工作能力的评价较高、较为认可。在工作能力的5项内容中，领导能力4.23分、服务意识4.10分、组织协调能力4.03分、行动（执行）能力3.84分、责任担当意识3.67分，反映学生骨干领导能力和服务意识较强，责任担当意识相对较弱。

从对学生骨干综合素质评价的相对排序看，对学生骨干基本道德素养的评价稍高、相对认可。在综合素质的5项内容中，政治素养4.14分、学习研究能力4.04分、沟通能力4.02分、心理健康3.94分、表达能力3.86分，反映学生骨干思想道德素养的位居前列。

（二）不同类型学生工作能力与综合素质的差异比较

1. 学生骨干与普通学生综合素质的差异比较

无论是从总体得分，还是从不同维度的得分情况看，学生骨干的得分都高于普通学生，两者之间的差异性显著。

对被评价的学生骨干逐项进行差异性显著检验发现，学生骨干与普通学生的工作能力与综合素质差异主要表现在5个条目上，占调查条目总数的50%，总体上表明学生骨干与普通学生在工作能力与综合素质状况方面的差异性非常显著。从差异性非常显著的条目看，两者的差异性主要体现在思想政治素质、身心素质与能力水平三个方面，学生骨干在政治素养、领导能力、服务意识等素质条目上得分较高，平均分均在4分以上。可以认为，学生骨干总体工作能力与综合素质水平更多地受到了周围同学的认可，而普通学生工作能力与综合素质水平的总体评价相对较低。

2. 校级、院级与班级学生骨干综合素质的差异比较

从总体得分看，校级与院级以下学生骨干的综合素质存在显著性差异（$P<0.05$）。从不同维度的得分情况看，在政治素养与能力水平两个维度上存在显著性差异（$P0.05$）。对校级、院级与班级学生骨干条目进行F检验，结果表明，校级、院级与班级学生骨干的综合素质在6个条目上具有显著性差异，其中$D<0.01$的条目有3，分别是政治素养、服务意识、责任担当意识，主要集中在工作能力方面。多重比较发现，校级学生骨干在7个条目上的得分明显高于院级和班级学生骨干，而院级和班级学生骨干在3个条目上不存在显著差异。

综合分析学生骨干与普通学生、院校班三级学生骨干综合素质的情况可以发现，在开展学生骨干培养工作中，缺乏针对不同类型、不同层次学生骨干的分类培养与指导，学生骨干培养的梯队模式尚未形成。高校学生骨干培养并没有完全达到预期的效果与目的，与普通学生相比，学生骨干的先进性代表性并没有得到充分体现，这在较大程度上折射出高校学生骨干的培养工作机制还存在一定问题与许多不足，亟待探索建立符合学生骨干工作实际、

符合时代特征、符合学生需求特点的新型学生骨干培养体系。

（三）自然因素对学生骨干能力培养的影响

在军工环境方面，高校学生骨干认为军工环境对于红色思想学习和素质能力培养有积极影响，平均得分为4.58分。其中，组建军工基因研习社的方式最受欢迎，有45.23%的学生骨干认为这是提高高校学生骨干党员理论水平的有效途径。其次，组建高校学生传承红色基因理论宣讲团的方式同样受欢迎，有39.42%的学生骨干认为学生骨干具有理论方面的先进性和宣传方面的技巧性，而学生骨干在日常工作学习中也具备了一定的组织沟通能力，因此在理论宣讲团中承担着中流砥柱的作用。

在工作激励方面，高校关于学生骨干的各项评价规定对于学生骨干的总体影响程度较高，为4.42分。其中，他人的肯定对学生骨干的工作激励效果最为明显，有48.68%的学生骨干认为这是激励他们工作的有利因素，而奖状或荣誉称号对学生骨干的工作激励同样明显，有34.74%的学生骨干选择此项。此外，物质奖励对学生骨干的工作有一定激励作用，但影响较小，只有16.59%的学生骨干选择此项。可见，相对于物质奖励，目前学生骨干普遍更加关注精神奖励。

五、结论

基于现有高校骨干架构和培养体系的总结，针对学生骨干能力研究中的岗位标准和环境因素进行了综合思考和探讨，在充分理解各项能力需求等问题后，提出培养过程中的重点环节和可实施方案，这对于提高学生骨干发展具有重要意义。

在特色军工文化的长期滋养下，学校坚持教学与科研紧密结合、互相促进，培养一支良好的学生骨干队伍，对于国家建设、学校发展以及个人成长都有重要的深远意义与现实意义。因此思想引领、创新思维的培养、考核机制的建立都是努力培养学生骨干的先决条件。而后在实践中培养学生的领导能力、组织能力、沟通能力等，通过完善的评价体系与培养机制引领大家向

好发展，大大提高思想政治教育工作的实效性和具体性，做到"培养至上，实效为先"。

然而，本研究还有一些局限性。例如，我们的研究重点是对学生骨干能力研究中的岗位标准和环境因素，但具体的实证研究和数据分析还需要进一步开展，标准评价表还需基于此进一步完善。未来的研究可以深入探讨学生骨干能力的培养策略和社会环境因素的影响机制，为教育改革和政策制定提供更具有针对性和可操作性的建议。

参考文献

[1] 王晓霏. 高校学生组织建设与骨干培养 [J]. 智库时代, 2019, 190 (22)：103—104.

[2] 胡亚华. 浅析高校学生心理骨干在大学生心理危机中的作用 [J]. 教育现代化, 2019, 6 (71)：226-227+236.

[3] SCOTT L, KEARNRY W S, DRUERY D, et al. Urban teen summit: A community and school collaboration for developing student leaders of color [J]. Education and Urban Society, 2022, 54 (2)：123-145.

[4] CUI S, WU Q, ERDEMIR B. Being a college student leader boosts career prospects: a panel survey in China [J]. Education+ Training, 2022, 64(5)：700-715.

[5] 冯碧婷. 艺术类院校学生骨干在高校美育工作中的作用分析 [J]. 天津美术学院学报, 2021, 159 (6)：106–108.

[6] 王娜. 高校学生骨干群体培养研究 [D]. 长春：东北师范大学, 2012.

[7] 王娜, 王平. 高校学生组织类型与学生骨干能力塑造研究 [J]. 黑龙江高教研究, 2012, 30 (6)：75–77.

[8] 董玉毅. 深入学习贯彻党的二十大精神 推动新时代青年工作高质量发展 为推进中国式现代化建设贡献青春力量 [J]. 中国共青团, 2023, 520 (6)：5–7.

[9] 邵丽华. 高校大学生骨干培养模式研究 [J]. 产业与科技论坛, 2019, 18 (22)：281–282.

[10] 高强. 构建"三位一体"培养体系 探索青年学生骨干高质量发展新模式——以黑龙江大学青马工程"黑大菁英"大学生骨干培训班为例 [J]. 黑龙江教育（高教研究与评估）, 2022, 1396 (8): 90-92.

[11] GURROLA V. The making of college student leaders: implementing reflective practices for self-awareness of personality traits and leadership styles [J]. 2022.

[12] 陆卫明, 翁诗雨. 习近平关于青年干部重要论述及其时代价值 [J/OL]. 北京工业大学学报（社会科学版）: 1-17.

[13] 雷霆. 听党话、跟党走, 培养社会主义合格建设者和接班人 [J]. 中国研究生, 2022, 218 (11): 62-63.

[14] 徐德斌, 刘夕语. 新时代高校"青马工程"培养路径创新研究 [J]. 吉林广播电视大学学报, 2022, 237 (3): 25-27+30.

[15] 李襄林, 赵平俊. 立德树人背景下高校辅导员队伍建设 [J]. 中共山西省委党校学报, 2023, 46 (2): 126-128.

[16] 韩杰才. 抓好后继有人这个根本大计 [J]. 红旗文稿, 2022, 461 (5): 9-14.

[17] 董玉毅. 紧跟党走在时代前列的先进组织 [J]. 红旗文稿, 2022, 467 (11): 27-30.

[18] 谢俊, 石杨娜. 新时代党领导青年工作的战略定位、根本任务与实践要求 [J]. 重庆社会科学, 2023, 342 (5): 81-91.

[19] 李红. 我国高校空间分布特征及其影响因素 [J]. 高等教育研究, 2021, 42 (4): 40-47.

[20] 何超杰. 学生骨干培养工作的思考 [J]. 就业与保障, 2021, 283 (17): 192-193.

[21] 张佳良. 关于提高学生骨干管理能力的思考 [J]. 现代经济信息, 2019 (15): 455.

[22] 费兰兰, 沈黎勇, 陈思潮. 青年大学生骨干培养体系构建实证研究 [J]. 中国青年研究, 2015, 234 (8): 93-96+87.

[23] 江宁, 李海强, 鲁婧童. 高校学生青年马克思主义者培养模式实践探索 [J]. 北京教育（高教）, 2023, 990 (2): 52-53.

"双一流"高校主要学生骨干岗位能力标准与培养机制

赵陈炜[*],李成刚,聂宁宁,杨凤芹,康鑫钰,王铭伟

(北京理工大学,徐特立学院,北京 102401)

摘 要: "双一流"高校是落实立德树人根本任务的重要阵地,主要学生骨干作为高校党团班工作的重要参与者,是连接教师与学生之间的重要桥梁。本文针对当前"双一流"高校党建和团学工作的实际难点问题,结合互联网、新媒体时代高校思政工作新特点,通过文献综述、问卷调查、综合访谈等方式,调研12所"双一流"高校部分主要学生骨干情况,明确了主要学生骨干在工作应对中须达到的政治品德标准、心理素质标准、业务能力标准。同时,从顶层设计上系统谋划,提出更为完善的、层次分明的、符合学生骨干成长规律的培养体系机制,明确"强政治、重品德、明担当"的清晰选拔标准,构建"强理论、重实践、巧激励"的系统化培养体系,在理论和实践层面对于提升学生骨干整体素养,促进学生全面发展,推动我国"双一流"高校思想政治教育事业蓬勃发展具有重要意义。

关键词: "双一流"高校;主要学生骨干;能力标准;选拔标准;培养机制

引 言

党的十八大以来,以习近平同志为核心的党中央高度重视、亲切关怀青年一代,在习近平总书记关于青年工作的重要思想指引下,高校对青年工作

---

* 赵陈炜,博士,北京理工大学徐特立学院,讲师,研究方向:马克思主义理论与思想政治教育。

的重视程度和认识深度空前提升[1]。主要学生骨干作为凝聚青年团体的重要抓手，也在新时代学生工作中遇到了新情况新问题，产生了新变化新特点。随着我国迈向建设社会主义现代化强国的新征程，国家对高校落实立德树人根本任务也提出了新要求[2]。选拔并培养综合素质优秀的主要学生骨干，是新时代做好高校学生工作的重要一环，对于落实立德树人根本任务，促进学生全面发展，助力学生成长成为堪当民族复兴大任的时代新人具有重要意义。明确主要学生骨干需要达到的能力标准，能够为构建学生骨干的培养机制和体系提供参考依据，在工作实践中也具有重要意义。

在高等教育事业全面深化改革，迈向高质量发展的过程中，国内外专家学者从不同角度对学生干部的能力标准和培养等相关问题进行了研究。研究阐明，能力标准是学生骨干在完成各项学生工作过程中所展现出的政治素养、道德品质、工作能力等各方面特质的定性、定量考察标准[3]。每个学生在其成长过程中，受到家庭、社会、学校等外部环境的影响，会形成各不相同的特质，积累各式各样的能力[4]。学生干部在西方高校学生组织中形成较早、发展相对成熟，西方高校教育强调以学生为中心，给予了社团等组织学生骨干较大的自由度、职能和权利[5-6]，同时他们对于学生骨干是否具有品德、礼仪、政治性、法制性、适应力、创造力有较高要求[7-10]，对于优秀骨干人才也秉持宽入严出的原则[11]。在我国领导力研究中发现，团队成员在通力合作、排除万难的过程中为实现自身价值会潜移默化产生团队文化[12]，主要学生骨干作为学生的领导者，也正是团队文化的输出者，因而唯有保证主要学生骨干已具备较强社会责任感，自觉践行社会主义核心价值观，才能真正助力校风建设，培养出合格的社会主义建设者和接班人[13-15]。

本文通过文献调研、问卷调查、综合访谈等方式，对12所"双一流"高校部分主要学生骨干情况进行调研，了解"双一流"高校党建和团学工作的实际难点，明晰主要学生骨干需要履行的职责，由此阐明主要学生骨干在"双一流"高校思政工作中的桥梁和模范作用，特别是优秀的主要学生骨干对于思政工作的积极影响。其后，以"能力标准"作为研究高校主要学生骨干培养机制的切入点，对政治品德标准、心理素质标准、业务能力标准内涵进行系统剖析，据此从顶层设计上系统谋划，提出更为完善的、层次分明的、符合学生骨干成长规律的培养体系机制，明确"强政治、重品德、明担当"的清晰选拔标准，构建"强理论、重实践、巧激励"的系统化培养体系，以提升高校学生骨干的整体素养，解决当前学生工作困境。重点关注主要学生骨干的政治能力标准，为开展高校思政工作，培养担当民族复兴大任的时代新人培育中坚力量，为助推"双一流"高校思政教育事业发展注入新鲜血液。

一、"双一流"高校学生骨干的工作实际和现状问题

高校主要学生骨干，主要包括党支部、院校各级团委、学生会、社团、班级和其他学生自治组织的核心成员，在各学生组织中发挥着重要作用。通过对高校学生骨干能力及其培养机制研究等相关资料的梳理，笔者分析制定了关于"双一流"高校主要学生骨干岗位能力标准与培养机制调查问卷，面向清华大学、北京大学、中国人民大学、北京理工大学、北京师范大学、北京航空航天大学、复旦大学、上海交通大学、同济大学、武汉大学、华中科技大学、四川大学12所"双一流"高校的主要学生骨干和部分普通学生进行发放，共收回有效问卷249份。其中具体类别情况如图1所示，学生干部占比87.18%，普通学生占比12.82%；按政治面貌划分，党员占比56.41%，共青团员占比37.18%，群众占比6.41%；按性别划分，男生占比66.67%，女生占比33.33%；按身份划分，本科生占比66.67%，硕士生占比7.69%，博士生占比25.64%。同时对其中部分学生进行访谈，深入了解了任职学生骨干期间的相关情况。

（一）"双一流"高校学生骨干的工作实际

高校学生干部作为学校党建和团学组织中的重要角色，作为学生中的先进和优秀的代表，在高校学生日常活动和管理的过程中发挥着重要作用。在国外高校，学生骨干主要出现在学生会组织中，负责资助学生社团等组织开展各类文化、艺术、音乐、体育等活动，为学生们提供生活的多元化途径，

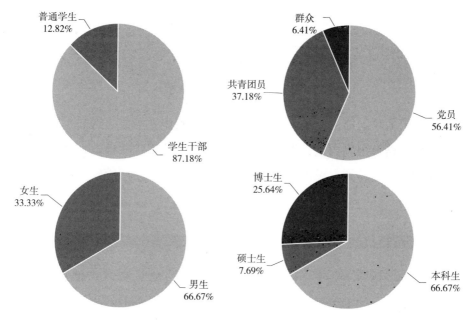

图1 学生类别情况

丰富校园文化生活，提升校园文化氛围，塑造学校的形象。同时，学生骨干也代表学生与教师和行政部门沟通，将学生的需求、问题和建议传达给学校管理层，帮助学校了解学生的实际情况，提升学校的管理水平和教育质量。同时，学生骨干通过参与学校的决策过程，提出改进意见和建议，推动学校的教育改革和发展。总体来看，国外高校在管理上以学生骨干团队的自我管理及校方和学生组织的协调沟通为依托。然而，国外的学生组织也存在专业化程度不够，监管不足等问题，高校学生容易受政治组织影响，成为散播不当言论、组织暴力事件的阵地。

在我国"双一流"高校人才培养工作中，学生骨干作为党建思政工作、日常事务管理、文体类、学业类、公益服务类工作、新媒体运营等方面的重要参与者和推动者，发挥着积极的作用。学生骨干可以协助学校或学院制定思政教育计划，依托党支部、团支部和班级广泛开展思政教育，在微党课、党团日活动、班级团建等活动中负责策划、组织和执行。学生骨干在高校学生会、研究生会、社团等组织中可以参与组织策划体育赛事、文艺晚会、素质拓展、校际交流等活动，带动更多同学参与到校园活动中，帮助同学们发挥自身特长、拓展兴趣爱好、提升综合素质。学生骨干能够协助推进学风建设，通过解答同学疑问、提供学习资源等，助力教学工作的正常开展。部分高校从学生骨干中选拔出优秀干部担任双肩挑辅导员或半脱产辅导员，协助专职辅导员开展带班和专项工作。学生骨干在高校学生权益委员会、学生自我管理委员会中通过问卷调研、部门访谈等形式，就教学、课程等方面提供反馈意见，帮助教师调整教学方法和策略，提升教育教学质量；帮助学校了解学生的诉求和问题，维护学生权益落实，为构筑更全面的校园精神文明体系做出了重要贡献。

随着互联网的迅猛发展，以网络和移动媒体为代表的数字化新媒体深刻影响着大学生的学习生活、人生观、价值观和世界观。新冠病毒疫情影响下的大学生更是依赖网络开展活动。学生组织的活动往往需要以推文、视频等形式在"三微一端"进行推广宣传和总结宣传，由此新媒体组织及相关学生骨干也应运而生。

总的来说，主要学生骨干切实在学生群体中发挥着模范带头作用，其政治敏感性、领导力、号召力、责任感、团队精神等良好品质都可以潜移默化影响其他同学，激发同学们的正能量。

（二）"双一流"高校学生骨干队伍的现存问题

新时代高等教育的诸多新特点决定了高校学生骨干队伍建设必须与时俱进。当前，"双一流"高校学生骨干队伍建设不断加强，学生骨干的政治素养、心理素质、思想标准、工作能力相比之前都有了显著提升，主要学生骨干队伍整体上发挥着榜样带头作用，具备了相当程度的服务意识，在很大程度上丰富了校园文化生活，起到了师生间的桥梁纽带作用。在此次调查中发现，学生骨干们认为在学生工作中收获最大的几个方面是：思想政治素养及个人业务能力得到了提升，构建了处理问题的逻辑思维体系，同时人脉得到了拓展。

但与此同时，当前"双一流"高校学生骨干队伍仍然存在一些显著的问题。从学生骨干个人层面来看，一是部分学生骨干政治站位不高，道德品质滑坡，功利主义思想过重，服务意识不强，尤其是在新媒体时代，部分学生骨干政治敏感性弱，对于网络舆情的观察力不足。二是部分学生骨干心理素质较弱，在面临较大的学习、工作压力时无法适当调适，容易引发系列心理问题。三是部分学生骨干业务能力不足，理论知识储备不足，在活动组织、沟通协调等过程中领导力不够，在创新开展学生工作方面，缺乏与时俱进的思维，缺少开拓创新的意愿和能力，循规蹈矩，思维僵化。四是目前部分同学之间感情淡漠，导致部分学生骨干与学生的关系维系不深，群众基础不够稳固。

同时，从队伍建设层面来看，当前学生骨干的选拔与培养机制也存在一些明显的问题。一是骨干选拔标准需要完善。尽管存在一些关于学生骨干选拔标准的制度文件，但实际操作中标准往往不清晰，有时会过于看重"能不能"，而忽视了对干部政治站位和奉献精神的考察，从而导致部分学生进入骨干队伍后，享受职权带来的便利却不履行应有的义务，辜负了学校的期待，浪费了有限的资源。二是学生骨干培养机制仍需完善。尤其是院系及以下的学生骨干队伍，往往缺乏系统性的培养体系机制，学生骨干持续"输出"而"输入"不足，在工作实际方面的培训、指导仍不充分，由此学生骨干"野蛮生长"，容易只专注于自己手头的事务性工作，而忽略在全局判断把控中的成长提升。三是持续性激励机制明显不够。学生骨干做学生工作的前期往往热情满满，但在熟悉了学生工作的总体情况后，选择持续任职的意愿不强，经验丰富的高年级学生骨干人才流失现象严重。四是没有良性的退出机制。有些学生骨干工作态度及能力有缺失或者平衡学业和工作出现问题时，并没有合适的退出机制，需要其他学生骨干帮助承担他们原本的工作，也有失平衡。

二、"双一流"高校主要学生骨干需要达到的能力标准

能力标准是对高校学生骨干能否达到岗位要求进行衡量的客观标准。高校学生骨干必须在各个方面都达到相关能力标准才能胜任岗位。根据上文分析的工作实际和现存问题，结合调研情况，将高校主要学生骨干需要达

到的标准概括为三个方面,分别是:政治品德标准、心理素质标准和业务能力标准。

(一)政治品德标准是主要学生骨干需达到的首要标准

高校主要学生骨干队伍作为学生群体中的领导和标杆,其一言一行都具有影响力和示范效应,因而良好的政治品德无疑是所需标准中最重要的必备素质。"双一流"高校主要学生骨干应深刻认识到"两个确立"的决定性含义,增强"四个意识",坚定"四个自信",做到"两个维护"。应具有强烈的爱国主义精神,能积极响应党和国家的号召,坚定执行党的路线方针政策,能够在关键时刻站在正确的政治立场上。应有着坚定的理论基础,对马克思主义、中国特色社会主义等基本原理有深刻的认识和理解,能够有效运用理论指导实践,进一步提升自己的政治站位和思想理论素养。应积极践行社会主义核心价值观,严格遵守校纪校规,自觉做到言行一致,以身作则,以优良的思想品德和行为规范成为校内师生的楷模和引领力量。此外,主要学生骨干应充分认识到高校基层学生工作的重要性,具备螺丝钉精神、奉献精神,具有较强的社会责任感,积极投身到一线学生工作中去,为建设更美好的校园、服务和带动学生群体做出自己的贡献。反之,一位学生骨干能力再强,政治意识不到位,品德不合格,都应当被一票否决。只有政治过硬、以德为先的学生骨干才能带领其他学生走向正确道路,成长为建成社会主义现代化强国的栋梁之才。

(二)心理素质标准是主要学生骨干必备的基础标准

心理素质标准是衡量主要学生骨干胜任力的一项必备标准,也是主要学生骨干能较好开展学生工作的基础性标准。作为主要学生骨干,只有具备健康的心理状态,才能真正成长为能独当一面、替老师们排忧解难的好帮手。细化主要学生骨干必要的心理素质主要有以下两点:一是抗压能力。主要学生骨干常常会面临诸如工作压力、学习压力、人际关系压力等多种压力,这些压力会冲击他们的内心,处理不当往往会产生消极情绪并陷入自我怀疑。

因此，他们需要具备良好的抗压能力，能够在压力下保持冷静，理性地分析问题，有效地解决问题。同时，他们需要保持积极乐观的心态，面对困难和挑战时不气馁，始终保持对工作的热情和信心，从困难和挑战中学习和成长。二是自我调控能力。自我调控能力是指个体对自我情绪行为等反应的管理与控制，是一种心理品质的反映，包含自我认知、情绪调控、自我激励等具体表现[3]。一名优秀的学生干部应当具备良好的自我调控能力，能够客观地认识自我、评价自我，了解自己的优势与爱好，并且积极运用它们开展实际工作；应当有能力控制自己的情绪，尤其是当遇到失败与挫折时不让负面情绪影响到工作，能够做到临危不惧、处变不惊，冷静找到解决问题的方法；同时有能力激励自己，能够将竞争的压力转化为持续进步的动力。

（三）业务能力标准是主要学生骨干能力评价的核心标准

业务能力标准是衡量主要学生骨干能力的综合性核心指标，具备良好的业务能力是主要学生骨干能够顺利落实工作要求的保证。具备扎实的专业知识，能够有效地组织和协调各项工作，灵活应对各种复杂情况，推动学生工作发展。虽然根据所在岗位的特点，各类学生职务所要求的业务能力不尽相同，但由于学工岗位任务庞杂、种类多样，有时也面临突发事件的处理，高校主要学生骨干一般应具备多方面的综合能力。一是学习能力。主要是指学习吸纳新知识、科学优化知识结构、为了完成特定任务而提升自我的能力。作为主要学生骨干，不仅需要在学习学业知识上做到优秀，也应该广泛涉猎各类知识，丰富个人综合性的知识结构，掌握办公技能、公文写作、新媒体软件应用等实操技能。二是领导力和团队协作能力。主要学生骨干需要具备一定的领导能力，这包括对团队成员的指导、激励、支持和关键时刻的决策能力。他们需要创建一个积极的工作环境，提升团队的工作效率和满意度，引导团队成员目标一致，激励团队成员积极工作，支持团队成员解决问题。同时主要学生骨干自身也需要具备良好的团队协作精神，理解和尊重他人的意见和建议，维系好良好的团队合作关系，提高团队的凝聚力、向心力。三是策划组织与执行协调能力。组织策划一场大型活动往往需要对其有一个整体的把控，包括制定工作目标和计划、规划活动流程、分配工作任务，以及确保每个成员都能在规定的时间内完成任务。主要学生骨干往往需要有能力调动各方资源，把人力、物力、财力按计划组织，以实现既定的任务或目标。多方协调，最终达到服务同学的效果。四是沟通表达和人际交往能力。语言作为人们交流思维、表达情感的一种途径，在主要学生骨干工作中若能发挥好也往往具有事半功倍的效果。主要学生骨干经常需要面向学生群体、同事同学以及上级领导或老师，做好上传下达工作并维持好与各类关系。良好的沟通表达和人际交往能力也就体现在语言的逻辑性和条理性、清晰性和准确性、感染力和号召力等方面，通过语言的艺术便能增强工作的实际效果。此外也需要倾听他人的诉求，了解他人的需求和期望，以便更好地服务团队、开展工作。五是创新能力。即发挥主观意识创造具有社会价值的新事物的能力或在不断发现问题的过程中提出新见解的能力。创新能力是对人才素质的较高要求。在建设社会主义现代化强国的今天，改革创新已然成为新时代各行各业高质量发展的不竭动力，"双一流"高校对于主要学生骨干创新能力的要求也日益提升，对于具有开拓创新精神的人才的需求也更为强烈。敢于突破按部就班的工作模式，在活动内容、形式等多方面增强活动的创新性，也对提高活动吸引力、提升学生活动参与度起到了推动作用。

三、完善"双一流"高校主要学生骨干的选拔和培养机制

学生干部的选拔与培养决定了高校学生骨干队伍的整体素质，良好的选拔与培养机制于学生、于高校教育者而言都是至关重要的，能够良性促进高质量学生工作推进，实现老师与学生双赢。在这个过程中，既要全面把握我国"双一流"高校主要学生骨干队伍建设现状，取其精华，也应在实际的教育工作和调研访谈中发现问题，持续完善。以党的二十大精神和习近平新时代中国特色社会主义思想为指导，坚持落实立德树人根本任务，牢记"为党育人，为国育才"使命任务，构建"强政治、重品德、明担当"的清晰选拔标准和"强理论、重实践、巧激励"的系统化培养体系，以践行好教育服务"国之大者"的使命担当。

（一）明确"强政治、重品德、明担当"的清晰选拔标准

在各"双一流"高校中，切实把握国家和共青团中央对于团学干部的最新指示精神，建立起科学的、清晰的高校学生干部选拔标准并遵照执行，是保障主要学生骨干队伍先进性、纯洁性的关键。

在本次调研中发现，仅有75%的主要学生骨干了解到自己所在院校有明确的学生干部的产生、任用、工作、监督、考核的完善制度体系，其中16.18%的学生骨干对此表示并不清楚，而8.82%的学生骨干认为所在院校并没有清晰的选拔标准，如图2所示。同样是这些学生骨干，另一个数据显示，13.24%的学生骨干认为自己所在学生组织基本按照经验执行而很少查阅制度标准。这反映出部分院校的主要学生骨干队伍任用标准仍不清晰，有些院校即使有相应标准，但并未真正遵循，在实际操作中也仍是唯经验和主观判断。

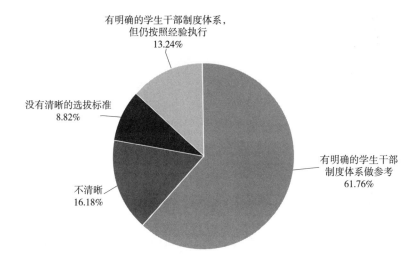

图2　学生骨干评价所在院校主要学生骨干选拔标准情况

主要学生骨干选拔的规范程度是由学校向院系再向班团基层递减的，考察中涉及政治品德的评估仍然较少。像校级团委、学生会、研究生会等组织的学生骨干、兼职辅导员等一般由校团委、学生工作部、研究生院等指导，按流程公开竞聘、选拔。一方面会结合简历申请表，全面了解学生的基础信息、学习情况、学生工作经历、实践经历、奖惩情况等；另一方面会结合面试或竞选演讲等方式，实际全方位评估学生的表达沟通、应急应变、心理素

质等关键能力，同时让学生在竞选等环节中理解并体验到民主决策的过程。班团等基层学生骨干则主要是以自我推荐、同学推荐或班主任等老师推荐方式产生，相比较来看，选拔的科学性、全面性、客观性会有一定削弱。

笔者认为在现有状况下，"双一流"高校的各级学生组织都应当统一思想，建立"强政治、重品德、明担当"的基本选拔标准，牢固树立马克思主义信仰，提高主要学生骨干的政治站位，强化主要学生骨干的爱国主义情怀，使其自觉践行社会主义核心价值观。可以通过时政基础理论考试、面试、师生综合评价等方式多考察角度了解，明确政治不过硬、品德有缺陷的一票否决制度，同时树立重实干、重实绩、重责任、重担当的导向，引导主要学生骨干达到"功成不必在我"的精神境界和"功成必定有我"的历史担当。对于主要学生骨干其他能力的考察，则按照已有的标准流程评估，在过程中也可以采用心理测试、问卷调查、实习等方式深入了解，依据工作实际做到人岗匹配。

同时在主要学生骨干任职过程中需要建立一个恰当的考核和退出机制，设置思想红线、纪律红线、责任红线这三条红线，由此约束主要学生骨干的言行，保证组织的有效运作，避免歪风邪气、甩锅、"躺平"等现象出现。当主要学生骨干无法满足政治标准、品行不端、不履行责任、无群众基础时，他们应依照公开透明的标准退出干部职务。当然学校仍然会以教育为本职，提供改善机会、心理关注等支持，减少对他们的负面影响。

（二）构建"强理论、重实践、巧激励"的系统化培养体系

除选拔以外，各高校也应加强顶层设计、系统谋划，因材施教地、与时俱进地提出更为完善的、层次分明的、符合主要学生骨干成长规律的培养体系机制。

如图3所示，在本次调研中发现，仅有33.82%的主要学生骨干对自己院校骨干的培育机制及相关理念非常了解，有7.35%和1.47%的主要学生骨干了解很少或完全不了解。仅一半主要学生骨干非常满意所在院校目前的学生骨干培养机制，部分主要学生骨干表示学校经常会开展理论课程等培训，但培育

目标单一，并没有结合骨干自身特长因材施教进行培育。此外，主要学生骨干明确感受到在社会实践类、理论学习类、能力培训类活动中收获较大，主要他们也更喜欢参与到实践培训中来。

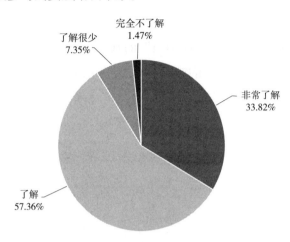

图3　主要学生骨干对所在院校骨干培育机制及相关理念的了解情况

因而，"双一流"高校应构建起"强理论、重实践、巧激励"的系统化培养体系，整合好校内校外各类资源，体系化、常态化、长效化推进"价值塑造、知识养成、实践能力"三位一体培养模式，融合德智体美劳，"五育"并举推动全员、全程、全方位骨干教育。

要强化红色浸润，用党的创新理论铸魂育人，用习近平新时代中国特色社会主义思想培根铸魂、启智润心，创新红色文化育人模式，深入挖掘伟大建党精神、延安精神等红色资源的特殊教育价值，推动"四史"教育常态化、制度化、时代化。用智慧教育推动主要学生骨干的理论培训，激发他们的理论学习兴趣，促使主要学生骨干队伍具备高素质、强潜力、宽视野。针对新媒体时代特点，加强主要学生骨干媒介素养教育，严格把关，为营造健康的新媒体传播的校园环境保驾护航。就北京理工大学的实践来看，注重传承"延安根、军工魂"红色基因，用"兵器三代人""雷达三代人"等爱国奉献的事迹感染教育学生骨干[16]，在思政课教学中运用沉浸式虚拟仿真手段，从而把社会主义核心价值观切实转化为他们的日常行为准则，培养堪当民族复兴大任的时代新人。

读万卷书，行万里路，理论学习也应与实践学习相结合。"双一流"高校应该用好实践实习这门行走的课程，通过高校平台及校友资源，与地方政府、企业、村镇等建立长期实践实习基地，通过实践强化党史、新中国史、改革开放史、社会主义发展史、中华民族发展史及校史等教育，增强爱国荣校情感，促使主要学生骨干见世面、壮筋骨、受教育、长才干。就清华大学的实践来看，通过搭建多维度价值引领、全成员教学指导、全过程服务保障和全方位资源支持这四个平台，引导主要学生骨干追寻党的光辉足迹，志愿服务社会，开阔全球视野，培养有理想、敢担当、能吃苦、肯奋斗的新时代好青年。

最后，为解决主要学生骨干岗位如何能更具吸引力，能培育出、还能留得久优秀人才的问题，"双一流"高校需巧用善用针对主要学生骨干的持续性激励机制。一是增设主要学生骨干的各类奖项，引导主要学生骨干以荣誉激励、榜样激励为动力；二是实施主要学生骨干国内海外研修支持计划，减免一定的寒暑假研修费用，帮助他们拓宽国际化、全局化交流视野；三是构建多层次交流平台，针对就业提供给主要学生骨干地方挂职、企业实习等机会，同时持续性关注优秀的毕业生学生骨干，做到扶上马、送一程、关怀一生。

四、结论

"双一流"高校主要学生骨干作为高校党建和团班工作的重要领导者，其队伍选拔与培育对于高校思想政治教育事业蓬勃发展具有重要意义。本文通过调研反思，明确了主要学生骨干须达到的政治品德标准、心理素质标准、业务能力标准，同时构建了"强政治、重品德、明担当"的清晰选拔标准和"强理论、重实践、巧激励"的系统化培养体系，从理论和实践层面助力主要学生骨干整体素质提升和全面发展，为高校领导型人才培养提供了有效的实现路径。

参考文献

[1] 中国共青团网. 新时代党的青年工作的根本遵循——深入学习贯彻习近平总书记关于青年工作的重要思想 [EB/OL]. (2023-01-03) [2023-05-01]. https://qnzz.youth.cn/zhuanti/shzyll/zxdt/202301/t20230106_14240729.htm.

[2] 刘聪. 习近平总书记关于高校思想政治工作"立德树人"的重要论述研究 [D]. 长春: 东北师范大学, 2019.

[3] 张琨伟. 高校学生干部能力培养与作用发挥研究 [D]. 沈阳: 沈阳航空航天大学, 2019.

[4] 中国青年网. 家庭、学校、社会三位一体树立学生人格成长 [EB/OL]. (2018-05-11) [2023-05-01]. https://edu.youth.cn/zthd/xsdqsnrc/06/201805/t20180511_11618212.htm.

[5] JENAB M, THOMPSON L. Research on the management mechanism for voluntary activities of university student party members: a case study on college of foreign languages, China Jiliang University [J]. Science Education Article Collects, 2014, 172 (1): 187-195.

[6] TROISI J. Student management teams increase college students' feelings of autonomy in the classroom [J]. College Teaching, 2015, 63 (2): 83-89.

[7] WEBSTER D, SEDLACEK W. The differential impact of a university student union on the campus subgroups [J]. Naspa Journal, 2015, 19 (4): 48-52.

[8] MCCLELLAND D. Testing for competence rather than intelligence [J]. American Psychologist, 1973, 28 (1): 1-14.

[9] KOURBANI V, PETROPOULOS Y, TOLIAS D. Methodology and application in a technologically enhanced environment: the case of the writing center at the Hellenic American Union and the Hellenic American University [M]. Universal Access in Human-Computer Interaction Applicatio nand Services, 2007: 15–33.

[10] 恩斯特·卡西尔著. 人论 [M]. 甘阳, 译. 上海: 上海译文出版社, 2004: 17–45.

[11] MOSES N. Student organizations as the historical actors: the case of mass

student aid [J]. Canadian Journal of Higher Education, 2001 (31): 75–120.

[12] 于洪生. 中国领导学研究 (2009—013) [M]. 北京: 人民出版社, 2014: 26–39.

[13] 何影. 大学生干部领导力培养研究 [D]. 广州: 南方医科大学, 2017.

[14] 梁凌鹤. 高校学生干部思想现状研究及对策分析 [D]. 太原: 中北大学, 2016.

[15] 黄琼. 浅议对待高校学生干部的方法和艺术 [J]. 广西民族大学学报 (哲学社会科学版), 2004, 12 (S2): 262–263.

[16] 张军. 以高质量教育现代化服务支撑中国式现代化 [N]. 光明日报, 2023-03-07 (16).

医工复合研究生服务健康中国战略的路径研究

章涛*，姜佳君

（北京理工大学医学技术学院，北京 100081）

摘　要：健康中国战略是关系到我国现代化建设全局的国家战略。高等学校围绕健康中国战略，成立医工融合教学科研机构。通过加强课程思政、思政教育，加强医工复合研究生对健康中国战略的了解和认识；通过开展科普宣传、志愿服务等，提升服务健康中国战略的意识，通过科研攻关、创新创业、社会实践等，提升服务健康中国战略的能力；引导和鼓励研究生在医工领域深造、就业，积极培育医工复合领域拔尖创新人才。

关键词：健康中国；医工复合；课程思政；创新创业；社会实践

引　言

党的十八大以来，党中央把保障人民健康放在优先发展的战略位置。党的二十大报告提出推进健康中国建设。众多工科高校，利用工程技术优势，结合临床医学需求，成立了医工融合教学科研机构，系统推进医工交叉研究和医工复合人才培养。通过开展医学技术创新创业实践，推进医学技术发展，破解医学技术难题；通过实践，增强医工复合研究生服务健康中国战略的使命担当、提升能力本领，努力为国家培养医工复合领域拔尖创新人才。

一、健康中国战略概述

伴随我国经济的飞速发展，人们的健康问题不容忽视。人们生活方式的

---

* 章涛，硕士，北京理工大学医学技术学院，助理研究员，研究方向：实践育人、校园文化。

改变，随之而来的是疾病谱的低龄化、年轻化、复杂化。心脑血管疾病、糖尿病、癌症等这些慢性病导致疾病负担占总负担的70%以上[1]。人民的身体健康是社会进步和发展的基石，同时健康质量也是衡量民族昌盛的重要指标，是国家富强的重要体现，更是广大人民群众以及全社会的共同追求[2]。改革开放以来，伴随着我国经济社会的发展、人民生活水平的提高，人们对于健康的需求日益提高，尤其是在新冠病毒疫情肆虐过后的"后疫情"时代，人们越来越认识到健康的重要性[3]。

健康中国战略的基本原则是让全体中国人民享受幸福、健康的生活，各类相关政策的共同点都是围绕"更加突出依靠群众，调动全社会参与的积极性、主动性和创造性"[4]。高等学校承担着人才培养、科学研究、社会服务和文化传承创新四项重要职能，都与服务健康中国战略息息相关。同时不仅仅是医学类高校的工作，其他高校也积极围绕健康中国战略，成立医工融合教学科研机构，积极开展医工交叉研究和人才培养工作。如北京理工大学和北京航空航天大学等工科为主的重点高校，都和医学类高校或研究机构、医院等合作，成立了医工融合教学科研机构，利用工科优势，探索医学技术研究，为临床医学和药学的创新发展提供技术方法的保障。

健康中国战略在实施过程中也面临诸多问题。一是健康中国战略的知识和理念普及范围有限。对于人民大众来说，健康中国的概念较为陌生，关注健康中国战略的多为医学相关领域人员，因此需要在更大范围普及健康中国战略知识和理念。二是实施健康中国战略的装备和技术有限。我国在高精尖领域还存在严重的技术壁垒，许多先进技术和装备被国外垄断，给健康中国战略的实施加大了困难。三是服务健康中国战略的人才不足。目前服务健康中国战略的人员多为医学生、医学技术相关领域人员、公共卫生工作者以及高校相关科研人员，要想全民健康，需要培养更多服务健康中国战略的人才。

二、医工复合研究生服务健康中国战略面临的问题

（一）对健康中国战略认识不足

医工复合研究生对健康中国战略的内涵、外延及实施路径等认识不足。目前的医工复合研究生，多数为理工科背景的研究生，对于健康中国战略关注度不高，对健康中国战略的认识还比较简单。从健康事业角度看，"健康中国"是一个发展目标，是指人民健康、长寿水平达到世界先进水平的中国；从人民生活角度看，"健康中国"是一种生活方式，是人人拥有健康理念和健康生活，家家享有健康服务和健康保障的生活方式；从国家发展角度看，"健康中国"是一种发展模式，是把人民健康放在优先发展的战略地位，把健康融入所有政策，努力实现全方位、全周期保障人民健康的国家发展模式[5]；从它的外延看，可以延伸至健康生活、健康教育、健康服务、健康环境、健康产业、健康保障、健康科技创新、健康法治建设。

（二）服务健康中国战略的责任意识不足

医工复合研究生对健康中国战略认识不足，服务健康中国战略的责任意识不够。部分研究生并不是真正从服务健康中国战略角度来选择攻读医工交叉相关研究生，仅仅考虑是不是有机会上研究生，分数线低好考取，甚至部分研究生是因为调剂，被动选择来此专业。开展课题研究过程中，部分研究生还不能从服务健康中国战略的角度来认识自己的课题研究，只为完成毕业要求。研究生作为知识的受众也是知识的传播者，作为医工复合研究生，更有责任和义务来传播健康知识和理念，但部分工科背景的研究生并没有意识去主动传播知识，做好科普工作。部分研究生在医学技术、健康领域工作就业的意愿不强，缺乏勇担医学技术领域科技攻关、服务生命健康事业的责任意识，毕业意愿更看重薪资、待遇、地域等条件，在医疗相关领域就业意愿不足。

(三)服务健康中国战略的能力不足,路径有限

服务健康中国战略,特别是医学技术领域,需要大量医工复合高层次拔尖人才。对于理工科背景来攻读医工融合专业的部分研究生,因缺乏系统医学知识的掌握,缺少相应的训练,虽然具备工科的思维和部分能力,但围绕临床医学痛点,从工科角度解决医学问题的科研能力尚需提高。部分工科背景医工复合研究生的医学知识、医学技术知识不足,缺乏进行科普宣传的能力。医工复合研究生因缺乏服务健康中国战略的意识,在服务的路径上也显得有限。特别是在工科院校中,医者文化比较薄弱,医学相关的社团组织、志愿服务活动、特色活动等都比较缺失,开展医学知识普及、社会实践、创新创业、志愿服务类的活动少,学生参与有限。服务对象、服务资源有限,导致路径有限。

三、医工复合研究生服务健康中国战略的路径探索

(一)加强思想政治教育,强化研究生对健康中国战略的认识,提升服务健康中国战略的意识

一是加强课堂主阵地,融入医者精神的思政元素。医工融合类学科研究生课程体系中,主动引入医者精神为特色的思政元素,如"甘于奉献的国际主义战士"白求恩,"临危挂帅、国士担当"钟南山,"中国血管靶向光动力疗法开创者"顾瑛院士等。讲好医者故事,传播医者精神,为工科背景的研究生打造"医者心"。将健康中国贯穿于医工复合研究生的思想政治教育全过程,拓展他们的思想政治教育方向,提升他们的道德使命感、增强他们的职业荣誉感和获得感。二是通过党课、团课等加强医工复合研究生志愿服务意识,如组建"健康中国"科普实践团,引导医工复合研究生开展健康中国战略宣传、健康大数据调研、医学技术科普宣传、医疗志愿服务等。实践教育是思想政治教育中至关重要的一环,在健康中国战略背景下,医工复合研究生的思想政治教育实践活动,既是个人学习和职业生涯中的成长体验,

也是参与健康中国建设的社会实践。组织医工复合研究生利用寒暑假开展社会实践活动，赴医院、社区、农村等了解人民健康状况，了解医学技术特别是医学装备、医用材料等医学技术领域的不足和短板，增强研究生科研攻关的使命担当。三是丰富医工融合的特色校园文化。加强医工交叉学科的宣传，加强学生的学科认同感。宣传医工交叉领域取得的重大成果、突出教学科研成果、优秀育人榜样等，邀请医者、医工交叉研究人员开展高水平讲座，在文体活动、双创竞赛、社团活动等校园文化中，积极融入健康中国战略相关元素，营造服务健康中国的良好校园文化氛围，引导医工复合研究生乃至更多学生参与到服务健康中国战略中。

（二）提升研究生服务健康中国战略的能力

一是构建科学的研究生教学课程体系。课程设置注重医学基础知识和理工科专业知识合理配置和融合，搭建合理的知识体系架构。培养的研究生不仅具备扎实的理工科技能，更具备良好的医学知识背景。以服务临床需求为牵引，增设必要的医学相关的基础课和专业课；增开不同领域、跨学科选修课程，加强交叉领域专业知识学习。增加开放性、设计性、综合性的医工融合实验课程，加强医工复合研究生的实验动手能力，提升服务临床的技能。组织前往医疗设备企业、医院、医疗机构实习，培养研究生独立解决与临床紧密结合的医学问题的能力。二是引导医工复合研究生围绕健康中国战略勇于开展科学研究，承担起相应的责任，勇于担当。通过医院和高校联合培养，建立科研攻关团队。医院层面可以让研究生了解我国医疗系统中面临的现实难题以及技术壁垒，然后通过高校科研团队，带领研究生参与重大研究、科技项目、国际合作等高水平科研项目。培养从事健康中国事业志趣的同时，使研究生学会科学的研究方法，将科研成果进行转化并应用，以推进健康中国战略的发展进程。北京理工大学医学技术学院服务健康中国战略，建院以来，组建医院—高校协同医工交叉PI团队，依托强势工科方向，组织医工复合研究生，承担医工交叉研究，在脑健康智能评估与干预、手术导航机器人等领域持续开展科技攻关和产学研发展，研究生持续产出高水平研究论文,并受理授权多项专利。三是鼓励和激励研究生积极参加医学技术相关领域创新创业竞赛,瞄准痛点、难点,在竞赛中提升专业技术能力。如积极参加挑战杯、"互联网+"等国家级大赛,在竞赛中,检验科研成果,提升科研能力,增强医工复合研究生服务健康中国战略的能力。组织开展健康大数据调研、医学技术科普宣传、医疗志愿服务等,提升研究生的组织能力、协调能力、沟通能力,提升综合素质。通过健康大数据调研,发现普遍存在的健康难题,找寻痛点,有针对性地进行科技攻关。在科普宣讲和志愿服务中,既能锻炼研究生的沟通表达能力,又能使研究生将所学内容进行传播,使得更多的人了解健康中国,了解健康常识。

(三)引导研究生在医学技术相关领域深造、就业,积极培育医学技术领域拔尖创新人才

一是做好科研育人和教育引导。积极组织医工交叉导师赴本科担任班主任、学育导师,开展学术前沿讲座,带领学生开展大学生创新创业训练计划项目,引导更多的高素质工科专业本科生投入医工复合研究生培养中。北京理工大学医学技术学院优秀青年骨干教师,多为从海外归来的人才,他们利用自身求学、科研、工作的经历,讲述在医学技术领域国内的不足以及广阔的发展前景,引导和激励众多本科生对服务临床的医学技术研究产生浓厚兴趣,积极参加大学生创新创业训练计划项目,开展交叉领域研究。加强"导学思政"工作,通过研究生导师的悉心指导和用心引导,促进研究生在医工融合领域产出高质量科研成果,激励他们在本领域继续深造,攻读博士、开展博士后研究,并立志在本领域开展科研教学工作。二是开展全过程医工复合研究生就业教育,引导学生到相关领域就业。从研究生入学起,通过有针对性的引导,如组织优秀校友宣讲、企业推介,让他们感受到"健康中国"事业的伟大,鼓励他们从事与服务健康中国战略相关的行业。第一份工作所在行业,和长远所在行业具有密切联系,有效引导医工复合研究生在本领域继续深造和就业,将为相关领域持续输送高质量拔尖创新人才,为高校培养该领域的优秀校友。三是加强校企合作,在项目合作、课题研究中,让学生认识行业、增强对行业的信心，引导学生积极投身医学技术相关行业。通过校企合作，能够发现行业痛点的同时，通过科学研究解决痛点问题，让研究生意识到，通过自己的努力，能够给一个行业带来进步。北京理工大学医学技术学院持续加强和上海联影医疗科技股份有限公司（简称"联影医疗"）的产学研合作，组建产学研协同育人平台。联影医疗致力于为全球客户提供全线自主研发的高性能医学影像诊断与治疗设备、生命科学仪器，以及覆盖基础研究—临床科研—医学转化全链条的创新解决方案。短短11年，联影医疗从一家初创公司成长为行业头部企业，实现核心部件自研比例业界领先，推出拥有完全自主知识产权的90余款产品，整体性能指标达到国际一流水平，部分产品和技术实现世界范围内领先。联影医疗的成功，坚定了医工复合研究生投身健康中国赛道的信心和使命。

● 参考文献

[1] 李玲, 杨渊, 殷环, 等. 我国慢性非传染性疾病流行态势研究 [J]. 医学信息学杂志, 2019, 40 (8)：15-19, 14.

[2] 习近平在教育文化卫生体育领域专家代表座谈会上的讲话 [N]. 人民日报, 2020-09-23.

[3] 鲁静. "健康中国"战略的时代价值、逻辑蕴涵与实践经验 [J]. 观察与思考, 2022 (7)：89-95.

[4] 习近平. 把人民健康放在优先发展战略地位, 努力全方位全周期保障人民健康 [N]. 人民日报, 2016-08-21.

[5] 中共中央、国务院印发《"健康中国2030"规划纲要》[EB/OL]. (2016-10-25) [2023-05-12]. http: //www.gov.cn/zhengce/2016-10/25/content_5124174.htm.

高校共青团协同育人机制研究

——以集成电路领域为例

李智[*]

（北京理工大学集成电路与电子学院，北京 100081）

摘　要：本文以集成电路领域学生为基础，面向我国集成电路行业对人才的迫切需求，聚焦集成电路产业关键核心技术与工程实践难题，以培养破解"卡脖子"难题的集成电路领域时代新人为核心目标，着力构建集成电路领域"学校—企业—社会"三位一体的"芯"青年协同育人共同体，发挥共青团组织优势，创新制定"同芯协育""创芯互育""与芯共育"三大路径，以期为集成电路领域协同育人机制的研究与实践提供参考与借鉴。

关键词：共青团；协同育人；集成电路；人才培养

习近平总书记曾说："青年有什么需求，团组织就要开展有针对性的工作，努力使团组织成为联系和服务青年的坚强堡垒。"当前，新一代人工智能、新能源、新材料、大数据技术、智能制造等新工科专业技术，已广泛应用于国家战略性新兴产业当中，新工科时代新人的培养尤为关键。教育部在推进新工科深化发展中制定重点举措，其中一项直指"强化协同育人"。这就要求共青团组织从实际出发，坚持服务青年成长成才，加强协同创新育人体系建设，整合、联结、共享多方创新资源，共同做好人才培养工作。[1]

集成电路作为具有交叉性质的新工科之一，是我国的核心战略产业，是信息社会的基石，是支撑经济社会发展和保障国家信息安全的战略性、基础

---

[*] 李智，硕士，北京理工大学集成电路与电子学院，助理研究员，研究方向：教育管理。

性、先导性产业，集成电路的关键核心技术关系到国家安全和经济社会发展。习近平总书记在中国科学院第十九次院士大会、中国工程院第十四次院士大会上指出："实践反复告诉我们，关键核心技术是要不来、买不来、讨不来的。只有把关键核心技术掌握在自己手中，才能从根本上保障国家经济安全、国防安全和其他安全。"人才作为集成电路产业发展的第一资源，受到了中央和各级地方政府部门的高度重视，《国家集成电路产业发展推进纲要》《教育部等七部门关于加强集成电路人才培养的意见》等系列政策文件对集成电路产业发展中如何解决好人才培养和配套的问题提出了明确要求。

作为联系高校青年大学生最紧密的组织，高校共青团更要发挥自身独特优势，积极探索高校协同育人新路径、新机制，这既是高校共青团事业适应新时代发展趋势的迫切需要，也是共青团组织实现自身可持续发展的客观需求。

一、高校共青团开展协同育人工作的职责与必要性

中国共产主义青年团是中国共产党领导的先进青年的群团组织，是广大青年在实践中学习中国特色社会主义和共产主义的学校，是中国共产党的助手和后备军。高校是人才培养的主阵地与文化发展的重要高地，是共青团开展青年工作的重要场域。[2]高校共青团承担着青年人才培养的重要作用，是党联系青年学生的重要桥梁和纽带，是大学校园的重要工作队伍。2016年12月，习近平总书记在全国高校思想政治工作会议上指出："要坚持把立德树人作为中心环节，把思想政治工作贯穿教育教学全过程，实现全程育人、全方位育人，努力开创我国高等教育事业发展新局面。"此后，在"三全育人"思想的指导下，高校开创了全员育人模式，推进"大思政"格局的建构。[3]在这种新形势下，高校共青团的功能则有了新的要求和目标。这就要求高校共青团要与多方育人力量协同，创新拓展协同育人机制，积极响应国家人才发展战略目标。

二、集成电路领域协同育人工作的问题与不足

随着信息技术的发展，智能手机、移动互联网、云计算、大数据和5G通信等全面普及，集成电路与芯片作为当今信息技术产业的核心，成为支撑国家经济社会发展和保障国家安全的战略性、基础性先导产业，是实现科技强国、产业强国的关键标志。[4]当前，我国集成电路产业持续高速增长，但整体技术水平不高，核心技术受制于人。解决我国集成电路核心技术受制于人的问题的关键在于集成电路专业人才培养。

集成电路作为新成立的专业，在人才培养工作中面临一系列新的情况和挑战。集成电路行业具备四个主要的特点：一是"高"。由于集成电路行业的技术门槛相对比较高，本科阶段只能学习集成电路的相关基础知识，学习内容过于片面不够深入，在研究生阶段才会深入学习相关理论知识，对学历门槛要求高，在其人才培养的过程中，学生会存在较大的畏难心理；二是"少"。我国的集成电路行业起步较晚，由于缺少领军者和专业人才，发展过程中遭遇了不少阻碍，高校缺少具备丰富实践经验的师资力量，更加缺少相关技术平台和实验环境；三是"广"。集成电路是一门复杂的学科，涵盖了许多专业，每个专业下有很多细分的领域，相关的岗位、人才也呈现出多样化的特点。四是"散"。集成电路产业所需的知识复杂多样，所需技能相对分散，发展革新需要视野开阔、知识渊博的专业型人才。[5]所以，在人才培养方面，集成电路领域还存在以下三个方面的不足。

（一）书院学院协同不足

尽管集成电路领域相关专业已成为当前的热点，但是学生甚至部分教师对于集成电路的认知都还不够全面和准确，普遍对集成电路专业涉及的课程体系所知甚少。目前，许多高校对本科生实行书院制大类培养，学生在本科阶段所涉及的专业知识还不够丰富完善，对集成电路领域的相关内容了解得还不够到位。这就要求高校要进一步完善集成电路领域的书院学院协同育人，通过各种形式进一步加强专业教育。

（二）科创竞赛协同不足

集成电路作为一门交叉学科，具有跨度大、交叉融合性强等特点。这种交叉学科的特性使得人才培养要更加注重理论与实践相结合，注重科教协同育人。对于学生而言，平时的基础知识与专业知识均存在学习强度大、难度高的情况，适当要求学生参加竞赛、科创活动等，将更有利于学生系统地了解集成电路领域的情况，深入学习课程知识，掌握相关技能，构建集成电路专业知识体系。

（三）学校企业协同不足

对于大部分集成电路领域的应届毕业生而言，在校期间无法拥有足够的实习经验，毕业后对自己的专业不够了解，对行业的发展也是知之甚少。因此，应更加注重高校与企业间的协同育人，企业可以为高校学生提供更多、更长时间的实习机会。

三、集成电路领域高校共青团开展协同育人工作的路径探究

针对目前集成电路产业创新型人才培养的现状和困境，立足于高校共青团人才培养实践，从协同育人的角度出发，对创新人才培养模式进行探索，形成以培养集成电路专业创新型人才为目标的协同育人工作路径，打造集成电路人才培养可持续发展体系。

（一）抓书院学院协同育人，贯通本硕博思政教育体系，推进同"芯"协育

面对集成电路领域大国博弈的国际背景，高校共青团应着力探寻培养学生的家国情怀，教育引导学生牢记"国之大者"，培养学生危机意识。同时，进一步加强书院学院协同育人工作，做好"三全导师"选配工作，建立学院领导接待日、专家"第二课堂"、朋辈交流、职涯成长教育等工作机

制，通过第二课堂、专业导论、暑期实践、企业实习等形式，为低年级本科生提供职涯成长的平台，邀请企业专家、高校教师讲述集成电路产业发展现状、发展前景及就业方向。

（二）抓科创竞赛协同育人，打造双创互通互融教育体系，推进创"芯"互育

高校共青团应以创新创业教育为抓手，深入探索并实践以赛课结合为基础的科技创新运行模式，以集成电路领域的全国性竞赛为抓手，深度融合学院科技创新项目，建立主题双创俱乐部，为低年级学生提供双创教育平台，并结合学校第二课堂，实现"竞赛—课题—课堂"互通互融的院级双创教育体系。建设院级大学生创新创业基地，推进重点项目库建设和立项培育工作，培养学生创新意识、实践能力和科学精神，将科研优势和平台优势转化为人才培养优势。

（三）抓学校企业协同育人，打造校企融合长效育人机制，推进与"芯"共育

高校共青团应以校企共建等为契机，努力提高企业在人才培养环节中的深度，与企业共同打造产教协同育人联合体，将协同育人深入人才培养的各个环节。高校作为人才培养的主力军，存在课程内容与产业发展前沿脱节、学生实践经验不足、教学资源落后于技术发展的情况。通过建立校外企业导师库，结合双创指导、就业指导、社会实践等渠道，与企业、单位共建联合实验室、创新发展中心、校企协同育人示范基地等，搭建产教协同育人平台。

四、结语

高校是青年人才汇集的主要场所，也是培育青年人才的摇篮。高校共青团作为中国共青团在高校中最为重要的青年群众组织和高校中的基层组织，肩负着为党输送新鲜血液，为国家培养合格建设者和接班人的艰巨而伟大的

任务。新时代世界意识形态较量不仅没有削弱，反而在不断加强，全社会尤其是高校重新掀起了意识形态和思想政治教育热潮，"大思政"格局因时而生因势而成。在这一全新的时代背景里，高校共青团要紧抓发展机遇，顺应时代潮流，不断结合新形势拓展其创新功能。共青团工作者要以更加饱满的工作热情，更加尽职尽责的工作态度为广大青年服务，从而承担起高校共青团的责任，在青年人才的培养过程中发挥自己的最大作用，更大广度、力度、效度地发挥育人效应。

本文立足高校共青团的职责，结合集成电路领域创新创业人才培养目标，面向我国集成电路行业对人才的迫切需求，聚焦集成电路产业关键核心技术与工程实践难题，以培养破解"卡脖子"难题的集成电路领域时代新人为核心目标，着力构建集成电路领域"学校—企业—社会"三位一体的"芯"青年协同育人共同体，创新制定"同芯协育""创芯互育""与芯共育"三大路径，培养厚植家国情怀、突破原始创新、攻坚产业难题的集成电路领域时代新人。

参考文献

[1] 李晓炜. 双创背景下共青团赋能机电类创新创业人才培养工作路径研究 [J]. 湖北开放职业学院学报, 2020, 33 (6): 3. DOI: CNKI: SUN: HBHS.0.2020-06-005.

[2] 张亚男, 朱文. "大思政"视野下高校共青团的职能优势, 作用发挥与创新路径 [J]. 广西青年干部学院学报, 2022, 32 (2): 7.

[3] 王晋. 新时代高校共青团协同育人研究 [D]. 吉首大学, 2020.

[4] 雷娜, 曾琅, 张德明. "三全育人"理念下人才培养模式探索与实践——以北京航空航天大学集成电路科学与工程学院为例 [J]. 工业和信息化教育, 2021 (12): 30-34.

[5] 晏敏, 张明, 王镇道, 等. 新工科形势下集成电路人才培养体系研究 [J]. 高教学刊, 2022, 8 (18): 4.

后　记

2023年是全面贯彻党的二十大精神的开局之年。中国共产主义青年团第十九次全国代表大会于2023年6月19日至22日在北京胜利召开，对进一步动员和鼓舞亿万青少年在强国建设、民族复兴的新征程上奋勇争先具有重大意义。为进一步学习贯彻习近平总书记关于青年工作的重要思想，坚持不懈用习近平新时代中国特色社会主义思想凝心铸魂、教育青年，坚守为党育人、自觉担当尽责、心系广大青年、勇于自我革命，不断增强学校共青团组织的引领力、组织力、服务力和对中国特色世界一流大学建设的贡献度，北京理工大学团委策划出版了本书。

本书收录的论文由北京理工大学从事共青团和青年工作的团干部、青年教师、学生骨干撰写完成，内容涵盖思想政治引领、投身建功实践、服务青年成长、推进改革创新等共青团各领域工作的实践成果和方法探究，希望对北京理工大学共青团下一阶段工作提供有益参考。

本书在编写过程中得到了学校党委的关心和指导，得到了学校各职能部门、学院书院以及广大师生的大力支持与帮助，在此，表示诚挚的敬意和衷心的感谢。书中不足之处，请各位读者批评指正。

编　者

2023年11月